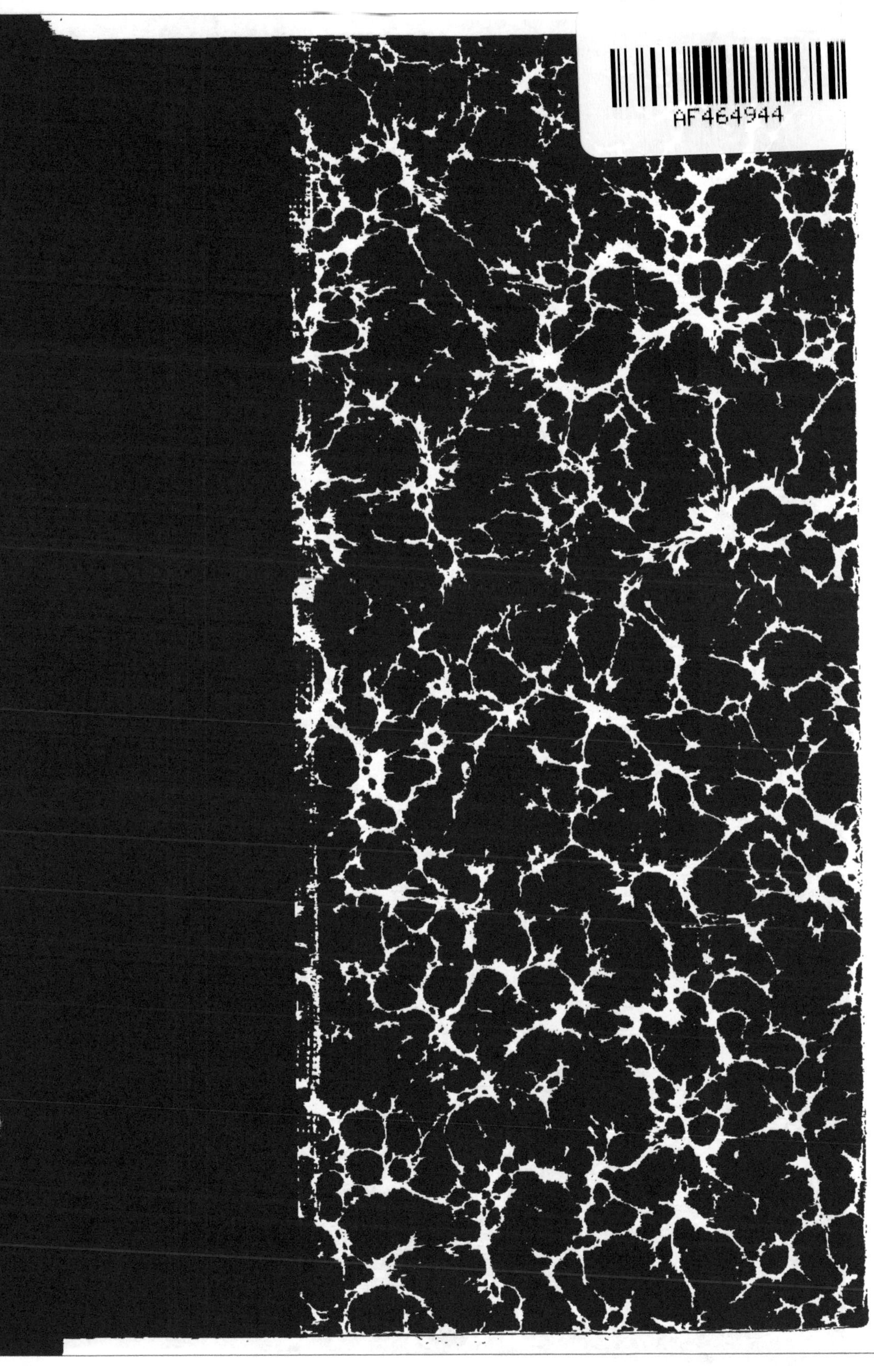

R. LAUB 1968

LES GUERRES DE LA RÉVOLUTION

(TROISIÈME SÉRIE)

MAYENCE

(1792-1793)

PAR

ARTHUR CHUQUET

PARIS
LIBRAIRIE LÉOPOLD CERF
13, RUE DE MÉDICIS, 13

1892

LES GUERRES DE LA RÉVOLUTION

(TROISIÈME SÉRIE)

MAYENCE

(1792-1793)

OUVRAGES DU MÊME AUTEUR

Le général Chanzy. (1883.)

(Couronné par l'Académie française, prix Montyon.)

LES GUERRES DE LA RÉVOLUTION

PREMIÈRE SÉRIE

I. **La première Invasion prussienne.** (1886.)
II. **Valmy.** (1887.)
III. **La Retraite de Brunswick.** (1887.)

(Couronnés par l'Académie française et par l'Académie des sciences morales et politiques, prix Gobert et grand prix Audiffred.)

DEUXIÈME SÉRIE

IV. **Jemappes et la Conquête de la Belgique.** (1890.)
V. **La Trahison de Dumouriez.** (1891).

(Couronnés par l'Académie française, grand prix Gobert.)

TROISIÈME SÉRIE

VI. **L'Expédition de Custine.** (1892.)

GŒTHE. — CAMPAGNE DE FRANCE, avec introduction et commentaire. (1884.)
GŒTHE. — GÖTZ DE BERLICHINGEN, id. (1885.)
GŒTHE. — HERMANN ET DOROTHÉE, id. (1886.)
SCHILLER. — LE CAMP DE WALLENSTEIN, id. (1888.)

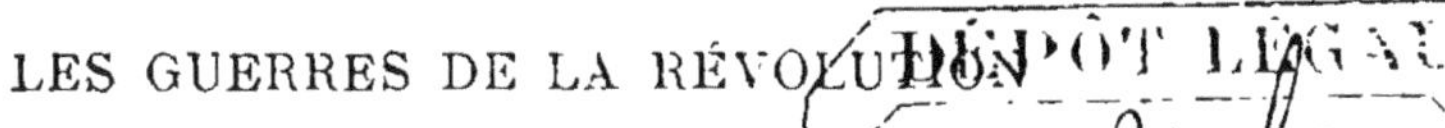

LES GUERRES DE LA RÉVOLUTION

(TROISIÈME SÉRIE)

MAYENCE

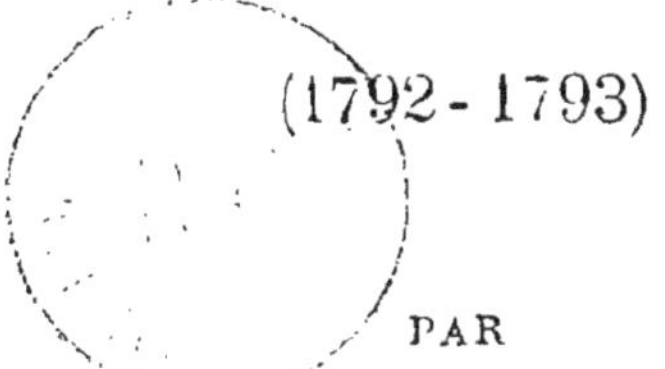

(1792-1793)

PAR

ARTHUR CHUQUET

PARIS
LIBRAIRIE LÉOPOLD CERF
13, RUE DE MÉDICIS, 13

1892

PRÉFACE

L'*Expédition de Custine* a retracé l'entrée de l'armée républicaine en Allemagne, ses succès rapides et sa défaite non moins prompte. *Mayence,* que nous publions aujourd'hui, est l'histoire de l'occupation française dans le pays rhénan en 1792 et en 1793. Le sujet se divise naturellement en deux parties : la première est consacrée aux patriotes ou clubistes et à l'annexion opérée par les commissaires de la Convention nationale et du pouvoir exécutif ; la seconde traite du siège et de la capitulation de Mayence.

PREMIÈRE PARTIE

LES PATRIOTES

CHAPITRE Ier

LE CLUB

I. L'Électeur de Mayence, Frédéric-Charles d'Erthal et son gouvernement. — II. Les clubistes, professeurs, hommes de loi, fonctionnaires, ecclésiastiques, étudiants, marchands, propagandistes. — Les matadors, Wedekind, Dorsch, Hofmann, Forster. — III. La déclaration de Daniel Dumont. — Réponses de Boost et de Hofmann. — Discours d'Erasme Lennig et réplique de Metternich. — La pierre du marché. — Le Livre Rouge. — Les journaux. — Le théâtre. — IV. Idées d'annexion. — Forster et le discours du 15 novembre. — Les soulèvements de la frontière. — Bergzabern. — Décret du 19 novembre.

I. Frédéric-Charles d'Erthal, archevêque de Mayence et évêque de Worms, sur lequel tombèrent, en 1792, les premiers coups de l'invasion française, était un homme faible, vain, avide de paraître. Cet Électeur, dit le duc Richelieu, avait « un esprit rétréci et un orgueil en raison inverse de sa naissance ». Il voulait faire grand, éblouir le monde par l'éclat de sa cour, se donner l'air de protéger les lettres, jouer en Allemagne un rôle considérable.

Lorsqu'il se rendit à Francfort, pour assister au couronnement de l'empereur Léopold, il traîna près de quinze cents personnes à sa suite, et aucun prince n'eut un train plus magnifique, aucun ne déploya plus de splendeur et de faste. Son palais devint une des plus belles résidences de l'Allemagne, et les étrangers en admirèrent l'élégance et la richesse. Il y donna les fêtes les plus brillantes. L'âme de ces divertissements, la parure du Château, selon le mot de Gœthe, était la gracieuse Mme de Coudenhoven. Cette autre Aspasie exerçait, disait-on, les fonctions de premier ministre, et l'Electeur ne voyait que par ses yeux [1].

Faire de Mayence l'Athènes du Rhin, fut pendant quelque temps un des plus vifs désirs de Frédéric-Charles. Il eut pour secrétaire intime Jean de Müller et pour lecteur Heinse; il fonda une école normale ; il accorda des bourses de voyage à des jeunes gens qui revinrent, après de fortes études, occuper les chaires de l'Université ; il nomma Georges Forster, bibliothécaire, et confia l'enseignement à des hommes comme Bodmann, Sömmerring, Strack, Nicolas Vogt, Weidmann [2].

Enfin, il se mêla très activement de la politique de l'Allemagne. Après avoir d'abord penché vers l'Autriche et pris en chaque circonstance l'avis du comte Metternich, il se livra tout entier à la Prusse et n'agit plus que sur les conseils de l'envoyé de Berlin, M. de Stein.

[1] *Le duc de Richelieu*. Saint-Pétersbourg, 1887, p. 121-123 ; Metternich, *Mém.*, 1880, I, p. 14 ; *Voyage sur le Rhin* (par Robineau de Beaunoir), 1790, p. 10. Cf. sur le dernier Electeur de Mayence et son gouvernement Eickemeyer, *Denkschrift*, 1798, p. 2-7 ; *Denkwürdigkeiten*, 1845, p. 80–105 ; Ribbeck, *Voyage en Allemagne*, 1788, III, 205-221 ; Perthes, *Polit. Zust. u. Personen*, 1862, I. 16–28 ; *Briefe eines preuss. Augenzeugen*, IV et V, 1795, p. 139-146 ; *Mainz im Genusse der Freiheit*, 246-256 ; *Die Franzosen am Rheinstrome*, III, 38-40 ; Vehse, *Gesch. der kleinen deutschen Höfe*, 1859, XI, 175–251 ; Rambaud, *Les Français sur le Rhin*, 164–170, etc.

[2] Cf. Bockenheimer, *Die Restauration der Mainzer Hochschule*, 1884.

L'archevêque de Mayence s'alliait donc à la Prusse protestante contre l'Autriche catholique. Tout en lui était contradiction ; rien de ferme ni d'assuré ; mais la mollesse, l'insouciance, la frivolité, le luxe le plus ruineux. Il écoutait volontiers la lecture d'*Ardinghello*, ce roman licencieux de Heinse ; il faisait l'esprit fort lorsque Forster lui parlait de la religion de Taïti ; il s'entourait d'illuminés. Après s'être entiché de l'Université, il s'en dégoûta et ne pourvut presque plus à ses besoins. Il avait, pour la doter, sécularisé trois couvents : les fonds furent dilapidés ou mal employés. Il passait, après le pape, pour le prélat le plus riche d'Europe, et il s'endetta.

La cour imitait l'Electeur. Le Chapitre, le plus opulent de l'Allemagne, comptait vingt-deux chanoines et quinze domicellares, qui devaient prouver seize quartiers. Aussi Mayence était, après Vienne, le séjour de la vieille et pure noblesse, avide de gros canonicats. Ces fiers gentilshommes suivaient les modes de Paris et avaient sur leur table l'*Esprit* d'Helvétius et sur leur console le buste de Voltaire. Les uns tenaient pour l'Autriche, les autres pour la Prusse. Mais tous flattaient, adulaient Mme de Coudenhoven qui disposait des faveurs et des grâces. Ils méprisaient la classe moyenne. Le baron d'Erthal, frère de l'Electeur et son premier ministre d'Etat, daignait à peine répondre aux révérences des roturiers par un mouvement des cils.

La bourgeoisie supportait ces mépris avec calme. Elle n'avait cure de la politique et ne frondait pas le Gouvernement. Elle qualifiait d'intrus les étrangers et les protestants que l'Electeur avait appelés à l'Université. Mais, avant tout, elle vaquait à ses affaires.

Le bas peuple, ignorant et superstitieux, était mené

par les moines et les curés. Son humeur légère, la douceur du climat, la beauté du pays, le bon marché de toutes choses, le vin du Rhin, lui rendaient l'existence facile ; il vivait sans souci, et, au plus, daubait sur les chanoines et les nobles qui chômaient tout le jour [1].

La Révolution française éclata. On vit avec déplaisir l'accueil que Frédéric-Charles d'Erthal faisait aux émigrés et la magnifique hospitalité qu'il offrait au comte d'Artois et au prince de Condé. On le blâma de recevoir à si grands frais ces libertins arrogants et de se jeter tête baissée dans la guerre austro-prussienne. Un observateur assure qu'à cette époque l'archevêque-électeur avait mécontenté presque toutes les classes et que l'opinion paraissait démocratique [2]. Notre ministre O'Kelly jugeait que « l'exaltation des esprits avait fait des progrès sensibles », et son successeur, le chargé d'affaires Barthélemy, que l'approche d'une armée française serait peut-être le signal d'un soulèvement [3]. Un grand nombre de Mayençais souhaitaient l'avènement du coadjuteur Dalberg, et tout l'Electorat louait sa bienveillance, son humanité, son intelligence vive, son savoir étendu : « Coadjuteur, s'écriait plus tard un clubiste, nul de ta caste n'a suivi comme toi l'essor des sciences, ni osé pénétrer dans les régions inconnues des droits de

[1] Nul n'a mieux et plus brièvement peint la situation morale de l'électorat que J.-A. Boost, dans son ouvrage *Was waren die Rheinländer als Menschen und Bürger, und was ist aus ihnen geworden ?* 1819, p. 205 : « Die Rheinländer, vom sanften Krummstab beherrscht, träumten, sorgenlos wie glückliche Kinder, ihr bürgerliches Leben hin. »

[2] Von Knoblauch, *Minerva,* vol. VII, p. 26.

[3] O'Kelly et J. Barthélemy à Montmorin, 6 juin et 31 déc. 1791 (Archives étrangères ou A. E.); cf. *Custine*, 21-24.

l'homme, quoiqu'elles te fissent pressentir à chaque pas ta mort politique [1] ! »

Mais il y avait dans la ville un groupe d'opposants qui ne voulait ni de Dalberg ni de Frédéric-Charles d'Erthal. Il comptait parmi ses membres des professeurs de l'Université, des jurisconsultes, des ecclésiastiques et plusieurs marchands. C'était, dit Forster, « la partie la plus importante de la population par les connaissances et par l'esprit d'indépendance [2]. » Non seulement ces hommes désiraient être quelque chose et avoir part aux affaires publiques [3]; non seulement ils souffraient avec impatience la domination d'un prêtre et demandaient l'abolition des privilèges considérables dont jouissaient la noblesse et le clergé; non seulement ils détestaient un prince qui « révoltait la raison par son luxe et répandait l'argent à pleines mains parmi d'inutiles courtisans, des flatteurs et des maîtresses [4] ». Mais la Révolution française avait fait sur eux la plus vive impression. Epris de réformes et de progrès, aspirant à réaliser l'idéal de justice et de lumière que prêchaient les philosophes, admirant avec un sincère et candide enthousiasme les décrets de la Constituante et de la Législative, ils aimaient de tout leur cœur la France nouvelle qui venait généreusement affranchir les nations. La plupart se réunissaient au *Cabinet littéraire* de Sartorius, où on lisait à haute voix, au milieu des bravos, les gazettes de Paris,

[1] Cf. J.-A. Hofmann, *Ueber Fürstenregiment und Landstände*, p. 11, et K. Boost, *Constitutions-Vorschläge des Handelsstandes zu Mainz beantwortet*, p. 14.

[2] Forster, VI, 400.

[3] *Sur Custine et Mayence*, par un citoyen manqué, p. 3 (pamphlet peu connu, mais spirituel et joliment tourné ; un émigré y a mis sa griffe).

[4] Eickemeyer, *Denkschrift*, 6-7.

et il fallut, le 13 octobre, huit jours avant la capitulation, leur défendre, sous les peines les plus sévères, d'accompagner d'applaudissements et de marques d'adhésion la lecture des journaux français.

II. Le 21 octobre, Custine entrait à Mayence. Il agissait de son chef : ni le Conseil exécutif provisoire, ni la Convention, ni Biron, encore son supérieur, ne lui donnaient d'instructions ; il imita Montesquiou. Maître de Chambéry et de la Savoie, Montesquiou avait dit que tous les officiers de justice et toutes les administrations établies devaient provisoirement exercer leurs pouvoirs suivant les lois et usages du pays, jusqu'à ce que le vœu national fût connu. Custine protesta qu'il n'imposerait pas un nouveau régime aux habitants de Mayence et de l'Électorat ; il maintiendrait les anciennes taxes et ferait respecter toutes les autorités constituées jusqu'à l'époque où le peuple manifesterait sa volonté spontanément et de bon gré. Il assurait que les Mayençais eux-mêmes décideraient de leur sort et qu'ils avaient le droit de préférer l'esclavage aux bienfaits de la liberté : « je laisserai aux traités à prononcer lequel des despotes doit vous rendre des fers. » Mais ni Custine ni les amis des idées nouvelles n'imaginaient que la population opterait pour l'Electeur [1].

[1] *L'Expédition de Custine*, 85-86. Cf. sur la révolution mayençaise outre la Liste et le Livre rouge des clubistes, la *Darstellung der Mainzer Revolution* (1794) ; *Die Belagerung der Stadt Mainz* (1793, par Daniel Dumont) ; *Geschichte der französischen Erober. u. Revol. am Rheinstrome ; Die Franzosen am Rheinstrome*, I et II (1793, par Girtanner) ; les journaux du temps, surtout la *Mainzer National-Zeitung* et le *Bürgerfreund ;* la correspondance de Forster (*Sämmtl. Schriften.*, VI, VIII, IX) ; Nau, *Gesch. der Deutschen in Frankreich u. der Franzosen in Deutschland.* (1795, vol. IV et V) ; les deux ouvrages de Karl Klein, *Gesch. von Mainz während der ersten franz. Occup.*

Un jeune homme ardent, étourdi, bizarre, présomptueux, Georges Böhmer, dirigea, du moins dans les premiers jours, le mouvement révolutionnaire. C'était le fils d'un savant professeur de l'Université de Göttingue et le beau-frère de la *grande Caroline* qui fut la femme de Guillaume Schlegel et de Schelling. Caroline le traite de fou et s'étonne que les Français l'aient pris à leur service; mais, dit-elle, « qui peut-on employer, et ceux qui se poussent en avant dans de pareilles occasions, sont-ils jamais les meilleurs? » Böhmer, d'abord privat-docent à l'Université de Göttingue, était professeur au gymnase luthérien de Worms. Une revue de théologie qu'il publiait [1], lui attira de vives inimitiés. Il résolut, dans son dépit, de « suivre les couleurs tricolores » et s'offrit à Custine qui se l'attacha comme secrétaire-interprète et lui alloua un traitement provisoire de cinq cents francs par mois. Ce fut Böhmer qui traduisit en allemand la plupart des proclamations du général. Le *Moniteur* le nommait un « homme utile et vertueux, plus propre que personne à répandre les principes sains de la liberté dans la Germanie ». Custine affirmait qu'il était « recommandable par la persécution des despotes », que « tout l'Empire l'estimait, qu'il saurait éclairer sa patrie par ses écrits ». Le fils de Custine l'appelait « le célèbre docteur Böhmer ». Fier d'être le truchemau des Français et leur organe

(1861) et *Forster in Mainz* (1863), Perthes, Venedey (*Die deutschen Republikaner*, 1870), et les brochures innombrables de l'époque, surtout *Mainz im Genusse der Freiheit*, les *Schöne Raritäten zum Zeitvertreib des Mainzer Bürgers*, etc. Citons aussi les travaux de Bockenheimer, l'homme qui sait le mieux l'histoire de Mayence, et notamment *Die Mainzer Patrioten* (1873) et la *Geschichte der Stadt Mainz während der zweiten franz. Occup.* (1re édition 1890; 2e éd. 1891).

[1] Le *Magazin für das Kirchenrecht und die Kirchengeschichte.*

attitré auprès de l'Allemagne, Böhmer se vanta de ses ménagements envers la cité de Worms et déclara superbement qu'il avait pour maxime de répondre à la haine par des bienfaits. « Böhmer, disait-il de lui-même, est maintenant à l'abri des poursuites furieuses du Magistrat de Worms ; mais il a eu le plaisir de faire, par ses prières, exempter de la contribution ses compatriotes qui l'avaient un instant méconnu et, s'il n'a pu obtenir la grâce entière de ses ennemis, il a, du moins, par son intercession réduit la plus grande part de leur châtiment ». Il envoyait une sauvegarde à l'Université de Göttingue : « j'aime trop, écrivait-il, le sol qui m'a bercé et l'École qui voit à sa tête mon père, l'orgueil de ma vie, pour ne pas demander, en faveur de la ville et de l'Université de Göttingue, une lettre de protection au noble citoyen et général des armées de ma nouvelle patrie [1] ».

[1] *Mainzer Zeitung*, du 22 oct. et du 3 nov. 1792 ; Ihlee, 84-85 ; cf. Waitz, *Caroline*, 1871, I, p. 110 ; *Briefe von und an Bürger*, p. p. Strodtmann, IV, 225 (mot de Meyer de Bramstedt, qui le nomme ainsi que Wedekind, « elender Bursch ») ; Custine à Biron, 21 oct.; Custine fils au président de la Convention, 1er déc. (A. G.) ; *Mon.*, 2 et 5 nov. ; *Courrier des départ.*, 6 nov. ; Rec. Aulard, I, 249. Georges-Guillaume Böhmer devint, en 1795, juge au tribunal civil du département des Forêts. Il publia, en l'an IV, en trois cahiers, « *La rive gauche du Rhin, limite de la République française*, ou recueil de plusieurs dissertations jugées dignes des prix proposés par un négociant de la rive gauche du Rhin ». De retour en Hanovre, après la fondation du royaume de Westphalie, il exerça les fonctions de juge de paix à Schlangenstädt. Il devint, après la chute de l'Empire, privat-docent à l'Université de Göttingue, et mourut dans cette ville en 1839, à l'âge de 79 ans. Eickemeyer (*Denkw.* 154-156) raconte qu'à l'une des grandes fêtes républicaines de Mayence, il fit apporter sur la place son nouveau-né : « Gracchus, lui dit-il, je compte que tu seras comme les deux grands Romains dont tu portes le nom, l'ami du peuple et l'ennemi des aristocrates » ; l'enfant prit froid, jeta des cris et mourut le lendemain. Böhmer, ajoute Eickemeyer, fut, après la capitulation du 23 juillet 1793, mené à Ehrenbreitstein ; en chemin, un sacristain, qui portait des cierges dans une longue boîte, se joignit

Le 22 octobre, au lendemain de la reddition, Böhmer prenait la direction de la *Gazette de Mayence* et annonçait la fondation d'un club. Le jour suivant, dans la grande salle du Château qui devenait le berceau de la liberté germanique, « après avoir servi naguère à la mollesse et à la volupté », avait lieu la première séance de la Société des Amis de l'Egalité. Mais Böhmer exigeait des assistants le serment civique. Il n'y eut pas vingt personnes[1].

Böhmer se ravisa. Il permit à tous les habitants l'entrée de la salle et aux femmes l'accès des galeries. Aussi, la deuxième séance, du 24 octobre, réunit-elle plus de deux cents Mayençais. Custine y parut, et, dans un discours qui fut traduit aussitôt par Böhmer, assura le club de sa protection. « Qu'une honte éternelle, disait-il, flétrisse tous ceux qui préfèrent le cliquetis de leurs chaînes à la douce voix de la liberté ! » La Société reconnaissante le nomma son sauveur, et Custine, enivré, mandait, le 26 octobre, à Paris : « Nos principes seront professés désormais dans une salle de ce superbe palais où s'assemblaient au mois de juillet l'empereur François, Frédéric-Guillaume, le duc de Brunswick, les Electeurs, et les

aux prisonniers ; on fit croire à Böhmer que c'était le bourreau qui portait avec lui son glaive de justice ; aussitôt Böhmer se jette à genoux et crie grâce. Conduit à Erfurt, il jura de se laisser mourir de faim ; il tint parole durant trois jours, mais le quatrième, il commandait un copieux repas. Plus tard, il ornait les murs de sa maison de sentences et de devises. On lisait sur le plafond de sa salle à manger « on mange pour vivre, mais on ne vit pas pour manger ». Après le Concordat, il se convertit au catholicisme. Eickemeyer le nomme un *Phantast* (cf. *Darst*, 169 et 237, *Freiheitsphantast*). Voir encore sur lui *Die alten Franz.*, 19-20 ; Ihlee, 84-85 ; *Die Franz. am Rheinstrom*, II, 136 ; *Schöne Rarit.*, I, 6 ; Bockenheimer, *M. P.*, 30 ; *Custine*, 85.

[1] *Mainzer Zeitung*, 25 et 26 oct. ; *Mon.*, 2 et 3 nov. 1792.

ci-devant princes français, pour y préparer et y jurer la ruine de la nation. Plus de deux cents citoyens se sont trouvés avant-hier à la première séance. Hier, ce nombre était plus que doublé. On va y inviter les habitants des petites villes et des campagnes[1] ! »

Le club compta bientôt quatre à cinq cents membres[2]. Les principaux étaient, outre Böhmer et l'Alsacien Daniel Stamm[3] :

L'ingénieur et futur général Eickemeyer, qui se ralliait dès le 23 octobre à la cause des Français et qui servit dans l'armée républicaine : homme honnête, droit, désintéressé, que les pamphlets de cette époque accusent de trahison et qui n'eut d'autre tort que de quitter avec trop d'empressement son premier drapeau[4] ;

Des professeurs de l'Université : Charles-Joseph Westhofen[5], Vogt[6], Blau[7], Metternich, Wedekind, Dorsch, Hofmann ;

[1] *Mon.*, 6 nov. 1792 ; *Darst.*, 110 ; Custine au président de la Convention, 26 oct. (A. G.)

[2] Cf. le *Getreues Namensverzeichniss der in Mainz sich befindenden 454 Klubbisten mit Bemerkung derselben Charakter*, im mai 1793 (14 pages sur deux colonnes), *Das Mainzer Rothe Buch oder Verzeichn. aller Mitglieder des Jakobiner-Klubs in Mainz* 1793, 16 pages, et l'inexacte *Notiz von einigen Mitgliedern des Mainzer-Jacobinerclubs*, dans le *Revolutionsalmanach von 1794*, p. 135-143.

[3] *L'Expédition de Custine*, p. 86-88.

[4] Cf. sa *Denkschrift* et ses *Denkwürdigkeiten* ainsi que l'*Expédition de Custine*, p. 101-108 ; Lehné, *Gesamm. Schriften*, 1837, IV, 1, p. 140 « Der Unsinn von Verrath gegen einen Biedermann ersonnen ».

[5] Westhofen, professeur de mathématiques, devint notaire à Mayence, puis professeur à l'Ecole centrale ; cf. *Schöne Rarit*, I, 11 ; et Bockenheimer, *Rest. der Hochsch.*, 38.

[6] Vogt, professeur d'histoire, ne tarda pas à quitter le club et se retira à Strasbourg ; cf. *Darst*, 9 ; *Mainz im Genusse der Freiheit*, 126 ; Klein, 302, et une lettre de Jean de Müller (15 nov. 1793) ; Bockenheimer, *Rest. der Hochsch.*, 39.

[7] Félix-Antoine Blau, professeur de dogmatique et sous-régent du

Le bibliothécaire de l'Université, Georges Forster, et ses auxiliaires, Melzer père et Ohler [1];

Des instituteurs, comme Ignace Meisenzahl[2] et Guy Beck, qui dressèrent dans leur salle d'école un arbre de la liberté, surmonté du bonnet rouge;

Des maîtres de langues, Français pour la plupart : Dimanche, Dupuis, Gillet, Goldstein, Ifland, Klein, François-Xavier Lejeune, Marchand [3], Metzler, Pierre [4], Vogel;

Des Français établis à Mayence : le pharmacien Debillaud [5], le sellier Knoderer [6], le marchand Patocki [7];

séminaire, devint, en 1795, juge au tribunal civil du département des Forêts, puis juge au tribunal criminel du Mont-Tonnerre, enfin bibliothécaire de la nouvelle Université ; cf. *Darst*, 100 ; *Mainz im Genusse der Freiheit*, 44 ; *Schöne Rarit*, I, 7 ; Eickemeyer, *Denkw.*, 151 ; Klein, 432 ; Bockenheimer, *M. P.* 4 et 29, *Rest. der Hochsch.*, 25, et *Gesch*, 165. Il mourut le 23 décembre 1798.

1 Jean-Jacques Ohler signait, en France, « Ohleur » (Voir sur lui *Darst.*, 113, 150, 483 ; *Schöne Rarit.*, I, 21-22); il était « Diener » ou garçon, tandis que Pierre Anselme Melzer était secrétaire de la bibliothèque (Klein, *Forster in Mainz*, 75).

2 Cf. *Verz*; *Darst.*, 357, 578 et Klein, 259 ; Meisenzahl devint directeur de la maison des enfants pauvres et orphelins.

3 Marchand avait reçu du gouvernement électoral le « consilium abeundi » avant l'arrivée des Français (*Gesch.*, 157). Il publia à la fin de 1792, une *Adresse à tous les citoyens et citoyennes de la ville de Mayence indistinctement, qui ont eu le malheur de tomber dans l'erreur de l'émigration* (19 pages) ; il se vante d'être « doué d'un prisme qui ne l'a jamais trompé dans le calcul des événements politiques », exalte Villemanzy « fait pour régler l'ordre des choses comme le soleil pour régler la clarté du jour » et engage les émigrés mayençais à « venir respirer dans une terre libre ». Dans une lettre à Merlin (pap. I, 187 ; Alzey, 12 ventôse an III), il demande une place et jure que le « feu du plus pur républicanisme circule dans ses veines ».

4 Jean-Claude Pierre devint commis-greffier de l'administration centrale de Kreuznach (1796), puis professeur de langue française à l'Ecole centrale de Mayence.

5 Il devint garde-magasin des effets des émigrés français (*Darst.*, 431 et 435).

6 Jean-Henri Knoderer était de Westhoffen (Bas-Rhin).

7 André Patocki venait de Colmar et fut secrétaire des représen-

Des hommes de loi, les uns déjà mûrs et en exercice, les autres stagiaires ou *Praktikanten* : Caprano [1], Fuchs [2], Medicus [3], Niederhuber [4], Razen [5], Retzer [6], Scheuer [7], Schlemmer [8], Wassmann [9], les procureurs Kunkel et Schornsheim ;

tants près l'armée de la Moselle ; *Darst.*, 409 ; *Belag.*, 62 ; Schaab, 335 ; Reynaud, *Merlin*, II, 40.

[1] Jean-Adam Caprano (mort le 9 oct. 1800) fut membre de l'administration centrale établie à Kreuznach, puis juge au tribunal civil du Mont-Tonnerre ; cf Bockenheimer, *Gesch.*, 165 ; Remling, II, 491.

[2] Antoine Fuchs, attaché à la Chambre des finances et collaborateur du *Bürgerfreund* (voir le n° du 21 décembre 1792), devint notaire à Edenkoben ; *Darst.*, 242 ; *Gesch.*, 160-161 ; *Schöne Rarit.*, I, 20 ; Remling, I, 295 ; II, 353, 398.

[3] Charles Medicus, né le 2 mai 1767, devint notaire à Obermoschel, puis à Edenkoben ; on le jugeait, dans cette place, « intelligent, actif, probe » (A. N.).

[4] *Darst.*, 761.

[5] Richard Razen, que la *Liste* des clubistes nomme un « Rabulist » ou chicaneur, avait plaidé pour la ville de Bingen contre le Grand-Chapitre un célèbre procès ; il était assesseur du tribunal de la ville et devint juge au tribunal civil du Mont-Tonnerre ; *Darst.*, 111-112.

[6] Charles-Joseph Retzer, né le 10 décembre 1770, commissaire de police pendant la première occupation française, devint successivement juge du bailliage de Germersheim, commissaire du Directoire exécutif à Mayence, commissaire du gouvernement près le tribunal correctionnel de Kaiserslautern, magistrat de sûreté du même arrondissement ; cf. outre Eickemeyer (*Denkw.*, 152), qui le juge loyal, humain, désintéressé, Remling, II, 445 ; Bockenheimer, *Gesch.*, 34, 44, 128. « Il a, disait-on de lui en l'an XI, beaucoup d'ascendant sur les habitants, et il jouit de la considération publique par ses fonctions, ses lumières et sa moralité. » (A. N.)

[7] Cf. sur Jean-Antoine Scheuer, *Darst.*, 528, 646.

[8] Joseph Schlemmer rédigea quelque temps le *Courrier* de Strasbourg ; il fut successivement greffier du juge de paix à Grünstadt, substitut du commissaire du gouvernement, juge de paix à Mayence, puis, comme Caprano et Razen, juge au tribunal civil du Mont-Tonnerre. Conseiller à la Cour d'appel en 1825, il meurt le 12 février 1830. Cf. Remling, II, 352, 356, 393 ; Bockenheimer, *Zwei Sitz. der Clubisten*, 8, et *Gesch.*, 115, 163, 165.

[9] Joseph Wassmann que la *Liste* des clubistes qualifie « Amtspraktikant et Studentenpräzeptor », devint notaire à Nieder-Olm (Bockenheimer, *Gesch.*, 167) ; cf. *Darst.*, 527.

Des fonctionnaires de tout ordre : Bittong[1]; Boost, intime ami de Razen et bailli de Höchst[2]; Hartmann, conseiller au tribunal aulique[3]; Hauser, ancien secrétaire et conseiller de l'Électeur[4]; le commissaire de police Macké, homme intelligent et probe, estimé de la bourgeoisie mayençaise, destiné à une brillante carrière[5];

[1] Cf. *Darst.*, 158, 219, 674-675 (note).

[2] Charles-Joseph Boost fut juge au tribunal civil du Mont-Tonnerre, puis au tribunal de première instance; *Darst.*, 112, 357, *Schöne Rarit.*, I, 14; Bockenheimer, *Gesch.*, 165, 178, 181.

[3] Gaspard Hartmann fut, plus tard, accusateur public du tribunal criminel du Mont-Tonnerre; *Darst.*, 99-100, 219, 303, 395, 423; *Schöne Rarit.*, I, 15; *Ein paar derbe Worte des Dr Gottlieb Teutsch an Hartmann*, 2-8; Bockenheimer, *Gesch.*, 61 et *M. P.*, 29.

[4] Jean-Baptiste de Hauser avait alors 28 ans; il reçut l'année suivante une mission à Huningue, à raison de 500 francs par mois (A. E.), et fut, en 1795, secrétaire-interprète des représentants Rivaud et Merlin; *Darst.*, 112-113; *Schöne Rarit.*, I, 15; Remling, II, 195.

[5] François-Conrad Macké (2 juillet 1756 – 17 mars 1844) devint commissaire du Directoire exécutif, président du tribunal criminel, maire de Mayence, membre du Corps législatif; *Darst.*, 308: Schaber, *Tagebuch*, 82; Bockenheimer, *Gesch.*, *1813-1814*, p. 116-117; une note de l'an IX le caractérise ainsi : « homme sage, vertueux et modeste, n'est d'aucune faction, mérite la confiance ». Jeanbon Saint-André le juge « doux, timide même, par conséquent faible, mais honnête homme, qui s'est dévoué dès l'origine à la cause des Français, qui a souffert pour elle, qui a rempli la place de maire, sinon avec énergie, du moins avec une parfaite intégrité et un grand dévouement » (note du 5 avril 1812). Macké, lui-même, dans une lettre du 28 mars 1812, à Montalivet, retrace ainsi ses services passés : « En 1793, lors du fameux siège de Mayence, j'ai rempli la charge extrêmement pénible de maire; en 1798, j'ai organisé, en qualité de commissaire du pouvoir exécutif, la nouvelle municipalité et, ensuite, président du tribunal criminel du département, j'en ai fait de même pour la partie judiciaire. Depuis, Sa Majesté a daigné me nommer, deux fois déjà, maire de sa bonne ville de Mayence, me décorer de l'aigle impériale et m'appeler aussi, à deux reprises, à la présidence dans les collèges électoraux de l'arrondissement et du deuxième canton de Mayence » (A. N.). Cf. le témoignage que lui rend, ainsi qu'au commandant de place Müller, la *Hessen-Darmst. Landzeitung*, du 1er août 1793.

le greffier de la ville Reussing ; Schwalbach, receveur à Marienborn dans cette maison de la Chaussée ou *Chausseehaus* que Gœthe a rendue célèbre ; Stumme, secrétaire de la Chambre des finances, qui tenta ridiculement de former une garde nationale dont il eût été le colonel[1] ; Umpfenbach, régisseur d'un bailliage de Dalberg[2] ;

Des ecclésiastiques assermentés : Arand, curé de Nackenheim[3] ; Arensberger, chapelain de Kastel[4] ; le vicaire Dietz ; Charles Dresler[5] ; le bénédictin Charles-Auguste Eulhardt ; le chanoine de Saint-Jean, Charles Falciola, qui fut aumônier de l'hôpital français[6] ; le curé Heimberger[7] ; le moine augustin Hornung, directeur de l'Ecole normale et professeur au gymnase[8] ; le

[1] *Darst.*, 85, 98-99, 330, 425, 440-441, 489 ; *Mainz im Genusse der Freiheit*, 59-60 ; *Schöne Rarit.*, I, 11 ; *Mainzer Zeit.*, 7 janvier 1793 ; on le nomma, par un jeu de mots, le *stumme Obrist*, ou le colonel muet.

[2] Cf. *Ein paar Worte an die teutschen Emigranten*, 32, et Klein, 427 ; Adam Umpfenbach devint président de la municipalité, puis juge au tribunal (Bockenheimer, *Gesch.*, 124 et 177) ; Rudler le nomme « bon administrateur, aimé de tous les habitants des environs » (A. N.).

[3] Ch. Melchior Arand, d'Eichsfeld, professeur de patristique à l'Université, reçut les félicitations de Custine, et les commissaires de la Convention le nommèrent régent du séminaire ; *Darst.*, 769 ; *Mainzer Zeit.*, 19 et 26 nov. 1792, 25 février et 4 mars 1793 ; Bockenheimer, *Rest. der Hochschule*, 25.

[4] Cf. sur Martin Arensberger la *Mainzer Zeit.*, du 29 nov. 1792, *Darst.*, 325, et Klein, 262-263.

[5] Ch. Dresler, né le 4 août 1771, devint garde-général des forêts à Winnweiler, puis sous-inspecteur à Deux-Ponts.

[6] Ch. Falciola, né le 30 avril 1759, fut plus tard receveur des domaines à Lauterecken.

[7] On trouve plus tard Philippe-Jac. Heimberger, secrétaire de la sous-préfecture de Spire (Remling, II, 445).

[8] Voir sur le Père Hornung et sa vie agitée, *Darst.*, 494 ; *Schöne Rarit.*, I, 17 ; Klein, 304, 358, 438, et surtout Eickemeyer, *Denkw.*, 246-249.

carmélite Joseph Kunz ; le curé de Saint-Emeran, Michel-Valentin Müller ; le capucin Norbert Nimis, chanoine de Saint-Victor et précepteur des enfants de Mme de Coudenhoven[1] ; le bénéficier du Saint-Esprit, Henri-Joseph Rompel[2] ; le curé Laurenz Schweicard ; le vicaire de Saint-Jean, Chrétien-André Wolff[3] ;

Des jeunes gens, les uns étudiants, les autres frais émoulus de l'Université, candidats en droit, professeurs à leur début, et, pour la plupart, se qualifiant d'hommes de lettres[4] ; Bauer[5], Boost fils, Falciola fils, Haupt[6], un des plus curieux aventuriers de cette fin de siècle,

[1] Nimis fut plus tard juge de paix à Kirrweiler, commissaire du Directoire exécutif à Neustadt, notaire à Hassloch (Remling, II, 346, 384, 399, 403-404, 415, 436 ; *Schöne Rarit.*, I, 8. Bockenheimer, *Rest. der Hochsch.* 26). Il souleva pendant son séjour à Neustadt, de véritables tempêtes et Marquis écrivait au ministre de la justice (21 floréal an VII, A. N.) que Nimis était bon patriote et très zélé, mais qu'il ne pouvait exercer plus longtemps ses fonctions à Neustadt ; « sa présence ne servait qu'à cimenter la haine implacable des deux partis. »

[2] Cf. *Darst.*, 581.

[3] Cf. sa lettre à Merlin, 14 thermidor an II (Reynaud, II, 22). Wolf ou Wolff fut curé, puis greffier du tribunal à Harskirchen (1794) et sous l'Empire, maire de Winnweiler ; il était né le 30 nov. 1759.

[4] Ecclésiastiques et étudiants se nommaient volontiers ainsi ; parmi les premiers, Dresler, Eulhardt, Heimberger, Kunz, Schweicard, et parmi les seconds, Falciola fils, Illig, Meuth, Och, Theyer, Wohlstadt.

[5] Antoine Bauer se donnait le titre de « mathématicien ».

[6] Frédéric-Charles-Joseph Haupt, alors âgé de 20 ans, fils d'un conseiller aulique, fut aide-de-camp de Neuvinger et à la suite des certificats de jacobinisme que lui donnèrent le 24 mai et le 1er octobre 1793 ses « frères » de Strasbourg et de Mayence, agent du Comité de salut public qui l'envoya à Belfort et le chargea de surveiller la frontière aux appointements de 500 francs par mois ; on jugeait sa correspondance active et utile ; cf. Taine, *La Révol.*, III, 331, 369, 490, 494 ; Eickemeyer, *Denkw.*, 223-232 ; note au ministre (A. E.).

Illig[1], Köhler[2], Lehné[3], Marx, Melzer[4], Mercklein[5], Meuth[6], Och[7], Ott[8], Pfeiffenbring[9], Plöger[10], Steinem[11],

[1] Gottfried Illig devint commissaire du gouvernement près le canton de Göllheim, et contrôleur des contributions directes à Oppenheim, puis à Winnweiler.

[2] Köhler fut professeur d'histoire naturelle et de botanique à l'Ecole de médecine et mourut le 22 avril 1807, à quarante-deux ans (Bockenheimer, *Gesch.*, 427).

[3] Frédéric Lehné devint, en 1794, commissaire dans le Palatinat, et plus tard, traducteur de l'Administration centrale du Mont-Tonnerre, professeur à l'Ecole centrale, procureur-gérant du Lycée; il était poète : comme Lamey à Strasbourg, il célébra la Révolution dans des poésies — et archéologue : il a laissé cinq volumes d'œuvres complètes (*Ges. Schriften*, 1836-1839) ; cf. Bockenheimer, *Gesch.*, 310, et *M. P.* 29, *Gesch. 1813*, p. 141.

[4] Jean Melzer, fils du secrétaire de la bibliothèque universitaire, était secrétaire du club (*Verzeichniss* et Klein, 299) ; il demanda, comme Herrer, d'être employé à l'armée du Rhin (28 niv. an II), et fut, en 1797, secrétaire du commissaire préposé aux réquisitions à Neustadt; Remling, II, 353, 411 ; *Darst.*, 113, 524, 580, 593.

[5] Jean Mercklein se fit inscrire au club un des premiers et « se déclara pour la constitution française dès le premier moment » (certificat des jacobins de Mayence, 16 brum. an II, et de Hofmann, 22 du premier mois de l'an II) ; aussi Haupt le demandait-il comme second et répondait de lui sur sa tête (lettre de Belfort, tridi de la 3e décade de brum. an II. Arch. étr.); cf. Klein, 452 et Remling (I, 451 et 469) qui nous le montre interprète de Dumoulin.

[6] Jean-Dominique Meuth devint commissaire du Directoire exécutif, puis receveur des contributions directes à Kaiserslautern (*Darst.*, 256).

[7] Cf. sur Georges Och, *Darst.*, 37, 583 (597).

[8] Jean-Michel Ott devint commissaire du gouvernement, puis notaire du canton d'Obermoschel.

[9] Pfeiffenbring devint juge au tribunal civil du Mont-Tonnerre, (Bockenheimer, *Gesch.* 165); cf. *Ueber die Verf. von Mainz.*, 21, qui propose méchamment d'envoyer à la Convention, comme député de Mayence, ce « glorieux » jeune homme.

[10] Antoine Plöger, étudiant en médecine, passait pour « le plus impudent braillard du club » (*Verzeichniss;* cf. *Schöne Rarit.*, I, 28; *Darst.*, 451, et Klein, 290).

[11] Charles-Joseph Steinem devint greffier du tribunal de police correctionnelle, puis notaire du canton de Mayence.

Suter[1], Theyer[2], Pierre Wohlstadt, l'étudiant en médecine Staudinger que tout Mayence nommait le rusé Cupidon[3]; G. Wolf[4];

Des commerçants, petits marchands, gens de métier et autres : Jean-Aloys Becker[5]; Cronauer[6]; l'octogénaire Eckel, potier d'étain et capitaine de la garde urbaine[7]; le droguiste Jean-Paul Emmerich; le boulanger Euler[8]; le marchand de bois Falciola[9]; le pâtissier Gaul; le charretier Gutensohn[10]; le batteur d'or Jean-

[1] Cf. sur ce Suter, docteur en philosophie, Klein, 452.

[2] Cf. sur Pierre-Nicolas Theyer *Darst.*, 322, 581, 595, 674; Klein, 251, 296, 345; il devint commissaire du gouvernement près le canton d'Alzey, puis notaire à Alzey.

[3] Voir sur Staudinger, qui s'engagea dans le 5e bataillon du Bas-Rhin et mourut en France, *Darst.*, 196, 239, 330, 426.

[4] Geoffroi ou Gottfried Wolf, étudiant en droit, frère de Chrétien Wolf, né le 29 nov. 1765, fut, en 1794, expéditionnaire du district de Saar-Union, puis commissaire du gouvernement près le canton de Winnweiler et, sous l'Empire, notaire à Winnweiler.

[5] Il devint chef du bureau des domaines, puis de la première division à la préfecture du Mont-Tonnerre.

[6] Cf. sur ce fabricant de potasse *Darst.*, 409; Bockenheimer, *Gesch.*, 124; en l'an VII, il fournissait le vin pour la table des commissaires du gouvernement.

[7] Voir sur le vieil Eckel la *Mainzer Zeitung*, du 4 mars 1793, et Klein, 424. Cf. *Darst.*, 762 et 801.

[8] Cf. Klein, 564.

[9] Cf. sur les deux Falciola père et fils, Reynaud, *Merlin*, II, 42-43 et Bockenheimer *M. P.*, 29. Le fils, François-Joseph, né le 13 juin 1770, d'abord employé au bureau d'enregistrement du Mont-Tonnerre, devint receveur des domaines à Winnweiler et passait pour un « modèle de probité, d'exactitude et d'habileté dans son emploi ». Le père, Georges-Charles, fut, au sortir de captivité, inspecteur des forêts de la divison de Trèves (cf. Remling, II, 40). Le 2 germinal an VII, il écrivait de Trèves à Reubell : « J'ai tout sacrifié pour la bonne cause, et ma famille, autrefois opulente, est sans autre ressource que mon état. » Huit jours après, 10 germinal, il mourait d'une maladie, dont, — dit sa femme, — il avait pris le germe dans les prisons (A. N.).

[10] *Darst.*, 456, 523.

Ephraïm Grön; les cabaretiers Hamm et Stöber; le marchand George Hafelin qui fut le premier président du club[1]; le mercier Heckerath; Philippe Herrer[2]; le perruquier Sébastien Koch[3]; le maître-maçon Jacques Lothari[4]; Adam Lux; Henri Maier; le vitrier Wilhelm Müller; Nunheim; le tailleur Gaspard Ohaus; les deux Preyser[5]; le brasseur Racke; Rieffel qui tenait l'hôtel du *Roi d'Angleterre*[6]; Ritz[7]; Rulffs, le distributeur des aumônes ou, comme on le nommait, le père des pauvres[8]; Seib; le fabricant de tabac Chrétien Solms; le peaussier Steingässer; le potier Weisshaupt[9]; les relieurs Nickhl et Zech[10];

Des propagandistes que Custine avait fait venir d'Alsace pour « électriser » Mayence[11]: Cotta, fils et frère des

[1] *Darst.*, 101, 239, 409.

[2] Un ordre du ministre des affaires étrangères envoie Herrer, le 19 pluviôse an II, à l'armée du Rhin, pour établir dans les cercles des correspondants et communiquer avec eux en langue allemande.

[3] Cf. *Darst.*, 581, 593; Nau, V, 570-591.

[4] Cf. sur Lothari et son séjour à Meisenheim, Remling, II, 164.

[5] De ces deux Preyser, l'un, Joseph, fut enfermé à Königstein; l'autre, Joseph Deodat, étudiant en médecine, échappa et demanda, le 28 nivôse an II, comme Herrer et Melzer, un emploi dans l'armée du Rhin (A. E.).

[6] Jacques-Ignace Rieffel devint secrétaire de Merlin de Thionville et périt en Vendée, à Torfou, le 19 sept. 1793; *Darst.*, 826; Reynaud, *Merlin*, II, 97-98.

[7] Ritz que le *Verzeichniss* qualifie d'« oisif », fut un des commissaires que le conventionnel Becker a flétris dans son rapport du 13 juin 1795.

[8] Aug.-Fred. Rulffs avait été fabricant de tabac à Brême et à Einbeck; cf. *Darst.*, 226; *Schöne Rarit.*, I, 13; Nau, V, 549-550; *Revolutions-Almanach von 1794*, 389-390; Klein, 138.

[9] Cf. sur Jean Weisshaupt, *Darst.*, 483, 580, et Klein, 309, note 4.

[10] Voir sur Jacob Veit (ou Jacques Guy) Zech *Darst.*, 461; *Gesch.*, 160-161; *Schöne Rarit.*, I, 19, et sa curieuse brochure *Anrede an seine Mitbrüder und Mitbürger;* sur Nickhl, *Darst.*, 585, 761 et 894; Klein, 511, 515-516.

[11] Quatre de ces propagandistes arrivèrent à Mayence le 15 no-

libraires de Stuttgart, journaliste et ardent jacobin qui jurait de défendre jusqu'à la mort les droits de l'homme « et nommément de la nation française[1] » ; Pape, bénédictin westphalien, naguère professeur de droit ecclésiastique à Bonn, devenu vicaire épiscopal du Haut-Rhin et directeur du séminaire de Colmar[2] ; l'officier et journaliste André Meyer[3].

vembre ; cf. Custine à Beauharnais (*Courrier des départ.*, 14 nov. 1792) ; Beauharnais à Custine, 12 nov. (A. G. « Les quatre citoyens que je vous ai adressés ont reçu pour leur route, à compte sur leur traitement, chacun 150 livres en espèces ») et Nau, V, 520.

[1] Frédéric-Christophe Cotta, rédacteur de la *Teutsche Staatszeitung* et de la *Stuttgarter Zeitung*, professeur de droit naturel et public à l'Académie de Stuttgart, avait envoyé à la Société de la Révolution à Strasbourg, une lettre qu'elle reçut le 15 juin 1790 : « J'ai juré d'être fidèle à la liberté jusqu'à la mort, et j'ai juré amitié éternelle à vous qui n'êtes séparés de moi que par les circonstances, mais auxquels je suis lié par l'identité de but et de façon de penser. » (Heitz, *Les Soc. polit.*, 41.) Admis au club de Strasbourg, le 17 juillet 1791 (Wolhwill, *Georg Kerner*, 105), il vécut quelque temps dans cette ville avec un revenu annuel de 600 florins ; mais depuis qu'il était à Mayence, il vivait, disait-il, de la caisse de la République parce que les affaires publiques le détournaient entièrement de ses gains personnels (*Mainzer Zeit.*, 28 janvier 1793). Cf. *Darst.*, 320 et sur ses rapports avec Custine, la *Mainzer Zeit.*, du 17 déc. 1792.

[2] Frederic-Georges Pape était né à Arnsberg. Il prononça, le 25 nov. 1792, au club de Mayence, un discours sur la compatibilité de la nouvelle constitution française avec le catholicisme (*Vereinigung der neufränkischen Verfassung mit dem Katholicismus*) Il était attaché l'année suivante à la correspondance secrète de l'armée du Rhin (voir sa lettre contre Custine, traduite de l'allemand *Journal de la Montagne*, 7 juillet 1793). Cf. *Darst.*, 320, 343, 477, 522, 570 ; *Schöne Rarit.*, I, 8 ; *Minerva*, VII, 415-416 ; *Gesch.*, 13 et 156 ; Nau, V, 524.

[3] Cf. sur le Strasbourgeois André Meyer, alors âgé de 34 ans, libraire, secrétaire des jacobins, rédacteur (avec Simon, son beau-frère, du journal *Geschichte der gegenwärtigen Zeit*), engagé comme volontaire en 1792, avancé par Custine et devenu capitaine-adjoint aux adjudants généraux (il contresigna les proclamations allemandes des 15 et 17 déc. 1792, remplit une mission à Mannheim, et, dans la retraite de Bingen, il brisa les armes impériales qui figuraient sur la maison de poste d'Alzey) E. Barth, *Notes biogr.*, 392 ; *Argos*, 1er fé-

Les plus remarquables de ces clubistes, les coryphées, les *matadors*, comme on les surnomma, étaient Metternich, Wedekind, Dorsch, Hofmann et Forster, tous attachés à l'Université, méprisés par la noblesse et jalousés par la bourgeoisie, mécontents de leur situation, désireux de faire figure et de tenir le haut du pavé, saisissant l'occasion de se mettre au premier rang et de gouverner la ville en proclamant les droits de l'homme.

Metternich, élève de Kästner et de Lichtenberg, professeur de physique et de mathématiques, avait arboré la cocarde tricolore et l'offrait à ses amis quelques heures avant l'entrée des républicains [1].

Wedekind, médecin de l'Electeur et professeur de thérapeutique, avait quitté Mayence à la veille du siège, sous prétexte de soigner une paysanne du voisinage et il n'était revenu qu'avec les Français. « Il se propose, écrivait Custine, de propager par ses écrits les principes de la liberté », et Wedekind demandait à la Convention le titre de citoyen français, comme le plus beau titre dont un homme pût s'enorgueillir ; la France, ajoutait-il, était la seule patrie qui existe en Europe [2].

vrier 1793, p. 71 ; *Darst.*, 328 ; *Belag.*, 177 ; A. N. w. 497. Il présida le club du 11 au 25 novembre (Nau, V, 517).

[1] Cf. sur Mathias Metternich, *Darst.*, 94-96 ; *Schöne Rarit.*, I, 4-5 ; *Ueber die Verfass. von Mainz.*, 11, et sa réponse à ce dernier pamphlet, *Der Aristokrat auf Seichtheiten und Lügen ertappt*, p. 19-20, note ; Remling, II, 349 ; il devint membre de l'Administration centrale du Mont-Tonnerre, et professeur à l'Ecole centrale.

[2] Cf. sur Georges Wedekind, qui avait alors trente ans, et qui reçut, comme Böhmer, un traitement mensuel de 500 livres, *Custine*, p. 85; Custine à Biron, 21 oct. 1792 (A. G.) ; Avenel, *Lundis révolut.*, 1875, p. 114 ; *Darstellung*, 6-7, 42-43, 92-94, etc. ; *Schöne Rarit.*, I, 5 ; *Belag.*, 62 ; Reynaud, *Merlin*, II, 63 ; Bockenheimer, *M. P.*, 24 ; *Rest. der Hochsch.*, 34 ; *Gesch.*, 82 et 431. Il fut nommé le 1er novembre 1792, médecin des armées de la République et employé d'abord à Mayence, puis à Strasbourg où il rédigea, en 1795, le *Courrier de*

Dorsch, d'abord chapelain à Finthen, puis professeur de logique et de métaphysique, avait dû quitter Mayence, sa ville natale, en 1791, à cause des hardiesses de son enseignement : on lui reprochait de prêcher avec trop de zèle et de succès la philosophie de Kant. Mais ce petit homme fin, souple, insinuant, fier de son joli pied plus encore que de sa parole élégante et fleurie, plein d'amour-propre comme d'artifice, avait fait, suivant sa propre expression, une carrière brillante à Strasbourg, où il était devenu professeur de morale à l'Académie catholique, vicaire épiscopal, membre du club du Miroir, administrateur du département ; et il rentrait dans sa première patrie, fort de ses nouveaux titres, de l'amitié des Français, et de la confiance que lui témoignaient les jacobins de l'Alsace. La Société de Mayence, disait-il, devait se modeler sur celle de Strasbourg et consacrer tous ses efforts à l'entière transformation du ci-devant Electorat[1].

Strasbourg. Pendant son séjour en France, il publia les *Idées d'un Allemand sur les rapports extérieurs de la République française*, longue et diffuse dissertation où il somme les Français d'achever leur œuvre et de détruire le dernier reste de l'oppression « tout ce qui est divin dans vous exige la guerre ; le premier peuple de l'Europe s'est élancé dans la carrière avec le feu de la jeunesse et le génie de la virilité ; s'il devait s'arrêter, c'en est fait de sa grandeur » (p. 21, 34, 36). De retour à Mayence, il devint professeur à l'École centrale, et prononça, le 2 pluviôse an VII, un discours *Hass dem Königthum und der Anarchie*, où il jure haine à la royauté et fidélité à la Constitution de l'an III. « L'oppression des peuples finira ; tous lèveront la massue d'Hercule, crieront la liberté ou la mort ! » Quelques années plus tard, guéri de son jacobinisme, il était médecin et conseiller intime du grand-duc de Hesse (25 juillet 1808). Il mourut le 28 octobre 1839.

[1] Cf. sur Antoine-Joseph Dorsch : Heitz, *Soc. polit.*, 167 (il prononça à sa réception au club de Strasbourg, le 26 déc. 1791, un discours sur l'amour de la patrie dont la Société vota l'impression) ; Forster, VIII, 120 et 125 ; *Mainz im Genusse der Freiheit*, 34-35 ;

André-Joseph Hofmann enseignait à l'Université l'histoire de la philosophie et le droit naturel. Il avait du savoir et, avouent ses ennemis, de la tête. Grand, robuste, passionnément épris de l'antiquité, sincèrement républicain, discourant avec force et véhémence, prodi-

Schöne Rarit., I, 7 : *Belag.*, 99 ; *Darst.*, 200-204 ; *Die alten Franz.*, 97 ; *Gesch.*, 207-221 ; Masson, *Départ. des aff. étr.*, 338 et 366 ; Kaulek, *Papiers de Barthélemy*, III, 229 et 277 ; Bockenheimer, *M. P.*, 30, et *Rest. der Hochsch.*, 37 ; Klein. *Forster in Mainz*, 135 ; *Allgem. deutsche Biogr.* art. Dorsch. Il avait été gravement offensé par l'Électeur ; en mai 1791. pendant son absence, on lui enleva une lettre que lui avait apportée le précepteur des fils de Dietrich qui se rendaient à Göttingue ; la lettre, écrite en allemand et signée de Blessig, n'était qu'une lettre de recommandation (dépêche d'O Kelly, 6 mai 1791. A. E.). Après une courte mission que Deforgues lui confia en Suisse, à la fin de 1793, Dorsch fut successivement membre de l'administration centrale d'Entre Meuse et Rhin, juge du tribunal civil du départ. des Forêts, commissaire du Directoire exécutif près l'administration centrale du départ. de la Roer (cf. la *Statistique* qu'il fit paraître en 1804), et il prononça, en cette qualité, de nombreux discours à Aix-la-Chapelle, dans les fêtes publiques ; « Nos vœux, disait-il, qu'on traitait de délire patriotique, sont accomplis », et l'ancien ecclésiastique engageait les administrations cantonales à dissiper « la nuit obscure où les prêtres et les dévots ont plongé depuis tant de siècles ces fertiles contrées ». Il avait demandé, dans un écrit, *Quelques réflexions sur l'établissement de la république cisrhénane* (an VI, p. 5-7), la réunion de la rive gauche, non seulement parce que « les rivières sont, comme les montagnes, les limites naturelles d'un pays », mais parce que les départements rhénans paieraient une « somme considérable en contributions » et « ouvriraient une source féconde » au commerce français. Sous-préfet de Clèves, directeur des contributions dans le Finistère (1805-1811) et à Münster, Dorsch mourut à Paris au mois d'avril 1819, à l'âge de 61 ans. Les Français l'ont bien jugé ; il a, écrit l'adjudant-général Senig, « beaucoup de talents et de connaissances. mais trop d'amour-propre », et Shée dit de lui : « Il a beaucoup de moyens pour administrer, et une dextérité propre à combattre avec succes l'esprit litigieux des ci-devant provinces prussiennes ; il passe pour se prêter trop facilement aux circonstances, comme beaucoup de ses confrères ci-devant prêtres, et pour aimer l'argent. » « Très instruit et très actif, assure Rudler, il passe pour être intrigant, mais, s'il est surveillé, il sera le meilleur des sous-préfets. » (A. N.)

guant les gestes, il exerçait un singulier ascendant sur la jeunesse mayençaise. Sa voix retentissante, sa parole âpre et vigoureuse, sa verve populaire, sa rude franchise, sa droiture inflexible, son austérité stoïque, tout ce qu'il y avait de brusque et d'un peu farouche dans sa personne, lui gagnaient le cœur des étudiants. Lui-même se piquait d'être avant tout un *Volkslehrer* ou maître du peuple. Forster ne l'aimait pas et jugeait que « son ton de capucin, ses grimaces, son langage trivial, ses basses et venimeuses plaisanteries plaisaient naturellement à la foule qui n'a aucun sens pour la raison, la bienséance et la noble éloquence ». Mais les commissaires de la Convention et surtout Merlin de Thionville admirèrent l'ardeur jacobine de Hofmann. Merlin le nommait un des plus chauds et des meilleurs patriotes de Mayence. Depuis longtemps, Hofmann ne disait-il pas dans ses cours qu'une Révolution éclaterait en Allemagne comme en France, et que si les despotes parvenaient à la détruire, les principes divins qui faisaient ses fondements, ne périraient pas ? Lorsque les émigrés, apprenant, au milieu d'une représentation de *Richard Cœur-de-Lion*, la fuite de Louis XVI, éclataient en applaudissements, n'avait-il pas prononcé les mots prophétiques : « laissez-les applaudir, ils n'applaudiront plus dans deux jours ? » N'avait-il pas, après la prise de Spire, déclaré que toute résistance était impossible et qu'il fallait arborer aussitôt la cocarde tricolore pour empêcher le pillage de la ville ? Son premier soin fut de révéler à Custine l'existence d'un magasin considérable de fourrages à Winkel, dans le Rheingau, et lui-même courut s'en saisir, à la tête d'un parti de cavalerie. Exalté jusqu'au fanatisme, il devait terroriser Mayence. Toute sa vie il resta clubiste, jacobin, et français : « J'ai fait, écrivait-il à Merlin, pour cette belle Révolution, le sacrifice de ma fortune, de mon état et de ma santé », et il conseillait aux conventionnels l'annexion de la rive gauche du Rhin : « Conservez ce fleuve que tout le monde regarde, que toutes vos anciennes guerres ont cherché, que César déjà a désigné, que vos ennemis extérieurs cherchent à arracher, et vos ennemis intérieurs à disputer, comme frontière naturelle de la France[1] ! »

Georges Forster avait fait avec Cook le tour du monde et raconté les merveilles de son voyage dans un livre où les contemporains admiraient tout ensemble la variété des descriptions, la finesse de l'observation, la chaleur et l'éclat du style. Ses *Vues du Bas-Rhin*, parues l'année précédente, retraçaient avec la même fraîcheur et la même élégance, avec la même étincelante vivacité, les impressions diverses qu'il avait ressenties en parcourant les Pays-Bas, l'indignation que lui inspiraient

[1] Cf. sur Hofmann, *Mon.*, 21 août 1793 ; Forster, VIII, 324 et 327 ; *Darst.*, 14, 24, 98, 105, 254 ; *Gesch.*, 194 ; *Mainz im Genusse der Freiheit*, 67 et 175 ; *Schöne Rarit.*, I, 9 ; *an das deutsche Publikum, von einem Freunde der Wahrheit*, p. 7 (« der gefährlichste Volksverführer ») ; la réponse de Fechenbach à ses discours du 16 et du 18 nov. 1792, p. 5 et suiv. ; Eickemeyer, *Denkw.*, 177 (« ehrlich und eifrig ») ; Metternich, *Mém.*, I, 12 ; Reynaud, *Merlin*, II, 60-61 ; Häusser, I, 424 ; Bockenheimer, *M. P.*, 25 ; *Rest. der Hochsch*, 39 ; *Zwei Sitz. der Club.*, 31-32, et *Gesch.*, 59, 81, 96, etc. ; *Allgem. deutsche Biogr.*, art. Hofmann. Un de ses écrits les plus connus a pour titre *Des nouvelles limites de la République française* ; il y répond assez vivement à Roederer, ce « chevalier d'honneur du 10 août » et prouve que « le Rhin seul réunit toutes les qualités possibles de frontière », que ce serait « la mactation la plus cruelle que de rendre le peuple à ses anciens maîtres » (p. 26 et 31). Il fut quelque temps, sous le régime français, receveur-général du département du Mont-Tonnerre. Né à Maria-Zell, près Würzbourg, le 14 juillet 1752, il mourut, à 97 ans, le 6 septembre 1849, à Winkel, sur un domaine qu'il tenait de sa femme.

les intrigues d'un Vander Noot, la joie où l'avaient jeté les œuvres des peintres flamands, l'attachant spectacle qu'offraient les villes de l'industrieuse Hollande. De tous les patriotes mayençais, il est le plus brillant et le plus sympathique. Des motifs de toute sorte le déterminèrent à se ranger du côté des « révolutionnistes » : le cosmopolitisme de son esprit, les ardentes sollicitations de son entourage, de sa femme Thérèse Heyne et de son amie Caroline Böhmer, le désir de s'étourdir et de chercher dans de nouvelles émotions l'oubli de ses chagrins domestiques, l'envie de jouer un rôle, la certitude que sa connaissance de la langue française, ses talents, sa renommée lui vaudraient une mission à Paris, un siège à la Convention, et de grands emplois dans la République victorieuse. Il avait, écrivait-il à Le Brun, « la belle espérance de consacrer ses forces au service de la France », et il n'attendait que l'ordre de partir. Il hésita quelques jours avant de franchir le pas. Mais dès qu'il s'était engagé dans une voie, il allait jusqu'au bout. Il ne voyait jamais, dit Jean de Müller, qu'une chose et qu'un côté. Il avait été rose-croix et chrétien fervent ; il devint un des plus violents jacobins, et, sans contestation, le premier des *matadors*. Ce fut lui qui, de son aveu, proposa les mesures les plus décisives. Laukhard le nomme le fléau des Mayençais. Tout Berlin le regardait comme le boute-feu de l'insurrection rhénane, et le nom de Forster la résumait, la personnifiait aux yeux des Allemands. Ses amis ne le reconnaissaient plus ; tout brûlant de la fièvre révolutionnaire et comme hors de lui, il ressemblait, lisons-nous dans un pamphlet de l'époque, à un mouton enragé. Il couvrit d'invectives les banquiers francfortois qui l'avaient reçu naguère à leur table. Il traita de brigands ces grands commerçants dont l'esprit d'entreprise, disait-il naguère, était pour des milliers d'habitants la source de l'aisance et du bonheur. Il déclara publiquement que ces marchands au sourire faux et aimable avaient enfoncé le couteau plus profondément que tous les autres, dans les entrailles de la France ; que Custine avait le droit d'imposer à Francfort une contribution ; que ce droit était aussi « clair que le soleil ». Il avait, en 1789, dédié son travail sur les îles Pelew à l'Electeur de Mayence, et il assurait, dans sa dédicace, que ce prince sage et humain lui rendait sa patrie, lui faisait d'heureux et féconds loisirs. En 1792, il nomma Frédéric-Charles d'Erthal un « incendiaire » et « un prêtre débauché, énervé par les voluptés ». Mais cet homme remarquable désirait sincèrement l'abolition de tous les privilèges et l'établissement de la liberté. Il réfuta Burke avec vigueur. Il envisageait la Révolution comme une « explosion de la raison longtemps renfermée et s'enflammant elle-même », comme « une œuvre de la justice de la nature » ; il la tenait pour inévitable : « elle devait naître, disait-il, de l'écroulement d'un système perdu sans retour et qui se dissolvait et se décomposait dans toutes ses parties. » Lorsqu'il vint à Paris, ses illusions semblèrent se dissiper, et, guéri de sa chimère, il jetait un cri de désespoir. Voilà donc la Révolution ! plus de vertu, plus de droiture ; la tyrannie la plus impudente ; tous les principes foulés aux pieds ; Paris, en proie aux prétoriens, comme l'empire romain décrit par Gibbon ! Et il se désolait de trouver les Français toujours légers et inconstants, têtes de flamme et âmes de glace. Il se lamentait de vivre avec des « diables sans cœur » et de ne rencontrer qu'égoïsme, que fanatisme, que passions déchainées, où il attendait de la grandeur. Il se repentait d'être entré au club de Mayence. Comme tant d'autres Allemands, il voulait brûler ce qu'il avait adoré, et il maudissait par instants cette « Réformation politique » qu'il avait si chaudement applaudie. Mais, à travers ses accès d'humeur noire et de douleur misanthropique, il ne renonçait pas aux sentiments qui l'avaient toujours animé. Il resta fidèle à ses convictions et crut fermement que la Révolution, malgré tout ce qu'elle avait d'horrible, de *Greuliches*, demeurait l'unique ressource de l'humanité ; qu'on n'avait rien vu de semblable depuis l'apparition du christianisme ; qu'elle était nécessaire et serait bienfaisante ; qu'elle finirait par surmonter tous les obstacles. « C'est un ouragan, s'écriait-il un jour, et qui pourra l'arrêter ? Un homme qu'elle entraîne, fait des choses que la postérité ne comprendra pas ; mais ce qui arrive, doit arriver ! » Il la définissait encore un de ces grands moyens qu'a le destin, de produire des changements dans le monde : les Français étaient, selon lui, les martyrs de l'univers ; leur pays devait « nager dans le sang et les larmes », mais leur Révolution donnerait à l'esprit humain une autre direction, un autre développement, et un essor plus vigoureux ; des individus périraient, et leur vie ne compterait pour rien ; mais la cause de la raison triompherait. Si Forster avait vécu, il n'aurait pas eu, comme les Allemands le répètent depuis Humboldt, une existence malheureuse. On l'employait, on lui confiait des missions, et, après l'annexion définitive de la rive gauche du Rhin, il eût siégé dans l'administration des nouveaux départements ; il eût joué le rôle honorable d'un Jeanbon Saint-André, et ses compatriotes qui l'accusent de félonie et de trahison, béniraient sa mémoire. Mais le 10 janvier 1794, il mourait, loin des siens, après de longues et cruelles souffrances. Cette fin prématurée doit nous rendre indulgents : quelles qu'aient été ses faiblesses et ses erreurs, Forster gardera l'épithète dont le décoraient ses amis et ses premiers biographes ; l'histoire le nommera toujours le noble Forster[1].

Tels étaient les *matadors* qui croyaient entraîner la population mayençaise. Ils ne tardèrent pas à se convaincre qu'elle refusait de les suivre et ne voyait pas les événements avec les mêmes yeux. Les Mayençais avaient accueilli l'armée de Custine sans tristesse ni colère : elle offrait un spectacle nouveau à leur curiosité, et ils s'estimaient heureux d'échapper au péril du bombardement, de trouver dans leurs conquérants des hommes polis, courtois, assez bien disciplinés, et qui faisaient de la dépense[2]. Mais ils vivaient de l'Electeur, des gens qu'il entretenait, et de son haut clergé ; ils vivaient de la noblesse brillante qui formait la cour de Frédéric-Charles d'Erthal et qui tirait presque tous ses revenus du dehors. Que deviendraient-ils, si le Gouvernement électoral disparaissait pour toujours ? Ils regrettaient leurs millions perdus, ces millions, qui, selon le mot du général Wimpffen, « leur parvenaient de la rive droite du Rhin et qui alimentaient sans

[1] Forster à Le Brun, 7 février 1793 (A. E.) ; Jean de Müller, *Sämmtl. Werke*, 1835, XXXI, 62 (« ein geborner Enthusiast, der immer nur Eins, Eine Seite sieht ») et réponse de son frère (Haug, *Der Briefw. der Brüder Müller*, 1891, I, 39) ; Laukhard, III, 338 ; *Die alten Franzosen*, 329, note ; *Forsters Briefw. mit Sömmerring*, 603 ; cf. sur Forster, outre les *Schriften* (notamment VIII, 246, 296, et IX, 11, 19, 80), le travail de Klein *Forster in Mainz*, 1863, et sous le même titre, une très substantielle brochure de Bockenheimer, 1880, 14 pages.

[2] *Belag.*, 72 ; cf. *Custine*, 98-99.

cesse leur industrie et leur commerce [1]. » Ils se disaient qu'après tout, l'ancien régime avait ses beaux côtés; qu'il fallait, sous le nouveau, payer les mêmes impôts ; qu'on ferait mieux de ne pas changer le certain contre l'incertain. Enfin, ils étaient Allemands, et ces gens, tranquilles, flegmatiques et un peu lourds, sentaient qu'ils n'avaient rien de commun avec ces brouillons de Français qui venaient soudain les troubler au sein de leur bonne quiétude, les arracher aux habitudes d'une vie paisible et immobile, les secouer d'une longue et douce torpeur, les jeter dans le bruit et l'agitation de la politique. Clubistes et « Custiniens » s'étonnèrent bientôt de leur lenteur, de leur placidité, de leur aveugle attachement à l'Electeur. « Ils ne souhaitent rien, reconnaît Forster, et ils croient ne manquer de rien. » Merlin de Thionville faisait le même aveu : « il y a peu de patriotes en Allemagne, disait-il plus tard ; les habitants, façonnés au joug, préfèrent le calme et l'apathie aux orages de la liberté », et nos agents écrivaient au ministre Le Brun : « Leur caractère nous a paru très familiarisé avec la servitude, avec ce ton respectueux jusqu'au rabaissement, que la France n'a pu prendre sous aucun régime; quelques individus peuvent désirer la liberté ; la masse aime à voir dans ceux qui la gouvernent des hommes privilégiés [2]. »

[1] *Ueber die Verf. von Mainz.*, 14-19 (l'auteur estime à deux millions et demi de florins l'argent que la noblesse étrangère mettait en circulation) ; cf. Inlee, 78 ; Forster, VIII, 302 et 315 ; et lettre aux jacobins de Paris (Nau, IV, 111) ; *Schreiben an Custine verfasst von einem Mainzer, der ein Feind von allem Despotismus ist*, 8-10, 20-21 ; Wimpffen à Custine, 4 janvier 1793 (A. G.). « Les habitants de Mayence, écrit un capitaine, sont prêtres ou parents de chanoines ou domestiques du clergé » (*Courrier des dép.*, 16 janv. 1793).

[2] Forster, *id.* ; *Mon.*, 9 janv. 1794 ; Desportes et Rivals à Le Brun,

III. Custine, croyant faire un coup de maître, avait convoqué le 26 octobre les corporations. Elles devaient se prononcer sur trois points : 1° adoptaient-elles la nouvelle constitution des Français ? 2° voulaient-elles une constitution particulière ? 3° désiraient-elles conserver l'ancienne ? Les corporations n'osèrent exprimer leur sentiment. Elles n'aimaient guère la noblesse et le clergé ; mais elles redoutaient l'avenir ; elles se réunirent et à la majorité des voix, arrêtèrent qu'elles feraient ce qu'aurait décidé le corps des commerçants, le corps le plus considérable et le plus riche de la ville.

Le corps des commerçants se composait de 97 membres ; 3 étaient absents ; 13 acceptèrent la Constitution française ; les autres, au nombre de 81, déclarèrent qu'ils « souhaitaient une constitution monarchique unie à l'empire allemand, mais limitée par des Etats dont les membres seraient choisis dans la bourgeoisie ». Cette déclaration fut rédigée et portée à Custine par Daniel Dumont, un des négociants les plus estimables de Mayence[1]. « Nous admirons la Révolution française, disait Dumont, mais notre situation et notre flegme naturel ne nous donnent pas la force de la suivre et de l'atteindre. » Il proposait donc d'établir le nouveau régime de Mayence sur les fondements de l'ancien et de prendre pour modèle la constitution monarchique de 1791. Custine avait siégé dans l'Assemblée, à qui la France devait cette constitution ; il connaissait donc les dangers ainsi que les moyens de les conjurer ; Mayence pouvait lui confier avec assurance ses intérêts les plus chers ; elle trouverait

11 et 20 déc. 1792 (A. E.) ; on se rappelle le dicton : *Unter dem Krummstab ist gut wohnen*, il fait bon sous la crosse (cf. *Darst.*, 216).

[1] Cf. sur Daniel Dumont, la brochure de Bockenheimer, *Beitr. zur Gesch. der Stadt Mainz VI, Die Belag., von 1793*. p. 1-7.

en lui « le plus sage législateur » et « le père le plus magnanime » ; il saurait appliquer à ce petit état les premiers principes de la Révolution. Dumont insistait sur cinq articles qu'il jugeait essentiels : 1° une assemblée de représentants, pris uniquement dans la bourgeoisie et parmi les notables du pays, partagerait avec le prince la souveraineté et balancerait son pouvoir ; 2° les étrangers n'auraient ni charge ni bénéfice et les places les plus importantes ne seraient données que par le choix de la nation ; 3° l'assemblée des représentants serait élue tous les deux ans ; 4° les impôts seraient exactement répartis, et les privilèges de la noblesse et du clergé abolis pour toujours ; 5° les Français s'engageraient à faire reconnaître la nouvelle constitution de Mayence par l'Empereur et par l'Empire [1].

Cette déclaration consterna les clubistes. Ils résolurent de tenter un vigoureux effort contre l'ancien régime et ses partisans. Böhmer, Metternich, Meuth vantèrent au club les avantages de la démocratie. Wedekind assura que la monarchie était le pire mode de gouvernement et que Mayence, une fois République, ruinerait bientôt le négoce de Francfort. Boost réfuta la pétition des commerçants : nous avons du flegme, s'écriait-il, nous n'en ferons que mieux une révolution ; nous agirons avec une froide raison et non précipitamment ! Et il se moquait de l'Assemblée des représentants que proposait Dumont et qui serait bientôt, comme le Chapitre de la cathédrale, une réunion d'hommes égoïstes et corrompus. « Vous croyez, disait-il, que l'Électeur reviendra ; mais c'est un imbécile ; comme les enfants, il veut avoir tout ce qui frappe ses yeux ; il prodigue l'argent qui

[1] *Darst.*, 126-129 ; *Gesch.*, 123, et append., 19-23.

n'est pas à lui ; il joue aux soldats », et il affirmait que l'Électorat était détruit pour toujours, que le pays de Mayence avait cessé d'appartenir à l'Empire, que délaissés par le reste de l'Allemagne, les Mayençais devaient s'unir pour établir une constitution nouvelle à la place de l'ancienne qui s'était écroulée sans qu'il y eût de leur faute [1].

Hofmann fit à Dumont, en une langue acérée, parfois éloquente, une réponse énergique et habile. Il rappela les dissipations d'Erthal, et sa « vie de Sardanapale » ; la faveur scandaleuse d'un Guiolet devenu maître des plaisirs et puisant à discrétion dans la caisse ; la toute-puissance de la Coudenhoven, qui dirigeait le ministère et ouvrait les dépêches ; les charges lucratives, les grasses sinécures données à d'incapables courtisans ; les conseillers de justice ne recevant qu'un infime salaire ; Sickingen volant les fonds de l'Université et employant pendant des années les paysans du Rheingau à lui construire une chaussée dans ses terres au lieu de leur faire réparer la grande route ; le Chapitre accueillant parmi ses membres l'indigne Bettendorf et approuvant avec servilité les actes et les moindres caprices de l'archevêque-électeur. Et les commerçants de Mayence demandaient un prince ! Mais, s'ils ne pouvaient vivre sans un prince, que ne mettaient-ils sur le trône la botte du roi de Suède ? Il ne leur en coûterait que de la cirer deux fois l'an et de brosser les éperons ! Et ils demandaient des États ! Mais les États prenaient toujours leur part de

[1] *Constitutionsvorschläge des Handelsstandes zu Mainz*, beantwortet von K. Boost, 1792, p. 10, 11, 12, 14, 16. Boost jugeait trop sévèrement l'Électeur. Fr.-Ch. d'Erthal est mieux apprécié dans une brochure de l'année suivante, *Bei bevorstehender Wahl, ein Mainzer Bürger an seine Mitbürger*, p. 14.

la curée! Non; il ne fallait plus ni prince ni États; les commerçants sauraient préférer la déesse de la liberté à une nymphe d'écurie; ils ne craindraient pas le retour de l'Électeur, et Mayence, désormais « arrachée du corps difforme de l'Empire », se constituerait en République [1].

Mais en vain les *matadors* essayaient de détacher les Mayençais de l'Électeur et de les rallier à la France. Ils avaient trouvé dans le club même un rude joûteur, plus redoutable que Dumont. Le 31 octobre, Erasme Lennig, administrateur des revenus de la cathédrale, avait demandé la parole et, sans se laisser déconcerter par les interruptions, affirmé très énergiquement que Mayence ne devait pas se séparer de l'Empire; si la ville, disait-il, cessait d'être allemande, elle deviendrait comme Paris, le théâtre de sanglantes horreurs; si elle perdait sa noblesse et son clergé qui avaient la plus grande partie de leur fortune à l'étranger, elle serait à jamais appauvrie; Mayence, libre, « périrait de froid dès le premier hiver, quelle que fût la chaleur de son patriotisme ».

Erasme Lennig avait recueilli les applaudissements de l'assistance. Metternich entreprit de le confondre à la séance du 1er novembre. Huit factionnaires, le fusil chargé, étaient installés dans la salle, deux à la porte, deux autres à la barrière entre les clubistes et le public, quatre aux galeries. Sûr d'être écouté dans le plus grand silence et sans crainte des sifflets, Metternich prononça son discours. Il déclara que la Constitution des États allemands violait les droits naturels de l'homme et du citoyen, qu'elle était despotique, qu'elle

[1] A.-J. Hofmann, *Ueber Fürstenregiment und Landstände*, 16 et 18 nov. 1792, brochure de 33 pages; cf. *Gesch.* 153, et la réponse de Fechenbach, *Œffentliche Rügung der wahrheitswidrigen Rede es A.-J. Hofmann*, 16 p.

livrait à la misère la population des campagnes. Il prétendit que Lennig avait acheté ses applaudissements de la veille. A ces mots, un sourd murmure s'éleva dans la salle. Mais les sentinelles crièrent *silence* et l'une d'elles frappa le parquet de la crosse de son fusil. On se tut, et Metternich ajouta que les Français n'avaient pas terminé leurs conquêtes et que Mayence et la contrée avoisinante s'uniraient certainement aux pays de Darmstadt et de Nassau pour former une République[1].

Les clubistes ne se contentaient pas des discours. Ils voulurent remuer l'imagination du peuple par de pompeuses cérémonies, et, comme dit Forster, par une sorte de drame politique. Le 2 novembre, Wedekind proposait de détruire la pierre du marché. C'était une pierre longue de cinq pieds et revêtue d'une lame de fer ; elle marquait l'exacte dimension des mesures usitées à Mayence ; mais on croyait communément qu'Adolphe de Nassau l'avait fait établir pour narguer les bourgeois ; lorsque les rayons du soleil fondront cette pierre, aurait-il dit, les Mayençais rentreront en possession de leurs privilèges. Wedekind déclara qu'il fallait anéantir ce monument de la superstition et de la barbarie, planter au même endroit l'arbre républicain, et se servir du fer qui recouvrait la pierre pour frapper une médaille commémorative où se liraient ces mots : « le soleil de la liberté l'a fondu ». La proposition de Wedekind fut adoptée, et le 3 novembre les clubistes se rendirent processionnellement sur la place du Marché. Tous avaient le même signe distinctif : une médaille de cuivre jaune, attachée par un ruban tricolore entre le troisième et le quatrième bouton de l'habit, et sur laquelle étaien

[1] *Darst.*, 177-187.

gravées les deux lettres F. G. (*Freiheit Gleichheit*, liberté, égalité). La musique militaire, jouant la *Marseillaise* et le *Ça ira*, ouvrait la marche. Puis venait Staudinger, portant dans ses bras l'arbre de la liberté. Derrière lui, Wedekind, le sabre au poing, et les clubistes, d'abord deux à deux, ensuite quatre à quatre, sans distinction de croyance et de condition. La place était pleine de soldats. Une foule de Mayençais se tenaient aux fenêtres et jusque sur les toits des maisons. Wedekind frappa quelques coups de marteau sur la pierre, et aux cris de *Vive la nation*, Staudinger planta l'arbre républicain, surmonté d'un bonnet rouge et garni de longs rubans tricolores [1].

Cette manifestation fut suivie d'une démonstration à la fois étrange et menaçante de Böhmer. Le 6 novembre il présentait à la Société populaire deux livres; l'un, relié en noir et entouré de chaînes, avait pour titre *Esclavage* ; l'autre, relié en maroquin rouge et orné, sur la couverture, d'un bonnet phrygien, et sur la tranche, des couleurs françaises, était le *Livre de la vie*. Böhmer invita tous les Mayençais, âgés de vingt et un ans au moins, à s'inscrire, selon le désir de Custine, sur l'un ou l'autre de ces livres, et il annonça dans son journal que celui qui ne s'inscrirait pas, se désignerait tacitement comme ami de l'esclavage et ne devrait s'en prendre qu'à lui-même, s'il était traité en esclave. Mille citoyens environ, citadins et paysans, mirent leur nom sur le livre rouge. Mais ce chiffre ne fut pas dépassé [2].

Évidemment, la magie des principes français n'opérait pas. La glace ne fondait point. Le pays regimbait et refu-

[1] *Mainzer Zeitung*, 7 nov. 1792 ; *Darst.*, 190-200 ; Forster, VI, 403-404, et VIII, 262.

[2] *Id.*, Forster, VI, 405 ; *Darst.*, 229-233 et 248 ; *Belag.*, 84 ; *Die alten Franzosen*, 98 ; Uhlee, 77-78 et 105.

sait d'obéir à l'impulsion des *patriotes*. Wedekind, furieux, proposa d'élire un comité secret qui serait chargé de sonder les cœurs et de dénoncer tous les aristocrates ; le fils, disait-il, ne doit pas ménager son père ; ni le père son enfant ; ni la femme son mari ; l'amour de la patrie exige tous les sacrifices [1] ! Cette proposition fut repoussée. Mais les orateurs du club ne cessèrent de déclarer que l'ancienne Constitution était détestable et que Mayence devait adopter le gouvernement républicain. Ils lurent les félicitations que les jacobins de Paris et de l'Alsace envoyaient à la Société mayençaise, des lettres où les prisonniers de Spire vantaient la générosité de leurs vainqueurs et, par la plume de Beauharnais, célébraient la philosophie qui renverse les trônes [2], des correspondances réelles ou fausses que des amis leur adressaient de Prusse ou d'Autriche, des nouvelles parfois invraisemblables : que Vienne admirait la Révolution et allait se soulever contre l'Empereur, qu'il suffirait d'un choc pour faire de la Prusse une République.

Les principaux harangueurs étaient en même temps brochuriers et journalistes : Böhmer, dans la *Gazette de Mayence*; Metternich, dans son *Ami du Peuple*, qu'il destinait surtout aux paysans [3] ; Hartmann et Meuth, dans le *Républicain français*; Wedekind et Forster, dans le *Patriote*, défendaient avec ardeur les opinions de la Société. Ils avaient pris rapidement et sans difficulté le ton des jacobins de Paris. Mais l'Allemand perçait en eux par quelques côtés. Ils citaient fréquemment des aphorismes de Rabener, des fables de Gellert et de Pfeffel, les vers que Bürger publiait alors dans son *Almanach des*

[1] *Darst.*, 251.
[2] *Custine*, 61-64.
[3] *Der Aristocrat auf Seichtheiten ertappt*, p. 6; cf. *Darst.*, 133.

Muses sur le patriotisme. Ils ajoutaient volontiers à leurs tirades politiques des leçons de morale, et Metternich exhortait ses concitoyens à prendre de la peine, à se reposer après le travail, à danser gaiement, à se régaler de vin, de fruits et de bon pain, à n'épouser que des jeunes filles laborieuses, sages, aux joues rouges et non fardées, qui consultaient le médecin plutôt que le tailleur, et auraient un costume tricolore [1].

Comme à Paris, le théâtre donnait des pièces révolutionnaires qui bafouaient les partisans de l'ancien régime et portaient aux nues les républicains. L'*Aristocrate dans l'embarras* représentait une chanoinesse, fille du baron de Hohenreich, qui se parait de la cocarde nationale et offrait sa main au roturier Stelling, colonel d'un bataillon de volontaires. « Tout est changé, disait un des personnages de cette comédie, les hommes sont égaux, plus de seigneur et plus de corvée! Les maîtresses n'exercent plus le pouvoir, les chanoines ne comptent plus, une armée protège les nouvelles institutions et la Loi est le seul souverain que nous ayons choisi [2] ! »

IV. Déjà perçait et se produisait au grand jour l'idée d'annexer Mayence à la France. A Paris, depuis les glorieuses invasions de Dumouriez et de Custine, gazetiers, jacobins, conventionnels ne parlaient plus que de *réunion*: il fallait avancer jusqu'au Rhin qui serait la barrière

[1] *Bürgerfreund*, n° V, 9 nov. 1792, p. 23-24.

[2] *Der Aristokrat in der Klemme*, p. 40 (acte II, scène v, paroles du médecin au baron). Cf. Nau, V, 558; le 20 janvier 1793 on propose au club d' « approprier la scène à l'époque présente », et l'orateur excite les citoyennes à se consacrer au théâtre, pour « rendre un grand service » à la cause de la liberté.

de la nouvelle république ; il fallait, comme Anacharsis Cloots l'avait écrit en 1785 dans ses *Vœux d'un gallophile*, comme l'avait demandé Peyssonnel en 1790, étendre les limites de l'empire jusqu'à la frontière indiquée par la nature, faire du Rhin le premier et le plus sûr rempart de la France, pousser en même temps aux Alpes, s'entourer ainsi « des colosses de la terre et du boulevard des eaux ». Lorsque, le 24 octobre, le Conseil exécutif provisoire arrêtait que les armées ne prendraient leurs quartiers d'hiver qu'après avoir rejeté les ennemis au-delà du Rhin, lorsqu'il disait aux troupes dans une énergique proclamation qu'elles devaient poursuivre l'adversaire jusque sur l'autre bord de ce fleuve qui coulait entre le pays des hommes libres et celui des esclaves, ne rappelait-il pas à la France les confins de l'ancienne Gaule ? Et les imaginations enflammées n'allaient-elles pas rêver dorénavant pour la République les bornes que le gouvernement assignait aux soldats victorieux ? *La frontière du Rhin* ; ces mots couraient partout, se répandaient partout. Dès le 25 octobre, quatre jours après la prise de Mayence, les agents de l'évêque de Spire annonçaient que les carmagnoles feraient un département de leur conquête. Le 2 novembre, de Strasbourg, dans son journal l'*Argos*, Euloge Schneider dictait leur programme aux jacobins de Spire, de Worms et de Mayence ; il leur conseillait de devenir Français : « Déclarez-vous pour la France et entrez dans notre famille ; envoyez des apôtres dans les villages et les bourgs ; prêchez hautement l'Evangile de la liberté ; convoquez des députés de la plupart des localités pour délibérer sans crainte et sans danger, sous la protection des batteries de Custine, sur le nouvel ordre de choses ; formez une assemblée nationale à Mayence ou à Worms ; vous ne pouvez rien opérer de grand que par l'union avec vos voisins[1] ! »

Forster exposa les mêmes idées avec son enthousiasme fébrile dans le discours plein d'éclat et de mouvement qu'il prononça le 15 novembre au club sur *les rapports des Mayençais avec les Français*. La devise : « Liberté et Egalité », disait-il, serait désormais celle de Mayence. Les Français venaient en frères partager avec les Mayençais la liberté qu'ils avaient chèrement achetée. La différence des idiomes empêche-t-elle d'obéir à la même loi ? La tsarine ne régnait-elle pas sur cent peuples de langues diverses ? Le Hongrois, le Tchèque, l'Autrichien, le Brabançon, le Milanais n'étaient-ils pas les valets d'un même maître ? Les habitants du monde ne se nommaient-ils pas autrefois les citoyens de Rome? Mayence devait donc s'attacher à la France et faire cause commune avec elle. Le Rhin était la frontière naturelle d'une grande république ; il resterait la frontière de la France. « Que les Mayençais, concluait Forster, expriment le vœu de devenir libres et Français ; qu'ils déclarent leur volonté de s'unir à une indestructible république ; qu'ils renoncent au Saint Empire germanique, à ce fantôme qui traîne après lui des monceaux d'actes inutiles et qui ne parle que de titres, de formalités et de parchemins ; qu'ils ne craignent pas les morts, c'est-à-dire le Grand Chapitre de la cathédrale et son prince, que l'armée de Custine a portés dans la tombe aux sons cadencés du joyeux *Ça ira*. La France n'abandonnera jamais le

[1] Avenel, *Cloots*, 1865, I, p. 85; Peyssonnel, *Discours* prononcé aux jacobins, le 10 mars 1790, p. 22-23 ; Jean Reynaud, *Merlin de Thionville*, II, 75 et 80 ; *Jemappes*, 194-195 ; Sorel, *L'Europe et la Révol. franç.*, III, 153 ; Remling, I, 85 ; *Argos*, 2 nov. 1792, p. 281-287.

peuple qui se jettera dans ses bras et qui votera, comme elle, une constitution fondée sur la liberté et l'égalité[1]. »

L'orateur mayençais devinait quelle serait la conduite de la France. Depuis le commencement de la guerre, les « nouveaux Francs » répétaient qu'ils n'avaient pas de visées ambitieuses et qu'ils venaient délivrer les Allemands, et non les asservir[2]. Les journalistes disaient qu'après avoir porté la liberté sur les bords du Rhin, les carmagnoles rentreraient dans leur patrie et se contenteraient de protéger les petites républiques qui seraient leurs remparts[3]. Beauharnais s'imaginait que les succès de Custine allaient donner à la France un « peuple libre pour voisin et pour allié[4] ». Mais la conquête s'imposait. « Nous pourrons ainsi, écrivait Desportes, payer nos indemnités et arrondir nos limites sans bourse délier. » Le 6 novembre, Custine proposait à la Convention d'*amalgamer* et de déclarer citoyens français tous les habitants des pays occupés par les troupes de la République; c'était, selon lui, le meilleur moyen d'assurer le recrutement de son armée et d'attacher les populations aux principes de la Révolution[5].

La Convention hésitait. Elle fut entraînée par la propagande qui partait de Strasbourg, de Wissembourg, de Landau et qui, entretenue et fomentée par les bataillons nationaux, s'étendait sur les domaines de l'Electeur palatin, du landgrave de Hesse-Darmstadt, du duc de Deux-Ponts, du prince de Nassau-Sarrebrück. Partout

[1] Forster, VI, 413-431.
[2] Cf. *Jemappes*, 179-181.
[3] *Chronique de Paris*, 5 oct. 1792.
[4] Beauharnais à Custine, 6 nov. (A. G.)
[5] Desportes à Le Brun, 29 oct. 1792 (A. E.); Custine à Pache, 6 nov. (A. G.).

où passaient les volontaires, même en pays neutre, ils affichaient une proclamation imprimée à Strasbourg : « Du salut de la France dépend le salut du monde ! Ennemis des tyrans, assemblez-vous, prenez les armes et combattez avec nous ! Plutôt la mort que l'esclavage[1] ! »

Les sujets de l'Electeur palatin étaient mécontents. Il y avait encore parmi eux des serfs qui ne pouvaient changer de domicile sans se racheter. Les protestants s'indignaient d'être exclus de tous les emplois. D'autres se plaignaient de l'oppression des baillis. D'autres trouvaient que Charles-Théodore les négligeait et résidait trop loin d'eux. Quelques communes du grand bailliage de Germersheim, Billigheim, Gleiszellen, Ingenheim, Klingenmünster, Oberhofen, Pleisweiler, encouragées par les jacobins d'Alsace et secondées par les soldats français du voisinage, se soulevèrent contre l'Electeur, et le 16 décembre 1792, toutes les troupes palatines qui formaient un faible cordon sur la rive gauche du Rhin, gagnèrent l'autre bord[2].

Les mêmes scènes avaient lieu sur les domaines du landgrave de Hesse-Darmstadt, dans le bailliage de Lemberg, à Bärenthal, à Obersteinbach, à Eppenbrunn, à Trulben, à Kröppen, à Schweix, à Hilst, et ailleurs encore, dans les trois villages d'Altdorf, de Freisbach et de Gommersheim qui appartenaient au comte de Degenfeld, à Niederhochstadt, à Essingen, à Ingenheim[3]. Partout, des frontières de l'Alsace et de la Lorraine alle-

[1] *Belag.*, 147.

[2] Il parut alors un petit écrit intitulé *Der Ueberrheiner Bauersmann an seinen Kurfürsten im Baierlande* (*Mainzer Zeitung*, 17 janvier 1793) ; cf. sur les baillis et les plaintes des populations, Laukhard, III, 426-427, et *Die Franz. am Rheinstrome*, III, 35-36.

[3] Niederhochstadt appartenait à l'ordre des chevaliers de Saint-Jean; Essingen, à Dalberg ; Ingenheim, au baron de Gemmingen.

mande, d'Oberbronn, de Bitche, surtout de Wissembourg et de Landau les jacobins et les gardes nationales venaient au secours des révoltés. Les patriotes de Wissembourg écrivaient au bailli de Gommersheim qu'il n'était plus rien et qu'il n'avait qu'à choisir entre l'un ou l'autre de ces deux partis : ou se perdre sans retour ou plier sous le joug salutaire de la Révolution : « Sache-le, un peuple libre ne menace qu'une fois ; tout homme libre est notre allié, et tout ennemi de la liberté, notre ennemi [1] ! » Le général de Blou, gouverneur de Landau, marquait au bailli d'Altdorf qu'il lui défendait de vexer les braves citoyens qu'on avait tenus longtemps dans l'ignorance ; le temps était passé où les paysans se laissaient maltraiter par d'indignes fonctionnaires et par de petits tyrans [2].

Pareillement, dans la principauté de Nassau-Sarrebrück, huit communes demandaient la réunion : le prince, disaient-elles, avait refusé d'abolir quelques droits onéreux ; la France était leur ancienne patrie ; leurs relations commerciales et la conformité de langue semblaient les placer naturellement dans le département du Bas-Rhin [3].

La manifestation la plus tumultueuse et la plus importante fut celle de Bergzabern et de plusieurs communes d'alentour, dans le duché de Deux-Ponts. Le 4 novembre, les démocrates de Bergzabern, commandés par le serrurier Niesal, se rendirent à Landau pour fraterniser avec les « nouveaux Francs ». Le sur-

[1] *Argos*, 23 nov. 1792, p. 334-336.
[2] *Mainzer Zeitung*, 7 nov. 1792.
[3] Cf. la lettre de Malet, le futur général, à Custine et à Pache (16 déc. 1792. A. G.) ; il annonce que les habitants de ces communes lui ont offert leurs services et que 228 chevaux du pays de Nassau ont conduit de Phalsbourg à Landau un convoi d'artillerie.

lendemain, les jacobins de Landau faisaient dans Bergzabern une entrée triomphale et juraient aux révoltés que la grande République les couvrirait de son égide. On élut sur-le-champ une municipalité, un procureur de la commune, et un maire, l'énergique Adam Mayer. On planta l'arbre de la liberté, on prit la cocarde tricolore, et de tous côtés on cria : *Vive la Nation!* Mühlhofen et Ilbesheim imitèrent Bergzabern. Le duc de Deux-Ponts essaya de gagner les rebelles par la promesse d'une amnistie, puis de les intimider par un déploiement de troupes. Mais déjà les habitants de Bergzabern s'étaient armés ; ils sonnaient le tocsin ; ils appelaient à leur aide les paysans des villages voisins et les gardes nationaux de Landau et de Wissembourg ; ils fondaient un club ; ils forçaient les fonctionnaires de prêter serment à la liberté ; ils priaient la Convention de les réunir à la France ; ils ne pouvaient, disaient-ils, « servir plus longtemps de chiens de chasse à leur tyran au milieu des hommes libres dont ils étaient entourés », et « pénétrés des mêmes sentiments que la Savoie », ils exprimaient le même vœu. « La cocarde, ajoutaient-ils, orne nos têtes et le sein de nos femmes et de nos filles. La nature et notre situation locale nous ont faits frères des Français. Déclarez à l'univers que tous les peuples qui secoueront le joug du despotisme et désireront la réunion avec la République, seront protégés et reconnus comme Français. Ce sera le coup fatal pour tous les tyrans ; les peuples, surtout nos voisins palatins et tous les sujets pitoyables des petits princes de l'Empire n'attendent que ce moment ! » Les généraux, Custine, Wimpffen, soutenaient les insurgés. François Wimpffen écrivait aux baillis qu'il ne souffrirait aucun rassemblement de troupes étrangères sur les frontières de la République, et les sommait de « respecter la liberté individuelle d'un chacun », de « ne molester personne pour raison de ses liaisons avec la France ». Custine qualifiait de « folles et imaginaires » les prétentions du duc de Deux-Ponts et déclarait que ce prince n'opprimerait aucun des apôtres de l'égalité : la nation française avait propagé cette vérité que *la souveraineté réside dans le peuple*, et elle « ne pouvait restreindre les effets de ces principes sacrés[1] ».

Ce soulèvement des populations limitrophes[2] et ces vœux de réunion qui retentissaient si haut, brusquèrent la décision de l'Assemblée nationale. Le 2 novembre, le *Moniteur* publiait une correspondance de Mayence ; « le peuple, y disait-on, veut rester libre et uni aux Français, mais il paraît désirer l'assurance qu'il sera toujours protégé par les forces de la République ; il est important de reconnaître des frères dans une ville qui, par sa position, est la clef de l'Empire et le canal des subsistances et du commerce. » Le lendemain, Rühl lut à la Convention une lettre du club de Strasbourg qui demandait l'annexion de Mayence. « Les Mayençais, écrivaient les clubistes strasbourgeois, craignent d'être abandonnés à eux-mêmes ; rassurez-les, décrétez que tous nos frères de l'Europe qui voudront chasser les rois, trouveront la République française toujours prête à voler à leur défense ! » Rühl appuya la requête de ses compatriotes ; les Mayençais étaient, suivant lui, le peuple de l'Allemagne le plus digne de la liberté ; ils portaient dans le cœur

[1] Lettre de Wimpffen, 11 nov. 1792 (A. E.) ; Custine à Desportes, 15 nov. (A. G.) ; *Adresse du grand bailliage de Bergzabern*, 10 nov. p. 2.

[2] *Die Franz. am Rheinstrome*, III, 34 « Der Hang mancher Ortschaften, besonders an der Gränze Frankreichs, zum Freiheitssinne war so gross. »

une haine inextinguible de la tyrannie, et la Convention devait leur promettre son assistance contre les princes, contre le haut et bas clergé, contre tous les suppôts du despotisme. Deux semaines plus tard, le 19 novembre, Rühl revenait à la charge; il lisait une adresse des clubistes mayençais qui demandaient si l'assemblée comptait les sauvegarder ou les laisser à la merci des tyrans. Malgré Brissot et La Source, l'Assemblée entraînée par Rühl, par Carra, par Revellière-Lépeaux, déclara qu'elle accorderait fraternité et secours à tous les peuples qui voudraient recouvrer la liberté. Ce décret du 19 novembre fut accueilli sur les frontières de l'Alsace avec enthousiasme. Les jacobins de Landau le répandirent à profusion dans les villages allemands en ajoutant au texte ces mots d'encouragement et d'espoir : « Frères, voilà qui doit éveiller votre joie, votre ravissement! Ayez confiance! Votre bonheur se prépare! » et Böhmer s'écriait dans la *Gazette de Mayence* : « Enfin a paru cette loi longtemps attendue. O peuples, vous n'avez plus besoin que de résolution, de volonté, et vous êtes libres[1]! »

[1] *Mon.*, 2, 4, 20 nov. 1792; lettre des jacobins de Strasbourg (A. N., c. 240); *Mainzer Zeitung*, 29 nov.; Remling, I, 136-199.

CHAPITRE II

L'ADMINISTRATION GÉNÉRALE

I. Jean de Müller. — L'administration générale provisoire du pays. — Dorsch impopulaire. — Reprise de Francfort. — Découragement des clubistes. — II. Efforts des matadors. — Adresse de Pape à Frédéric-Guillaume Hohenzollern. — III. Le département des Bouches-du-Main. — Simulacre de vote. — Décret du 15 décembre. — IV. L'arbre de la liberté. — Les pamphlets. — V. Les volontaires. — Le club des gueux. — Les séances du 10 et du 11 janvier. — VI. Bohmer, Stamm, Custine. — Gibets. — Déprédations et vexations. — Hostilité de la population. — VII. Décret du 31 janvier. — Invasion des Deux-Ponts. — Annexion du 14 mars. — Le pays rhénan.

I. Le jour même où la Convention promettait de secourir les peuples insurgés, Custine organisait le gouvernement de la région qu'occupait son armée et qui comprenait l'archevêché de Mayence, les évêchés et les villes impériales de Worms et de Spire, le comté de Falkenstein[1]. On lui reprocha d'avoir distribué les places de sa

[1] En réalité, le huitième de l'archevêché. Le comté de Falkenstein était « une terre patrimoniale, dernier héritage de la maison de Lorraine » (Pallain, *Talleyrand sous le Directoire*, 1891, p. 198). Il renfermait, outre le bourg de Falkenstein et la petite ville de Winnweiler, siège d'un grand bailliage, plusieurs villages comme Imsbach, Saint-Alban, Ilbesheim, Eckelsheim, etc.

propre autorité sans consulter auparavant le Conseil exécutif et l'assemblée. Partout ailleurs, en Belgique, à Mons, à Bruxelles, avaient lieu des élections. Pourquoi Custine se conduisait il à Mayence en vainqueur, en conquérant[1]? Mais la plupart des agents et employés de l'ancien régime qu'il avait provisoirement conservés, persistaient à dire qu'ils administraient la contrée de par l'Electeur. En vain il leur ordonnait, le 30 octobre, d'intituler tous leurs actes au nom de la nation française. En vain, le 11 novembre, Böhmer leur rappelait, dans un *Avis* original, que la France ne les avait gardés que par grandeur d'âme et jusqu'au moment où le peuple opprimé se déclarerait libre : « Alors, bonne nuit, Monsieur le bailli, Monsieur le prévôt, et cætera ; si vous avez été braves et désintéressés, le peuple vous élira ! » Sur les instances des clubistes, le général résolut d'ôter aux conseillers de l'Electeur le maniement des affaires. La justice, la police, les finances du pays seraient confiées à une administration nouvelle composée de patriotes. Tous les fonctionnaires civils et ecclésiastiques obéiraient à cette administration dont les décrets devaient être revêtus du sceau de la République française et approuvés par Custine et par le commissaire en chef de l'armée, Villemanzy.

Custine avait tenté de mettre Jean de Müller à la tête du nouveau gouvernement. L'historien était à Vienne, où l'avait envoyé l'Electeur, lorsqu'il apprit l'arrivée des Français. Il obtint un sauf-conduit et revint en toute hâte pour

[1] Cf. l'article de la *Strasb. Zeitung* du 3 déc. 1792 (qu'on supposa rédigé par Hofmann), et la réponse de Cotta dans la *Mainzer Zeitung*, du 17 déc. ; *Die Franz. am Rheinstrome*, I, 36 ; *Rede an die Bürger zu Mainz, nicht abgelesen, nur gedruckt im Jahre 1792*, p. 10 ; Nau, IV, 232-235.

mettre en sûreté ses effets, ses lettres, ses extraits et sa correspondance. Il vit de près ce qui se passait à Mayence et déplora dans son for intérieur l'ignorance, la présomption et l'intolérance extrême de ces clubistes qui voulaient imposer au monde entier la coupe de leur habit. Les bourgeois le consultèrent, le prièrent de dicter leur conduite. Devaient-ils fréquenter le club, s'inscrire sur le livre rouge, se prononcer pour la constitution française? Müller leur conseilla de supporter ce qu'ils ne pouvaient empêcher, de se réserver pour des temps meilleurs, de s'accommoder aux circonstances et, si l'on employait la violence, de se soumettre sans hésitation pour éviter de plus grands maux. Aussi Forster prétendait que Müller était animé de sentiments révolutionnaires et qu'il avait exhorté ses concitoyens à prêter hardiment le serment civique. C'est vrai, répliqua Müller, mais sous condition qu'ils y fussent contraints et que Mayence eût à redouter les mêmes scènes que Paris. Quant à Custine, il fit à Müller un accueil engageant et flatteur. Il l'informa qu'il allait abolir la régence et casser les dicastères ; il serait aise de conférer la suprême magistrature à l'un des principaux serviteurs de l'État mayençais et de joindre à la conquête de l'Electorat celle d'un homme qui connaissait le pays et possédait la confiance. Il promit à Müller un gros traitement, d'éclatants honneurs, un siège à la Convention. Müller répondit qu'il perdrait l'estime publique et qu'il manquerait à lui-même et à son caractère, s'il acceptait les offres du général. « J'aurais désiré, dit enfin Custine, que vous vous fussiez élevé au-dessus des considérations particulières, mais je ne vous forcerai pas [1]. »

[1] Müller, *Sämmtl. Werke*, XXXI, 51-53 et 62, XXXVIII, 160-162.

L'administration générale se composa de dix membres : six Mayençais, Dorsch, Forster, Boost, Blau, Pfeiffenbring et le vieux conseiller Reuter que son expérience des affaires rendait indispensable ; trois habitants de Worms que Böhmer avait recommandés, Kremer, Schraut et Witt fils ; un marchand de Spire, Holzmann [1]. Dorsch était président de l'administration générale et tous les rapports devaient être adressés à son nom. Forster était vice-président ; Boost, procureur-syndic ; Blessmann, ami de Dorsch et de Wedekind, secrétaire-général. Razeu devenait maire de Mayence et Macké, procureur-syndic de la commune. Cronauer, Hafelin, Metternich, Patocki, Wassmann entraient au conseil municipal. Cotta prenait le titre de commissaire à la direction générale des postes.

De semblables changements avaient lieu sur d'autres points du territoire. Worms eut pour maire le chanoine Winckelmann, homme actif, loyal, plein de talent [2] et

[1] Kremer était secrétaire du sénat de Worms ; Schraut, syndic du chapitre de Worms (il devint, en l'an VIII, juge au tribunal civil de Mayence ; cf. le *Verzeichniss* des clubistes qui le nomme un brave homme et s'étonne de le voir dans la galère de l'administration ; Remling, I, 100 ; Bockenheimer, *Gesch.*, 165) ; Witt fils, agriculteur et membre du sénat de Worms (cf. *Mainzer Zeitung*, 2 mars 1793) ; Charles Holzmann, président du club de Spire (il fut, en 1798, agent national ; cf. Remling, II, 126, 161, 166, 269-271, 365).

[2] Voir sur Conrad de Winckelmann la *Mainzer Zeitung*, du 17 janvier 1793, les *Beiträge zur Revolutionsgesch. von Worms* et les *Franz. am Rheinstr.*, I, 34-35 qui font son éloge (cf. *Mainz im Genusse der Freiheit*, p. 257-258). Mais Girtanner ignorait le républicanisme fervent de Winckelmann qui, à diverses reprises, sollicitait Aubert-Dubayet de faire arrêter comme otages les anciens magistrats de Worms (Dubayet à Custine, 31 janv. 1793. A. G.). Winckelmann devint agent de la Société patriotique fondée à Coblenz par Gerhards et Görres, agent national près l'arrondissement de Worms, membre de l'administration centrale du Mont-Tonnerre, notaire du canton de Worms (Remling, II, 349 ; Bockenheimer, *Gesch.*, 97, 167). Le *Moniteur* du 9 juin 1793,

pour procureur de la commune l'avocat Lœwer [1] ; un autre avocat, le remuant Petersen, devint maire de Spire et commissaire national ; le greffier Reissinger, nommé procureur de la commune, fut l'auxiliaire zélé de Petersen et le remplaça durant ses missions dans le plat pays [2]. Le commissaire des guerres Buhot [3] installa solennellement l'administration de Spire en présence de députations venues de Worms et de Landau. Il donna l'écharpe à Petersen et, du balcon de l'hôtel-de-ville, le présenta aux bourgeois. Petersen jura de se rendre digne de la confiance de la nation française, Winckelmann l'embrassa, et tous les assistants saluèrent par leurs vivats l'alliance nouvelle que formaient, à l'ombre du drapeau tricolore, les cités libres du Rhin, Mayence, Spire, Worms et Landau [4].

le nomme « un des esprits les plus droits et les plus éclairés dans toute la révolution rhéno-germanique ».

[1] Sur Stephan Lœwer, qui signe aussi Lever et qui fut député de Roxheim à la convention rhéno-germanique, voir Laukhard, III, 392-423 ; il devint juge de paix à Wöllstein.

[2] Cf. sur Petersen qui devint adjoint à l'administration centrale de Kreuznach, membre de l'administration centrale du Mont-Tonnerre, sous-préfet de Kaiserslautern, le tome II de Remling, 343, 393, 445, 491, et Bockenheimer, *Gesch.*, 95, 96, 100. Il était né à Bergzabern, le 3 juin 1746. Rudler le jugea « très bon administrateur, probe et actif », et Shée assurait que « les généraux et les représentants rendaient de ce citoyen les comptes les plus avantageux » (A. N.).

[3] Ce Buhot, né à Paris, fils d'un ancien officier, avocat au parlement (1780), troisième sous-lieutenant sans apppointements au régiment d'Orléans (1781), commissaire des guerres (1784), employé à Strasbourg, puis en Bretagne, devint ordonnateur pendant la campagne de 1793, « se trouvant le plus ancien commissaire parmi ses camarades »; destitué, à Phalsbourg, par Baudot (10 ventôse an II), réintégré par Féraud et Neveu (vendém. an III), il fut nommé ordonnateur de l'armée du Rhin par Merlin de Thionville, qui le jugeait un « sujet distingué »; il avait fait un voyage en Allemagne (1788) et séjourné dix-huit mois en Angleterre, pour apprendre l'allemand et l'anglais.

[4] Remling, I, 110-112.

Custine avait dit, en nommant l'administration générale, qu'il remettait le pouvoir à des hommes qui méritaient la confiance de leurs concitoyens par leurs talents, leur intelligence et leur vertu. En réalité, la plupart des membres de cette administration paraissaient jetés hors de leur sphère. Seul, Forster, ardent, infatigable, propre à tout, désarmait la critique; on ne lui reprochait que son ingratitude envers l'Electeur[1]. Mais l'honnête Blau n'était qu'un théologien timide et on le traitait d'apostat. Le jeune Pfeiffenbring venait de terminer ses études et n'avait d'autre mérite que d'être le gendre du professeur Vogt. Le secrétaire-général Blessmann courait naguère le cachet et, de l'aveu de Forster, il n'était ni actif ni habile et ne savait pas rédiger clairement un arrêté[2]. Dorsch enfin, Dorsch, l'ex-ecclésiastique qui portait uniforme, Dorsch qui rompait ses vœux pour épouser sa maîtresse, était odieux aux Mayençais. « On ne saurait trop ménager les préjugés religieux, écrivait notre agent Rivals ; j'ai vu avec peine le vicaire épiscopal du Bas-Rhin, nouvellement marié,

[1] Cf. *Sur Custine et Mayence*, par un citoyen manqué, p. 5. « Il y en a qui viennent de loin, mais il ne suffit pas d'avoir fait le tour du monde ; il faut être reconnaissant, surtout quand on a reçu des bienfaits qu'on n'a pas trop bien mérités ; la reconnaissance vaut mieux que la littérature ») et *Ein Paar Worte des Dr Gottlieb Teutsch* (*noch einige Worte für Herrn Forster den Patrioten*), 11.

[2] Jean-Christophe Blessmann avait alors 33 ans. Après avoir été précepteur des enfants de l'envoyé de Hanovre, il avait donné des leçons d'allemand aux émigrés. Il reçut l'année suivante, comme Hauser, une mission à Huningue, aux appointements mensuels de 300 livres. Reubell, Haussmann, Hofmann lui donnèrent des certificats, et ce dernier lui reconnut un « civisme à toute épreuve » (29 sept. 1793. A. E.). Il devint, comme Pierre, interprète-juré du tribunal de première instance de l'arrondissement de Mayence. Cf. *Ueber die Verf. von Mainz*, 8, note ; Forster, VIII, 300-301 ; *Darst.*, 302 ; *Gesch.*, 228.

exercer ici la principale magistrature. » Les partisans de l'ancien régime attaquaient avec violence ce « prêtre impudique qui souillait l'autel » et qui n'avait, pour gouverner que « des extraits et lambeaux de la philosophie Kantienne, de jolies fleurettes à la mode, des mots affectés, une bouche grimaçante et des œillades friponnes ». Du haut de la chaire un curé s'excusa d'avoir scandalisé sa paroisse en se promenant quelques minutes avec ce renégat. On s'indignait que ce « petit président », ce *Präsidentchen*, prît des airs de souverain et ne reçût que des dames à ses audiences. On lui prêtait cet orgueilleux propos : « C'est moi qui suis maintenant l'Electeur. » Ses premiers actes furent très vivement critiqués. Il proclama la liberté de la presse, et en même temps il interdit d'imprimer les écrits qui pouvaient « égarer le peuple sur ses droits et ses devoirs » ; il défendit à quiconque correspondait au dehors avec des étrangers ou des émigrés, de médire de la constitution française ; il voulut imposer au vicariat de l'archevêché un membre nouveau, l'ex-capucin Nimis [1].

Mais pendant que s'installait l'administration générale, les Prussiens s'emparaient de Francfort, et le 13 décembre, Custine mettait Mayence en état de siège. Les patriotes furent déconcertés. « Ils ont peur, écrivait Forster, à peine si l'un d'eux ose, par ci par là, risquer un traitre mot, et la prêtraille, levant la tête, applaudit gaiement les Francfortois. » Lui-même, découragé, envoya sa femme et ses enfants à Strasbourg. Pfeiffenbring résigna ses fonctions d'administrateur. Un grand nombre de clubistes se retirèrent de la Société, et vainement les

[1] Rivals à Le Brun, 20 déc. 1792 (A. E.) ; Forster, VIII, 304, 305, 323 ; *Gesch.*, 220 ; *An das deutsche Publikum, von einem Freunde der Wahrheit*, 6-8.

matadors s'évertuèrent à ramener au bercail les ouailles craintives. On prétendait qu'un faux-frère du nom de Vesperi avait vendu la liste des jacobins au roi de Prusse. On croyait que Mayence allait se rendre, et toutes les fois qu'un parlementaire se présentait aux portes, on assurait qu'il venait sommer le général. Custine essaya de calmer les frayeurs par des proclamations ; il rappela la résistance de Lille et promit aux habitants de Mayence et de Kastel qu'ils seraient généreusement dédommagés par la nation française s'ils subissaient quelque perte ; il déclara que Frédéric-Guillaume n'entrerait dans la place qu'après avoir comblé les fossés par les cadavres de ses soldats [1].

II. Les Prussiens ne bougèrent pas et se contentèrent d'occuper Hochheim. Les plus enragés des clubistes reprirent cœur. Ils crièrent, avec Stamm et Custine, à la traîtrise de Francfort. Ils jurèrent d'effacer de la terre cette perfide cité. « Allemands, disait Metternich, maudissez les Francfortois et ne voyez plus en eux des compatriotes ; Custine aura soin que l'emplacement de leur ville ne soit plus qu'un affreux amas de décombres ! » Ils firent célébrer une messe solennelle en l'honneur des Français égorgés dans la journée du 2 décembre. Forster et Wedekind sollicitèrent les jacobins de Paris d'agir énergiquement en leur faveur, de reconquérir Francfort, d'étouffer « par une grande et juste vengeance » l'esprit de trahison, d'écraser le ser-

[1] Forster, VIII, 279, 282, 297, discours du 1er janvier 1793 (Nau, IV, 238-239), et *Briefwechsel mit Sömmerring*, 602 (« herabgestimmt) ; *Darst.*, 447 et 503 ; *Mainzer Zeitung*, 17 décembre 1792 ; Nau, V, 535 ; le mot *Furcht* « peur » revient désormais à tout instant dans les séances du club.

pent de la coalition[1]. Le 20 décembre, Pape lut au club une *Adresse à Frédéric-Guillaume Hohenzollern*. Le roi de Prusse, disait-il dans ce factum insolent, qui ne respirait que bravade et défi, le roi de Prusse se vantait d'entrer dans Mayence; mais le « sublime » Custine l'attendait devant le fort de Kastel avec quelques milliers de Français pour le recevoir à la façon des républicains, et, d'ailleurs, le club était là. Le Hohenzollern croyait faire peur aux patriotes; mais sa horde, à demi détruite en Champagne, ne leur inspirait d'autre sentiment que la pitié. Non; c'était lui qui s'alarmait et s'épouvantait. Il savait que le club avait juré de chasser tous les despotes, que le club rédigeait une adresse à la Société des Amis de l'Égalité que Dumouriez allait fonder à Wesel, que le club réglait déjà l'organisation d'une Société semblable, qui tiendrait, l'été prochain, des séances publiques dans le château de Berlin, sous la protection d'une armée française Et Pape lançait au roi cette apostrophe : « Sache-le, toutes tes mesures sont vaines et ne peuvent te sauver : ta seule ressource, c'est de fuir avec le reste de tes esclaves et de déclarer libres tes prétendus sujets; c'est de devenir toi-même homme et citoyen. Tu crois peut-être rencontrer encore des traîtres et des assassins comme à Francfort. Mais le sang français, répandu dans les rues de Francfort, sera si terriblement vengé que cette ville ne trouvera pas d'imitateurs dans le monde. O roi, abandonne ta couronne, les trônes chancellent et seront tous à terre avant un an ! La grande et invincible République a trois millions de défenseurs armés et exercés; elle est destinée par la Providence à rétablir l'humanité dans ses

[1] Cf. *Custine*, 200-201; Nau, IV, 109-118; Klein, 380-381, et *Forster in Mainz*. 464; Forster, VIII, 296.

droits; elle ne cessera pas de vaincre jusqu'à ce que les princes et les rois aient disparu du monde [1] ! »

A quoi servaient ces provocations? Pape avait annoncé qu'il enverrait son *Adresse* au roi de Prusse avec la liste de clubistes, que tous ceux qui s'opposeraient à l'impression de leurs noms seraient rayés de la Société, et sa motion avait été adoptée. Mais, dès le lendemain, plusieurs membres donnèrent leur démission. La municipalité et la bourgeoisie de la ville déclarèrent qu'elles restaient étrangères à ce libelle. Le club même se plaignit, et Pape promit solennellement de dire au public que la Société n'avait pas la moindre part à son factum [2].

III. La froideur des Mayençais irritait les *matadors*. Cette molle et nonchalante population refuserait-elle de se prononcer pour la liberté française? « L'indolence allemande de ces gens-là, s'écriait Forster, et leur indifférence excitent la bile. Seront-ils jamais quelque chose? Ils ne veulent rien et ne font rien. Il faudra leur ordonner d'être libres [3] ! » L'administration générale résolut de tenter un vigoureux effort pour réunir Mayence à la République et créer, en quinze jours ou trois semaines, un département des *Bouches-du-Main*. Elle comptait que l' « incorporation » aurait lieu sans enthousiasme, mais de bon gré; s'il y avait dans les villes de nombreuses

[1] *Offenherzige Zuschrift an Fr. W. Hohenzollern dermalen König aus Preussen*, von Friedrich Georg Pape, neufränkischen Republikaner. Il signe « ton ennemi et celui de tous les tiens, le républicain Pape, membre des Sociétés de la liberté et de l'égalité de Mayence, Strasbourg, Schlestadt, Colmar et Munster, correspondant des clubs secrets des Etats prussiens ».

[2] *Mainzer Zeitung*, 17 janvier 1793, et Nau, V, 537-538.

[3] Forster, VIII, 279, 282, 284, 296; cf. Nau, V, 564, mot d'un clubiste « die Konstitution *befehlsweise* einführen ».

abstentions, les paysans se rendraient en foule au scrutin, et les voix de la campagne décideraient du vote.

Elle envoya dans tout le pays, entre Bingen et Landau, des commissaires chargés d'enregistrer les suffrages. Ces commissaires devaient être « des hommes de bon sens, de droiture éprouvée et d'éloquence naturelle » ; ils rassembleraient, dans chaque localité, tous les habitants âgés de vingt et un ans au moins, à l'exception des domestiques : ils leur liraient un extrait de la Constitution française, puis recueilleraient dans un procès-verbal les noms de ceux qui voudraient adopter cette Constitution. Le procès-verbal portait que les électeurs demandaient l'appui des Français, leurs voisins ; qu'ils désiraient former avec eux une seule famille ; que des députés, choisis par Mayence, iraient transmettre leurs vœux à la Convention ; — et, disait Forster, je pressens qui sera l'un de ces députés [1].

Mayence vota le 17 et le 18 décembre. Mais le nombre des inscrits fut peu considérable. Le procureur de la commune, Macké, avait réuni les corporations à l'Hôtel-de-Ville ; les marchands réclamèrent du temps pour réfléchir ; les tailleurs et les cordonniers déclarèrent qu'ils voulaient rester neutres [2]. « Les habitants de cette grande ville de curés, disait Forster, sont indécis, faibles, pusillanimes », et Metternich leur criait avec colère : « Mayençais, partout où ont vaincu les armes des Français, on s'est mis aussitôt à la besogne, en Savoie, en Belgique, à Liège, dans le Porrentruy, et vous seuls, cherchez à vous distinguer des autres, à montrer que

[1] Forster, VIII, 291 ; *Darst.*, 480-487 et 508-512.

[2] Zech, *Anrede*, 21 déc. 1792, p. 9 ; la corporation des tailleurs voulut exclure deux de ses membres qui s'étaient fait inscrire au club (Nau, V, 548).

vous manquez de raison, que vous n'êtes que des hommes égoïstes et corrompus [1] ! »

La campagne montra plus d'empressement. On employa tous les moyens pour secouer son inertie et la tirer de son engourdissement. Les clubistes coururent les villages et y plantèrent l'arbre de la liberté. Le fils de Custine, Böhmer, Meuth et beaucoup d'autres haranguèrent les populations et s'efforcèrent à l'envi de leur inculquer les principes républicains. Une courte analyse de la Constitution française, rédigée par Cotta et accompagnée de chaleureuses exhortations, fut publiée à cinq mille exemplaires, affichée à la porte des mairies et des tribunaux, distribuée parmi les paysans. « Chers artisans et cultivateurs des bords du Rhin, lisait-on dans cet *Enseignement*, tous les Français sont libres et égaux en droits ; ils ont dû faire la guerre, mais cette guerre va renverser tous les trônes, donner à chaque nation la liberté et vous apporter une longue paix et la plus grande aisance. Fiez-vous à Dieu qui protège si visiblement les Français dans toutes leurs entreprises [2] ! »

Deux autres brochures furent répandues dans le plat pays. L'une était intitulée *Comment les gens du Rhin et de la Moselle peuvent être maintenant heureux* [3] ; elle énumérait les « obstacles » que le peuple avait rencontrés jusqu'alors, les maux dont il avait souffert, les mérites du régime nouveau qui favorisait les paysans et les artisans « autrefois méprisés et aujourd'hui rétablis

[1] *Der Bürgerfreund*, p. 83, 25 déc. 1792.

[2] *Von der Staatsverfassung in Frankreich zum Unterrichte fur die Bürger und Bewohner im Erzbisthume Mainz und den Bisthümern Worms und Speier*, 1792, 14 pages.

[3] *Wie gut es die Leute am Rhein und an der Mosel jetzt haben können*, 1792, 14 pages ; cf. *Darst.*, 353.

en leur juste valeur ». L'autre, destinée particulièrement aux évêchés de Worms et de Spire, avait pour titre *Les gens de Worms et de Spire, eux aussi, peuvent être heureux*[1] et vantait la Constitution qu'avaient adoptée les Français, l'allure rapide de leur justice, leurs impôts payés par tous, leur administration élue par le peuple, leur puissance qui assurait « tous les avantages du bonheur le plus durable ».

Quelques localités, entre autres Kastel, qui, selon le mot de Böhmer, se distinguait hautement par son zèle républicain, Nackenheim que le curé Arand menait à sa guise, Wöllstein dont les habitants étaient, au dire de Fuchs, les Marseillais de l'Allemagne[2], Nieder-Olm et Klein-Winternheim[3] votèrent donc pour la France. Dans plusieurs villages des environs de Mayence, deux ou trois patriotes tâchèrent d'entraîner le reste : Kirchner et Stenner à Bretzenheim; Baumgärtner, Gabel et Heinermann, à Nieder-Olm; Lutz et le cordonnier Schreiber, à Ober-Olm; Gött et Küpfler, à Weisenau; le meunier Valentin Krieger, à Zahlbach[4]. Stimulés par l'un d'entre eux, Adam Lux, par l'étudiant Schmitt, par leur chapelain Arensberger, les paysans de Kostheim plantaient l'arbre de la liberté et s'inscrivaient, au nombre de deux cent vingt et un, sur leur *livre rouge* : « Notre pasteur, disaient-ils dans une adresse à Custine, a laissé son troupeau sans secours; l'empire allemand n'a ni force ni

[1] *Auch die Wormser und Speyerer können es jetzt besser haben* (cf. Remling, I, 204-208).

[2] Klein, 371 et 602; Laukhard, III, 346; Nau, V, 569, 574, 579; le *Verzeichniss* des clubistes indique, parmi les habitants de Wöllstein, le paysan Korndörffer et le curé Münch (ce dernier est sans doute l'auteur de la lettre qui fut lue au club le 15 février).

[3] Nau, V, 540.

[4] Cf. sur Weisenau et Zahlbach *Preuss. Augenzeuge*, 279.

puissance; l'empereur ne peut même défendre ses Pays-Bas; nous acceptons la fraternité que nous offrent les Français victorieux, puisqu'ils se montrent de vrais amis et qu'ils veulent donner aux peuples une meilleure constitution [1]. »

Forster croyait déjà la réunion votée. « Les voix discordantes de Mayence, pensait-il, ne seront qu'une goutte dans la majorité décisive du pays entier. » Custine jugeait mieux la situation. « Les habitants des campagnes, écrivait-il dès le 1er décembre, sont bien faibles dans leur foi, et leur conversion est bien incertaine. » Gauböckelheim et Bodenheim refusèrent de voter. Finthen et Gonsenheim chassèrent Metternich. Un grand nombre de villages, où les prêtres et les anciens fonctionnaires « mettaient la puce à l'oreille des paysans », demandèrent quelques jours de réflexion [2]. Un clubiste n'assurait-il pas que les communes qui se déclaraient pour la Constitution française faisaient preuve d'un véritable héroïsme, puisqu'elles étaient plus exposées que Mayence aux entreprises de l'ennemi, et qu'elles devaient, en récompense, recevoir une sauvegarde qui les exempterait du logement de guerre [2] ?

Ce vote n'eut, d'ailleurs, aucun résultat. La Convention avait rendu le décret du 15 décembre. Les impôts étaient supprimés et les privilèges abolis; le peuple se

[1] Lettre de Wedekind, *Journal de la Montagne*, 4 sept. 1793 (à propos de Lux); *Mainzer Zeitung*, 29 nov. 1792; *Die Franz. am Rheinstrome*, II, 136; souvenirs d'un officier, publiés par Czettritz, *Zeitschr. für Kunst*, *Wiss. u. Gesch. des Krieges*, 1844, I, p. 69 (il visita Kostheim, le 29 mars 1793, et atteste que beaucoup d'habitants, surtout les jeunes gens, ivres de liberté « freiheitstrunken » voyaient de mauvais œil la garnison prussienne).

[2] Forster, VIII, 299 et 303; Custine à Pache, 1er déc. 1792 (A. G.); *Darst.*, 488; Nau, V, 545.

réunissait en assemblées primaires pour organiser une administration et une justice provisoires; nul ne pourrait voter dans les assemblées primaires ni être nommé administrateur ou juge provisoire, s'il ne prêtait serment à la liberté et à l'égalité, et ne renonçait par écrit à ses privilèges. L'exécution du décret dans les pays rhénans était confiée à deux commissaires nationaux, Simon et Grégoire. « Paisibles et vertueux Germains, disait Custine, vous allez montrer que vous êtes mûrs pour la liberté ! » et le 24 décembre, le club envoyait à la Convention une adresse de remercîments [1].

IV. Les commissaires du pouvoir exécutif n'arrivèrent à Mayence que le 31 janvier 1793, et, comme dit Simon, ils trouvèrent les esprits non seulement « beaucoup attiédis » et « très froids », mais « fort irrités »; tout: « gaucherie, imprudence, malveillance, semblait se réunir pour indisposer la population [2] ».

Durant tout le mois de janvier, Forster s'était multiplié, dépensé avec une activité passionnée, s'absorbant tout entier dans sa besogne d'administrateur général et

[1] *Jemappes*, 198; proclam. de Custine; Nau, V, 546; *Darst.*, 499. Cf. sur Jean-Frédéric Simon, né à Strasbourg, en 1747, jacobin, membre du comité qui prépara l'insurrection du 10 août, rédacteur du journal *Geschichte der gegenwärtigen Zeit*, qui commença le 10 octobre 1790, pour cesser la veille de son arrivée à Mayence, le 30 janvier 1793, et où il avait, disait-il, dans une lettre du 25 septembre, à Deforgues, « travaillé l'Electeur de la belle manière », les *Notes biographiques* d'E. Barth, 496-498 et l'*Argos*, de Schneider, n° IX, 1er février 1793, p. 71-72. Le collègue de Simon, Gabriel Grégoire, était de Thionville. Dès le 31 janvier, il tomba malade; ses forces physiques ne pouvaient suffire à la tâche; il donna, le 7 février, sa démission qui fut agréée dix jours plus tard, et, le 5 mars, il regagnait Thionville (cf. sa correspondance avec Le Brun).

[2] Rapport de Simon, 13 août (A. E.), et lettre du 20 février 1793 (A. N. F. Ie, 40-41).

de président du club, conférant avec Haussmann, Merlin et Reubell[1], publiant un nouveau journal, l'*Ami du Peuple*, annonçant que l'arrivée des trois commissaires présageait la future et inséparable réunion de Mayence à la République. Le 13, dans le plus grand appareil, au bruit du canon et de toutes les cloches, en présence de Custine et des conventionnels, il plantait l'arbre de la liberté et célébrait dans une harangue chaleureuse ce signe d'affranchissement élevé par les patriotes qui « faisaient une portion du souverain de Mayence » et « entraient en possession de leurs droits ». La cérémonie que Böhmer jugeait plus belle que le « raide et suranné couronnement des empereurs », fut imposante. Après un discours de Merlin qui jura de défendre les Mayençais, ses concitoyens et ses frères, envers et contre tous, après une allocution de Custine qui pria ses soldats de considérer les habitants de la ville comme des compatriotes, le club, criant *Vive la Nation* et *Vive la République Française*, traversa les rues entre une haie de volontaires et aux sons de la musique militaire qui jouait le *Ça ira*. Un tambour-major et douze tambours ouvraient le défilé. Puis venait Staudinger, revêtu de l'uniforme national, brandissant une canne à épée, exhibant sur sa poitrine un écusson où étaient inscrits les mots : *Passants, ce pays est libre, mort à quiconque ose l'attaquer!* Custine marchait entre deux clubistes, coiffés du bonnet rouge, Weisshaupt et Melzer, qui tenaient chacun une pique à la main. L'arbre républicain fut planté au chant de la *Marseillaise*, cet hymne qui, selon l'expression de Forster, inspirait un saint enthousiasme. Six clubistes, déguisés en esclaves et attachés par des

[1] *Custine*, 207.

chaînes de fer blanc, apportèrent une couronne, un sceptre, un globe impérial, un chapeau électoral, des lettres de noblesse et des tables généalogiques. Custine, le maire Razen, les municipaux jetèrent ces insignes de la féodalité dans le feu qui brûlait sur l'autel de la liberté. La fête se termina par un bal dans la salle des redoutes, et l'on vit, dit un journaliste, bourgeois et bourgeoises de toute condition, aller et venir, comme frères et sœurs, se réjouir du nouveau régime d'égalité, bénir la sublime nation qui l'avait proclamé [1].

Mais vainement se succédaient les manifestations populaires. Vainement Theyer réfutait le plaidoyer de l'avocat de Sèze. Vainement les clubistes applaudissaient avec fracas à l'exécution du *traître Capet*, et quelques-uns proposaient même d'envoyer à la Convention une lettre de remerciements. Vainement Melzer s'écriait, après la lecture du testament de Louis XVI, que la catin vieillissante devient toujours une cagotte. Vainement Metternich prononçait l'éloge funèbre de Le Peletier Saint-Fargeau. Lorsque Pape vint, au nom du club, prier la municipalité d'assister à la cérémonie du 13 janvier, elle répondit qu'elle ne pouvait participer à la fête tant que les bourgeois ne se seraient pas déclarés unanimement; or, disait Pape, si la municipalité attend que tous les bourgeois se soient déclarés, l'arbre de la liberté ne sera pas planté avant *dix ans!* Lorsque Theyer tenta de réfuter de Sèze, le public des tribunes donna de telles marques d'indignation que les clubistes demandèrent un piquet de garde au commandant de la place. Enfin, lorsque Merlin présenta Simon et Grégoire aux corps administratifs, « depuis un mois, leur dit-il, nous vous

[1] *Darst.*, 578-585; *Mainzer Zeitung*, 14 janv. 1793; Klein, *Forster in Mainz.*, 417 et 433.

avons parlé le langage d'hommes libres ; nous vous avons invités à en prendre l'attitude, et vous n'avez pas fait encore de progrès [1] ».

Les échecs de Custine avaient entièrement changé les dispositions du plus grand nombre, et, selon le mot des conventionnels, « refroidi les plus ardents patriotes [2] ». Les clubistes ne cessaient de se faire rayer. La *peur* régnait, et les matadors devaient confesser qu'ils n'avaient, pour la dissiper, d'autre moyen que de « belles paroles [3] ». A quoi bon répéter à satiété les mêmes tirades déclamatoires contre les despotes et leurs satellites? A quoi bon prodiguer de brillantes promesses qu'on ne pouvait tenir, et prédire des victoires qui ne venaient pas? A quoi bon gourmander les Mayençais et les accuser de n'être qu'un peuple de femmes, qui croyait légèrement aux fausses nouvelles [4] ? « Le nom des puissances autrichienne et prussienne, écrivait Rivals, leur imprime la terreur et cause leur extraordinaire timidité [5]. » De même que les Belges, ils attendaient les *revenants*, ces grenadiers hessois qui formaient la colonne d'assaut dans la journée du 2 décembre, ces hussards de Wolfradt qui poussaient des reconnaissances jusqu'aux abords de Kostheim, ces fusiliers prussiens qui campaient sur les coteaux de Hochheim et qui étaient comme à portée de la main. Les pamphlets pullulaient et ils avertissaient la ville qu'elle serait punie de son parjure, qu'elle n'évi-

[1] *Darst.*, 589 (603), 593 (607), 595 (609), 598 ; Nau, V, 551, 559-560 ; *Discours* de Merlin, p. 2.

[2] Lettre des commissaires, 6 janvier 1793 (*Mon.*, du 12).

[3] Nau, V, 565 (« durch schöne Worte »).

[4] *Rede von den Ursachen der bis noch jetzt getheilten Meinungen ueber die Revolutionssache der Mainzer*, par Metternich, p. 7-8.

[5] Rivals à Le Brun, 20 déc. 1792 (A. E.) ; cf. *Forsters Briefw. mit Sömmerring*, 605, et Nau, V, 541 et 565.

terait pas un bombardement, que les alliés la traiteraient en ennemie et lui feraient subir le sort que lui promettait Custine dans ses sommations du 20 octobre 1792 ; « nos armées s'approchent ; trouveront-elles, au lieu de frères éprouvés, les mamelucks de l'étranger[1] ? » Un mandat avocatoire de l'Empire annonçait que les Allemands qui serviraient la France, seraient châtiés comme gens sans honneur et sans foi, déclarés infâmes, et, s'ils étaient pris, « irrémissiblement affligés de peines corporelles et de mort[2] ». Une foule d'habitants émigrèrent, et en vingt et un jours, du 18 décembre 1792 au 7 janvier 1793, Wimpffen signa des passeports pour 652 personnes qui sortaient de Mayence[3].

V. Ces émigrés fuyaient non les Français, mais les clubistes. Sans doute les volontaires étaient quelquefois peu modestes en leur conduite et se permettaient envers leurs hôtes de singulières libertés. Il fallut leur défendre de tirer dans les rues des coups de fusil ou de pistolet et prononcer les peines les plus rigoureuses contre quiconque ferait violence aux citoyennes. « Le Français, marquait Desportes, est toujours Français malgré la Révolution ; sans égard pour les mœurs du pays où il séjourne, il s'abandonne à son naturel, il chante, il rit à toute outrance, il tourmente indiscrètement les femmes qui ne s'en plaignent pas, mais il se moque trop ouvertement des maris qui s'en plaignent ; la jalousie amène la haine, et, malheureusement, nous prenons trop plai-

[1] Cf. *Ueber die Verfassung von Mainz*, 44 ; *Ein Wort an die Mainzer*, 2-3.

[2] Voir ce mandat, du 19 décembre 1792, dans le *Mon.*, du 21 février 1793.

[3] Wimpffen à Custine, 7 janvier 1793 (A. G.) ; *Der Mainzer an seine deutschen Mitbürger*, 16.

sir à la faire naître ». Il fallut les rappeler à la pudeur et aux convenances. Ils étaient, disait-on, plus sales, plus cyniques que des Hurons : avec un incroyable sans-gêne, sans nul souci de l'hygiène, ils jetaient leurs ordures en plein jour sur la voie publique et faisaient leurs besoins dans les corridors et les escaliers des maisons. Une épidémie menaça bientôt la ville et les alentours. Le commissaire Simon, « connaissant le prix que les Allemands attachent à la propreté », prêta mille écus à la municipalité mayençaise pour enlever ces immondices dégoûtantes et nettoyer une cité qu'on nommait en Allemagne les latrines françaises et que lui-même comparait à un marécage et à un grand cloaque[1].

Mais les clubistes étaient dix fois plus détestés que la garnison. Leurs déclarations furibondes avaient achevé d'aliéner les esprits. Les Mayençais s'irritaient que la Société se répandît tous les jours en injures contre leur lenteur et leur lâcheté. Ils s'indignaient que Pape les eût appelés « misérables bigots » et que Cotta eût un soir lancé au public des galeries ces paroles méprisantes : « Vous n'êtes que des Mayençais ! » Ils cessèrent de porter la cocarde tricolore. Ils prirent le club en horreur et le qualifièrent de *Lumpenclub* ou club des gueux[2].

[1] Desportes à Le Brun, 11 déc. 1792 (A. E.) ; rapport de Simon, 13 août (A. E.), et lettre du 20 février (A. N.) ; *Darst.*, 584 (598), 601-603 (cf. Klein, 340-343) ; *Preuss. Augenzeuge*, 158 ; *Mainz, im Genusse der Freiheit*, 64 ; *Schöne Rarit.*, I, 3 ; *Die Franzosen am Rheinstrome*, I, 61 ; Ihlee, *Tagebuch von der Einnahme Frankfurts durch die Neufranken*, 32 ; personne, à Francfort, ne voulait coucher les Français, les blanchisseuses leur renvoyaient leur linge, et ils le lavaient eux-mêmes sur les radeaux du Mein.

[2] *Darst.*, 589 (603) ; *Preuss. Augenzeuge*, 153, « les clubistes soulevèrent les âmes par leur conduite tyrannique et nuisirent plus à l'extension du système français que le système même et les Français » ; cf. *Revolutions-Almanach von 1794*, 144.

Quels étaient, disaient-ils, les membres de la Société? Des fonctionnaires de l'ancien régime qui se vengeaient d'un passe-droit ou désiraient avancer et toucher de gros traitements ; des ecclésiastiques défroqués qui voulaient prendre femme; des professeurs qui cherchaient à se mettre en évidence; des écoliers qui déblatéraient contre la tyrannie et se croyaient naïvement les champions de l'humanité parce qu'ils débitaient du haut d'une tribune quelques phrases pompeuses sur la liberté et l'égalité; de petits marchands dont les affaires allaient mal; des artisans du plus bas étage. « Il y a dans le club, reconnaissait Forster, des hommes instruits et honnêtes, mais la masse a tous les défauts de son origine hâtive », et lui aussi déplorait les « prétentions » des uns et l' « égoïsme » des autres; il regrettait qu'on eût admis, pour faire nombre, « un essaim de grossiers étudiants et de jeunes gens encore imberbes », ainsi que plusieurs personnages tarés; il ne voyait chez la plupart des clubistes que le désir d'attraper un emploi[1]. Enfin, ajoutaient les Mayençais, les *matadors*, à l'exception de Dorsch et de Blau, étaient-ils nés dans le pays? Böhmer, Wedekind, Bless-

[1] Forster, VI, 402; VIII, 318, et surtout IX, 93, « rohe Knaben, Leute ohne Erziehung und Grundsätze »; *Darst.*, 470, 570; *Gesch.*, 118; *Der Mainzer an seine deutschen Mitbürger*, 10 (verschobene Wirbelköpfe, Bankruttirer, unzufriedene von Eigendünkel aufgeblasene Ehrgeizige, und politische Kannengiesser); *Die Franzosen am Rheinstrome*, II, 147 (« junge Laffen, Missvergnügte, Pfaffen die der Fleischkitzel plagt »); Reubell à Merlin, 30 septembre 1793 : il y a parmi les clubistes réfugiés « des gueux mal famés, qui n'avaient pas de souliers à se mettre; ce sont ceux-là qui ont les prétentions les plus exagérées et qui crient le plus fort »). Cf. l'arrêté de l'administration générale du 15 déc. 1792, qui prie les clubs de bien choisir leurs membres et de les prendre parmi ceux qui possèdent la confiance des citoyens et qui montrent de l'obéissance envers les lois et de la soumission envers les autorités existantes. (*Darst.*, 460 et 506.)

mann venaient de Göttingue; Forster, des environs de Danzig; Metternich, de l'électorat de Trèves; Hofmann, de l'évêché de Würzbourg; Pape, de Westphalie; Cotta, du Wurtemberg. Tous étaient des étrangers et des mercenaires, des *Fremdlinge* et des *Miethlinge*, que l'Électeur avait payés cher et que Custine devait payer plus cher encore [1].

Le club même se divisa, et, comme s'exprime un factum, dans le royaume des apôtres de la liberté la semence de discorde commença bientôt à germer [2]. Deux partis se formèrent : l'un, dirigé par Hofmann et l'autre par Dorsch. Hofmann avait pour lui les deux tiers du club, tous les étudiants et les jeunes gens de la ville qui reprochaient aux étrangers d'accaparer les places; Dorsch était à la tête de ceux qui profitaient de la révolution mayençaise. Dès le mois de novembre, les deux partis engageaient la lutte. Un ami de Dorsch proposait de remercier Custine d'avoir organisé l'administration générale provisoire; les adhérents de Hofmann faisaient rejeter la motion [3]. Le secrétaire-général Blessmann demandait son admission au club; les étudiants le blackboulaient sans pitié [4]. Wedekind essayait de justifier les choix de Custine et revendiquait pour tous l'accès aux fonctions publiques; Theyer lui ripostait avec vigueur et démontrait que les indigènes, les enfants du pays, les *Landeskinder*, étaient négligés et laissés de côté [5]. Brusquement, avec cette terrible franchise qui

[1] *Ueber die Verfassung von Mainz*, 13; *Belagerung*, 73; *Geschichte*, 152.

[2] Factum de 3 pages, sans titre, daté « Mainz, am 11 Jänner 1793 ».

[3] Nau, V, 525.

[4] *Darst.*, 321-322.

[5] Nau, V, 527 et 529.

faisait sa force, Hofmann déclara, dans la séance du 10 janvier 1793, en face des commissaires de la Convention, que les Mayençais refusaient d'adopter les principes de la liberté et de l'égalité parce que les clubistes n'étaient ni sincères ni honnêtes. Il allait, disait-il, trancher dans le vif; quand l'estomac est gâté, on le guérit, non par des douceurs, mais par des remèdes amers. Tous les membres du club, depuis les matadors jusqu'aux personnages les plus infimes, furent l'objet de ses sarcasmes et de ses mordantes invectives. La Société, affirmait-il, recevait de mauvais sujets ; elle passait tout son temps à faire des motions absurdes et de vains commérages; au lieu de réfuter ses adversaires elle leur fermait la bouche; elle laissait Dorsch, Wedekind et Forster tailler et rogner, former un club dans le club, créer des comités qu'ils convoquaient dans leur propre maison et menaient à leur guise. Wedekind et Forster n'avaient-ils pas obtenu la présidence en semant des billets qui portaient leur nom ?

Dorsch se leva pour répondre. Mais il dut se rasseoir aussitôt. « On m'a mis, criait Adam Lux, un de ces billets dans la main ! » Les partisans de Dorsch voulaient interrompre Lux. Le jeune homme persista dans son dire : « Laissez parler Hofmann, conclut-il, ou, si l'on ne désire plus entendre la vérité, je me fais rayer du club ; je me nomme Adam Lux et je suis citoyen de Kostheim ! »

Hofmann reprit son discours, et de plus en plus agressif et rude, il flétrit ce Georges Pape qui ne savait que médire et blasphémer. Oui, Pape était un sot et un méchant; il fallait l'expulser et sauver ainsi l'honneur de la Société. Pape tenta de répliquer. On l'accueillit de tous côtés par des murmures, des sifflets, des trépignements. Exaspéré, il déclara qu'il cessait d'appartenir au club; mais que, comme membre et représentant des jacobins de Strasbourg, il resterait correspondant de la Société de Mayence.

Puis Hofmann, s'enhardissant, attaqua les commissaires de l'armée Villemanzy et Blanchard. Ces deux hommes avaient commis de grandes injustices envers les habitants du Rheingau; ils avaient fait enlever comme otages les notables de Walluf qu'ils accusaient faussement de connivence avec les Prussiens; ils s'opposaient à la tenue des assemblées primaires pour traiter le pays hostilement et le piller à leur aise; ils pressuraient le peuple des campagnes; ils ne payaient personne, ne remboursaient personne, et l'administration générale, négligeant ses devoirs, n'osait protester contre de pareilles iniquités. Bien plus, ils compromettaient par leurs propos la cause de la liberté; Blanchard et un secrétaire de Villemanzy avaient lâché cette imprudente parole, que Mayence ouvrirait un jour ou l'autre ses portes aux alliés et que les Français ne pourraient longtemps défendre la ville.

Merlin de Thionville bondit à ces mots et s'écria : « Ce n'est pas vrai! » Reubell retint son fougueux collègue. « Merlin, dit-il, a cru que l'orateur exprimait sa propre opinion », et sans se départir de son calme habituel, il harangua les clubistes en langue allemande. Il loua Hofmann, sa loyauté, son patriotisme, les services qu'il rendait à la République, et qui lui valaient l'amour du bon peuple mayençais. Il reconnut que ses imputations étaient malheureusement fondées. Mais pourquoi Hofmann ne s'adressait-il pas d'abord aux commissaires de la Convention qui, dès leur arrivée, avaient prié tous les citoyens de leur révéler les abus? Il ajouta que la France n'abandonnerait pas les Mayençais et qu'elle se sentait assez forte pour les protéger contre leurs ennemis ; « quiconque prétendait le contraire était un misérable ! » Le discours de Reubell fut applaudi. « Il a, rapporte un auditeur, la voix pleine, puissante, sonore, de la cordialité, du geste, de la mine ; il me donne la vivante idée de ce que les orateurs de la Convention ont de solennel et d'énergique. »

Mais Hofmann n'avait pas terminé son réquisitoire. De rechef il assaillit Dorsch. Il lui reprocha d'avoir sollicité la première magistrature du pays sans posséder les connaissances nécessaires, d'avoir livré les emplois subalternes à ses amis et complaisants, d'avoir pris des tableaux de Schütz, de Knobel et de Berghem dans le palais électoral. Il lui reprocha de se souvenir des injures passées et de traiter indignement le vicariat, de persécuter les ecclésiastiques, bons et mauvais, sans distinction, uniquement parce qu'ils appartenaient au clergé. Il lui reprocha de courtiser les femmes, lui reprocha d'aspirer à la mitre d'archevêque. Il finit par cette virulente apostrophe : « Tu aurais mérité d'être chassé de la ville, et si le club avait le pouvoir de bannir, je te dirais, comme Cicéron à Catilina, *egredere ex urbe Catilina*, mais nous n'avons pas ce pouvoir. Je propose donc simplement de t'expulser du club, à cause de tes crimes, comme un membre nuisible », et il descendit de la tribune : « Vous savez tout le mal, guérissez-le, et bonne nuit ! »

Dorsch se hâta de prononcer quelques mots : si tous les reproches de Hofmann étaient vrais, il mériterait d'être chassé de la ville comme Catilina ; or, il se déclarait prêt à les réfuter séance tenante. Mais on lui cria qu'il se faisait tard. Il remit sa défense au lendemain.

Hofmann lui donna le brouillon de son discours : « Je souhaite, lui dit-il, que tu te justifies, mais je crains, Dorsch, je crains que tu ne le puisses pas. » La séance fut close par une allocution du président Forster qui annonça la prochaine démission de l'administration générale.

La harangue de Hofmann avait produit la plus grande impression. L'audace et la vigueur de l'attaque, la fermeté du ton, un accent de grave et pénétrante tristesse qui se mêlait parfois à ces éclats de brutale éloquence, le noble orgueil avec lequel le matador affirmait son propre désintéressement et prenait ses auditeurs à témoin qu'il n'avait jamais flagorné personne, tout cela, joint à sa réputation d'incorruptible probité, avait gagné les cœurs de l'assistance. Un silence religieux régnait dans la salle. Forster insinua que l'orateur persiflait. « Quoi ! s'écria Hofmann, un honnête homme persiflerait quand le destin du pays est en jeu ! » et Forster se tint coi.

Les principaux adversaires de Hofmann lui répondirent dans la séance du lendemain. Wedekind parut le premier à la tribune : il rappela ses services et prétendit que les comités du club ne s'assemblaient dans sa maison que parce qu'ils n'avaient pu trouver nulle part un abri. Custine demanda la parole après Wedekind. Il menaça Hofmann de le faire périr par la corde : Hofmann avait découragé les habitants, Hofmann avait calomnié la nation française en avançant que Mayence ne résisterait pas longtemps aux alliés ; « je peux l'*écraser*, poursuivit Custine, je lui pardonne, mais à l'avenir le premier qui tiendra de semblables propos sera pendu. » Il assura que Dorsch ne l'avait pas circonvenu, qu'il n'était pas homme à se laisser mener à la lisière, et que lui-même avait prêté les meubles et tableaux de l'Electeur au président de l'administration générale. Il ajouta qu'il avait pris, lui aussi, des effets dans les appartements du palais, mais qu'il ne voulait que les étaler, les offrir aux regards des amateurs, donner envie de les acheter.

Hofmann traduisit en allemand le discours de Custine ; puis, fièrement, il déclara que son devoir était de se justifier, et, sans quitter la tribune, il démontra que Custine ne l'avait pas compris ; il exposa tous ses actes qui n'étaient dictés que par son zèle pour la bonne cause ; il invoqua de nouveau le témoignage des assistants et conclut « si vous avez encore besoin de moi, vous n'avez qu'à m'avertir ! »

Custine sortit de la salle après avoir adressé quelques mots au bureau : « Hofmann aurait dû dire hier ce qu'il dit aujourd'hui. » Pape entreprit alors de se défendre ; il soutint que ses discours étaient raisonnables et n'avaient fait aucun mal ; il attaqua Hofmann ; mais les traits qu'il lança ne portèrent pas.

Dorsch remplaça Pape à la tribune. Il glissa sur les reproches de Hofmann et, se détournant de son sujet, il se plaignit amèrement du clergé de Mayence. Il croyait gagner les clubistes en flattant leur haine contre les prêtres. Mais on l'interrompit. Dorsch, fidèle à sa manière doucereuse et fade d'exprimer les choses, parlait des fleurs qui sont rongées par les guêpes ; on lui cria : « Trop de fleurs ! » Il protestait de sa vertu et en appelait à Patocki : on éclata de rire. Il eut l'imprudence de dire que Hofmann avait acheté les applaudissements : on lui répondit par une clameur d'indignation, et pour apaiser les colères, il dut assurer qu'il avait en vue le public des galeries. Il fit allusion à des complots et insinua que Hofmann était attaché, dans le secret de son âme, au coadjuteur et que son parti conspirait le retour de Dalberg : on haussa les épaules.

Forster présidait ; il n'intervint aucunement dans le débat et, à la fin de la soirée, il conseilla l'union, la fraternité, l'oubli des discordes ; la querelle résultait, selon lui, d'une méprise et d'un malentendu. Sur sa proposition, les procès-verbaux des deux séances furent arrachés du registre et détruits.

Mais l'émotion qu'avaient causée ces disputes tumultueuses, ne se calma point. Le 11 janvier, les amis et disciples de Hofmann l'escortèrent jusqu'à sa maison et s'engagèrent à lui porter secours s'il était en péril. Les commissaires prirent le matador sous leur protection et parurent approuver sa violente sortie. Un officier de l'état-major demandait, dans la séance du 12 janvier, que les membres du club promissent par serment de se comporter avec modération et de ne plus se livrer à des personnalités. Reubell déclara qu'il ne fallait prêter d'autre serment que le serment prescrit par les statuts de la Société ; le mot *modération* ne signifiait qu'une nullité parfaite ; un patriote devait toujours s'expliquer avec franchise sur les personnes ; lui-même, Reubell, blâmait la conduite de Custine, son ami ; Custine pouvait venir au club, comme citoyen, réfuter des erreurs par des raisons, mais non comme général, réfuter des raisons par des injonctions despotiques ; il pouvait faire des proclamations au dehors, mais non violer le temple de la liberté et y menacer de la potence des gens qui s'assemblaient sous les auspices de la loi. Merlin appuya Reubell. Il conjura les clubistes de s'unir, de n'avoir d'autre pensée que celle du bien public, d' « ensevelir les haines particulières ». Il s'éleva contre les démêlés

« frivoles et scandaleux » de la Société. « Vous avez mis, dit-il, les hommes à la place des choses, vous vous êtes aigris et vous avez prêté à rire à vos ennemis ! » Mais, ajoutait-il, l'envie ne devait plus « distiller ses poisons » et le club ferait bien d' « entendre dans le silence le membre qui aurait le courage de forcer un autre à se justifier ». Le surlendemain, 14 janvier, un clubiste proposa de retracer dans le procès-verbal les mérites de Hofmann. Un ami de Dorsch objecta qu'un patriote n'avait pas besoin de récompense. Hofmann lui-même déclara qu'il ne recherchait pas les louanges sous la nouvelle constitution, comme sous l'ancienne. Mais ses partisans avaient décidément l'avantage. Un long éloge de Hofmann fut transcrit sur le protocole de la séance. Dorsch, Pape, Wedekind, durent lui faire amende honorable, rétracter les injures dont ils l'avaient couvert, le reconnaître comme le meilleur des républicains. L'étudiant Lehné prononça le panégyrique de son maître : Hofmann avait été l'ami désintéressé et hardi de la patrie ; il s'était signalé par sa haine contre les despotes ; depuis dix ans il défendait les droits de l'homme contre tous les ennemis, courtisans, prêtres, jésuites et autres ; il avait proclamé que la monarchie était le poison de la liberté, et le républicanisme, l'âme des actions généreuses et le chemin de la perfection ; par ses écrits, par ses discours, il attisait la flamme sacrée [1] ! »

[1] *Darst.*, 574-577 ; Forster, VIII, 323-324 et *Briefw. mit Sömmerring*, 605 ; note inédite de Mayençais communiquée à Legrand (A. G.) ; *Journal de la Montagne*, 5 et 6 juillet 1793 ; Merlin, *Discours prononcé le 12 janvier 1793*, p. 28 ; *Die Fausse Couche der Mainzer-Jacobiner u. Klubbisten 1793*, p. 28 (acte III, scène IV) et surtout Bockenheimer, *Zwei Sitz. der Mainzer Clubisten*, 1868 (d'après la lettre de Schlemmer à Nicolas Vogt, lettre écrite aussitôt après les événements ; cf. *id.* les procès-verbaux du club.)

VI. A ces brouilleries et animosités entre clubistes, se joignait la haine qu'inspiraient Böhmer et Stamm. Ces deux jeunes gens qui passaient pour les intimes confidents de Custine et pour ses âmes damnées, et que lui-même nommait ses coopérateurs[1], choquaient tout le monde, dit Simon, par leur impéritie, leur ineptie et leur hauteur révoltante[2]. Böhmer faisait ostentation de sa faveur et tranchait du potentat. Il gourmandait l'administration générale et prétendait la régenter. Il écrivait au bourgmestre de Laubenheim qui refusait une musique aux paysans : « bourgmestre de Laubenheim, la musique ou ta tête[3] ! » Mais ce qu'on lui reprochait surtout, c'était son *livre rouge* et son *livre noir*. « Cette invention, rapporte Forster, indigne chacun et semble plutôt appropriée à l'imagination allégorique de l'Orient qu'à l'esprit froid des Allemands ; c'est la plus dure contrainte qu'on puisse imposer », et il accusait Böhmer de « myopie » et d' « imprévoyance ». Le club se plut à l'humilier. Un jour, Dorsch déclara qu'il avait abusé du nom de Custine, et que le *livre rouge* n'était pas un cadeau du général ; Böhmer dut avouer qu'il avait menti, et, à sa grande confusion, la Société décida que le « livre noir » serait *cassé* et que le « livre rouge », qui s'appellerait dorénavant le « livre des amis de la Constitution de la République française », devrait être autorisé par Custine[4]. Böhmer, marquait Simon à Le Brun, « est plus

[1] *Courrier des départements*, 6 nov. 1792.

[2] Rapport de Simon, 13 août 1793 (A. E.).

[3] *Mainz im Genusse der Freiheit*, 20.

[4] Forster, VI, 405 ; *Darst.*, 443 ; Bohmer avait dit, en effet (*Mainzer Zeitung*, 7 nov. 1792) : « es ist schlechterdings nothwendig dass der Bürger Custine weiss wie er daran ist » et Metternich (*Der Aristocrat auf Lügen ertappt*, p. 23), affirme que le *Livre rouge* est « der Einfall von Einem »; Nau, V, 532-533 ; cf. ci-dessus, 35.

ardent que sage, et il a péché contre les premières règles de prudence, en jetant les fondements du club; il s'y est pris si gauchement, que beaucoup de bons patriotes répugnent à s'y inscrire et que d'autres, qui l'ont fait, s'en éloignent insensiblement[1] ».

Stamm excitait la même aversion. Comme Böhmer, il s'érigeait en maître et ne parlait qu'avec arrogance. Il avait mission de surveiller le pont du Rhin, et on le nommait ironiquement le grand amiral de Mayence; mais, sous prétexte qu'on ne pouvait contenir les bateliers par de douces paroles, il les traitait si brutalement qu'ils auraient déserté, sans l'intervention de Merlin et des représentants, ses collègues. Il écrivait une fois à la municipalité mayençaise, en son nom propre et privé : « *Je vous ordonne.* » Custine lut le billet et assura qu'il ne se permettrait pas un pareil ton envers un caporal. Stamm reçut une verte réprimande et dut s'excuser. Mais il avait toujours l'oreille de Custine et il continua, comme on disait, à faire la pluie et le beau temps dans Mayence et à promener partout ses grands airs impérieux. Tantôt il promettait de « dompter » les partisans de l'Électeur, tantôt il morigénait les patriotes : « il y a un tas de gens ici, mandait-il à Custine, qui ne font rien que des motions et qui vexent sans rime ni raison ; j'ai dit à la municipalité que je respecte plus un aristocrate qui fait bien son service qu'un patriote intrigant[2] ».

Custine n'était pas moins exécré. Non seulement on lui reprochait ses créatures, Böhmer, Stamm, Dorsch. Mais on répétait qu'il n'avait pas les mains absolument

[1] Lettre du 20 février 1793 (A. N.) ; cf. Rapport du 13 août.

[2] Rapport de Simon (A. E.); Stamm à Custine, 1er févr. 1793 (A. G.); *Mon.*, 28 août 1793 (procès de Custine) ; cf. Ihlee, 86.

nettes[1]. Les brocards ne l'épargnaient pas. On se moquait de sa grosse moustache, de sa tournure bizarre, du luxe qu'il étalait. On faisait toute sorte de cancans sur sa maîtresse, une Mayençaise délurée, fille du coutelier Zittier et femme d'un docteur Daniels qui recevait, en récompense de sa longanimité conjugale, le grade de chirurgien-major[2]. On chansonnait sa future défaite : qu'il regagne Landau, disait-on, sinon, gare Spandau[3] ! On le qualifiait de tyran ; on assurait qu'il dépassait en orgueil et en violence un nabab des Indes, un ministre de l'ancien régime, un général des jésuites, et, témoigne Simon, il avait des manières dures et parfois despotiques. Lorsqu'il sut que les Mayençais désiraient le départ des Français comme une délivrance, il fit élever quatre gibets sur les places principales et déclara que tout homme, assez hardi pour parler de capitulation, serait pendu sur-le-champ, à quelque caste qu'il appar-

[1] Outre Hofmann qui l'accusait à mots couverts de s'être approprié les effets de l'Électeur, outre Guiraud, commandant de Huningue, et lieutenant-colonel du 2e bataillon de l'Ain, qui lui fait le même reproche (janvier 1793, A. G.), Pache le blâme d'avoir permis à ses officiers, après l'affaire de Spire, d'acheter, au prix de 96 livres en assignats, les meilleurs chevaux des vaincus (7 déc. 1792, A. G.) et il lui interdit d'échanger contre des haridelles les magnifiques chevaux des écuries de Frédéric-Charles d'Erthal.

[2] *Gesch.*, 231 ; Rapport de Couturier et de Dentzel, *Suppl.* du 3 juin 1793, p. 136-137 « une aventurière dégourdie » ; Lettre de Marcus Anckerford (janv. 1793, A. G.). « Vous souvient-il du citoyen général, comme il faisait les yeux doux à Mme Daniels ? Cette Mme Daniels a fait une grande fortune. Elle plut au général, le général lui plut, et comme il est très généreux, il lui fit cadeau d'un lit superbe et de deux belles pendules qui étaient à l'Électeur » (*Sur Custine et Mayence*, par un citoyen manqué, 7-8) ; *Preuss. Augenzeuge*, 158 ; cf. sur Daniels et Zittier, les *Listes* des clubistes ; Pierre-Joseph Daniels, né le 29 déc. 1765, était, sous l'Empire, médecin à Winnweiler.

[3] Schaber, *Mein Tagebuch der Belag. von Mainz*, 1793, p. 22.

tînt[1]. Les Mayençais lui répondirent en suspendant aux gibets des chats morts, coiffés du bonnet rouge, et un matin on vit se balancer à l'une des potences la silhouette du général avec cette inscription : « Voilà le premier coquin de la ville, et Dorsch et Pape devraient lui tenir compagnie[2]. » Les clubistes mêmes finirent par murmurer contre celui qu'ils avaient nommé leur héros et leur libérateur. Custine ne les fréquentait pas et semblait oublier leur existence. « Jamais, remarque Simon, il ne les admit à sa table et ses alentours étaient composés de gens qui montraient autant de hauteur que de mépris pour les Allemands. » Il agissait à Mayence et dans l'Électorat, comme en pays conquis. Il fit vendre aux enchères, contre espèces sonnantes, les chevaux, les voitures, les équipages, les meubles et les vins de l'Électeur. Les patriotes protestèrent ; ces effets, disaient-ils, appartenaient à l'État, et les Mayençais devaient élever la voix, « ne pas ajourner, parler sur cet important objet, prouver qu'ils étaient libres ». L'État, répliqua Custine, « l'État est la nation française pour le compte de laquelle ces effets se vendent[3] ». Il laissa les soldats dissiper toutes choses comme à plaisir et brûler le bois, non pour se chauffer, mais pour le voir brûler ; il les laissa couper tous les arbres fruitiers pour faire des abatis ; il les laissa donner du foin pour litière à leurs chevaux ; il

[1] *Mainzer Zeitung*, 20 déc. 1792 ; cf. la déclaration de Hofmann au procès de Custine et le frémissement d'horreur qui s'éleva dans l'assistance ; voir aussi *An das deutsche Publikum, von einem Freunde der Wahrheit*, p. 2-5.

[2] *Darst.*, 571 et 585.

[3] *Darst.*, 492-494, 514-515 (protestation de la Chambre des finances, de la municipalité, de l'administration générale ; *Gesch.*, 205 ; *Mainz im Genusse der Freiheit*, 49 ; Nau, IV, 256-258, et V, 564 (séance du club, 27 janv. 1793) ; Klein, *Forster in Mainz*, 412.

les laissa vivre à discrétion, comme s'ils n'avaient qu'une semaine à demeurer dans la contrée et comme si rien ne devait rester derrière eux[1]. Durant les premiers jours qui suivirent la capitulation, au grand scandale des Mayençais, d'énormes meules de fourrage furent exposées en plein air aux intempéries et abandonnées au pillage[2]. Officiers, commissaires, employés, prenaient ce qu'ils trouvaient à leur gré ou réquisitionnaient sans relâche à tort et à travers. « Que de vols, dit Legrand, et que de gaspillages il y eut à Mayence, et que de friponneries sans nombre[3] ! » L'administration générale osa porter plainte. « Ne sommes-nous donc, s'écriait Forster, que les huissiers et les recors de l'armée, que les exécuteurs des ordres militaires dictés par la nécessité ou par le bon plaisir? Ne sommes-nous que les instruments aveugles d'une puissance ennemie? » Et, dans une vigoureuse adresse, il montrait le commerce entravé, les bateaux arrêtés, la garnison s'emparant des moulins de la ville et des provisions de combustible, dix mille Mayençais réclamant du pain et accusant de rigueur et de despotisme l'administration générale que les Français accusaient de faiblesse[4].

Nul n'était plus malheureux, plus mécontent que l'habitant des campagnes. Les paysans se croyaient d'abord débarrassés de leurs corvées, et, dans le commencement de l'occupation française, on les avait généreusement récompensés de leurs services. Mais bientôt

[1] *Die Franzosen am Rheinstrome*, I, 61.
[2] *Belag.*, 58-59; *Darst.*, 115.
[3] Note de Legrand (A. G.).
[4] Forster, VIII, 319 et Klein, *Forster in Mainz.*, 413; « les agents militaires, écrivait Simon le 20 février (A. N.), avaient pris un ton si despotique qu'ils n'avaient inspiré que la terreur »; cf. Eickemeyer, *Denkw.*, 176.

ils furent foulés et, avoue Merlin, *écrasés*. Comme l'avait dit Hofmann, on leur enlevait leurs fourrages, leur bois, leurs vivres, sans les payer. On les tourmentait et violentait de toutes façons. S'ils venaient à Mayence, on les retenait dans la ville, et durant huit jours, leurs chevaux allaient à Kastel traîner des palissades ; on ne les leur rendait que fourbus et incapables de marcher. « On a, lisons-nous dans un rapport de Simon, donné de l'aversion pour la Révolution française aux habitants du plat pays, en les traitant avec la plus grande injustice ; tous se plaignaient des vexations des commissaires Villemanzy et Blanchard ; plusieurs me disaient, les larmes aux yeux, qu'on leur faisait mille chicanes. » Le village de Framersheim, dans le comté de Falkenstein, fut taxé trois fois, et vainement Dorsch suppliait Custine d'envoyer les ordres les plus précis aux agents qui levaient les contributions, vainement il dénonçait les « excès innombrables des militaires qui devenaient de jour en jour plus répréhensibles ». Forster confessait que l'administration générale n'entendait plus que gémissements et lamentations, que tout le monde demandait justice, protection, dédommagement, remboursement ; « le laboureur est accablé ; il vend ou abat son bétail ; on lui a promis liberté et bien-être ; on le charge de fardeaux insupportables », et il écrivait à Custine : « Les réclamations arrivent de toutes parts. Le brigandage des employés subalternes n'a que trop bien réussi à détourner les esprits du projet de se donner à la France. Les décrets de la Convention sont violés de toutes les manières ; les campagnes sont dévastées, les pauvres sont dépouillés, les chaumières retentissent de leurs sanglots, de leurs plaintes amères, de leurs imprécations contre des oppresseurs d'autant plus cruels qu'ils avaient d'abord gagné leur confiance par des protestations de fraternité ! Ah ! on les aurait moins cruellement trompés si on leur eût dit en arrivant: nous venons pour tout prendre, nous ne voulons point de votre *réunion*, nous rejetons toute liaison avec vous, nous userons des droits de la guerre[1] ! »

C'est ainsi que Mayence et le pays rhénan, à l'exception d'une poignée de clubistes, passait de l'indifférence ou de la curiosité sympathique à l'inimitié. Stamm, Wimpffen, le représentant Couturier, Böhmer ne s'abusaient pas sur ces sentiments hostiles de la population. Stamm voyait de jour en jour les têtes « se monter ». Wimpffen déclarait que les Mayençais s'armeraient contre nous, sitôt qu'ils le pourraient avec impunité, qu'ils n'écoutaient que leurs prêtres, qu'ils remplissaient dès quatre heures du matin les sacristies et les confessionnaux ; Couturier, qu'ils n'aimaient pas les Français et qu'ils agiraient comme avaient agi les Francfortois, dès que l'occasion se présenterait ; Böhmer, que les Allemands des bords du Rhin manquaient d'énergie et ne

[1] Merlin à Pache, 4 janvier 1793 ; Dorsch à Custine, 3 janv. (A. G.); témoignage de Simon (procès de Custine, *Mon.*, 28 août 1793 ; Rapport du 13 août ; cf. lettre du 20 février « les fournisseurs essuyaient toutes les difficultés possibles pour leur paiement) ; » Forster, VIII, 293 et 312 ; Mémoire (Klein, *Forster in Mainz*, 406-416) : *Briefw. mit Sömmerring*, 605 ; *Belag.*, 58-59 ; *Mainz im Genusse der Freiheit*, 13-15, 52-53 ; Nau, IV, 247, 261-263 ; proclamation de Custine aux habitants des pays situés entre le Rhin, le Hundsrück et le duché de Deux-Ponts (23 janvier 1793, *Mainzer Zeitung*, du 24) ; cf. *Custine*, 136, et ajouter ce témoignage de l'auteur de *Mainz nach der Wiedereinnahme* ; 48 ; « il a ouvert les yeux aux Allemands et on devrait lui élever une colonne commémorative, avec une inscription assortie, sur les bords du Rhin ». Nos principes de liberté, a dit Legrand, « ont rencontré quelque opposition, moins par défaut de propension vers la Révolution qu'à cause de la manière vexatoire qui accompagnait la propagation de ces mêmes principes » (A. G.).

comprenaient pas encore le bonheur de la liberté, que l'esprit de caste et de coterie était profondément enraciné dans leurs âmes, que les aristocrates s'efforçaient en secret de les garder à la chaîne. « On trompe la Convention, mandait un capitaine de l'armée des Vosges, quand on lui dit que les Mayençais aiment la liberté, qu'ils aiment les Français et veulent le devenir. Si cela était vrai, le peuple se serait déjà formé en assemblées primaires, aurait choisi des représentants, des magistrats, et n'aurait pas laissé à Custine le soin de casser de sa propre autorité la régence et les tribunaux, pour leur substituer des administrateurs de son choix, et presque tous étrangers. Les malheurs de la guerre frappent plus fortement l'imagination du peuple que la suppression des dîmes et l'abolition du régime féodal. Il ne demande pas la liberté, *il n'en veut point* ; ce nom sacré frappe son oreille et ne va pas jusqu'à son cœur [1]. »

VII. Mais les commissaires de la Convention, Haussmann, Merlin, Reubell, n'avaient cure des doléances du ci-devant Electorat. Ils croyaient, avec Cambon et Danton, qu'on ne pouvait entretenir la guerre qu'à force d'assignats émis sur les biens nationaux, et plus que jamais ils déclaraient que l'intérêt politique de la France exigeait la prompte exécution de la loi du 15 décembre. Un instant, ils craignirent que le décret ne fût retiré. Mais ils protestèrent avec vivacité contre les retards du Comité de défense générale et du Conseil des ministres.

[1] Lettres de Stamm et de Wimpffen, 27 et 4 janvier 1793 (A. G. ; cf. Nau, V, 584, séance du club, 23 fév. « Man hat die Religion, ja sogar den Beichtstuhl dazu gebraucht ») ; Couturier, Supplément au rapport, 3 juin, p. 139 ; *Mainzer Zeitung*, 2 février (cf. *Darst.*, 572 et *Forster Briefw. mit Sömmerring*, 602) ; *Courrier des départements*, 16 janvier (lettre de Mayence, du 6 janvier).

Annuler le décret, n'était-ce pas faire un pas rétrograde? N'était-ce pas abandonner le pouvoir révolutionnaire qui, seul, pouvait établir une distinction entre les amis et les ennemis de la liberté? N'était-ce pas laisser dans l'esclavage les partisans de la France et s'exposer soi-même à retomber en servitude [1]?

La Convention prit enfin son parti. Elle céda au désir d'ajouter de nouvelles conquêtes à celles de la monarchie et, comme disait La Barolière, à la manie de républicaniser l'Europe [2]. Le 31 janvier, dans une séance mémorable où Danton proposait d'étendre la frontière jusqu'au Rhin, l'Assemblée décidait que le décret du 15 décembre serait immédiatement exécuté, en dépit des adversaires du peuple, dans tous les lieux où entraient et entreraient les armées françaises; que les généraux convoqueraient les assemblées primaires ou communales; que ses commissaires trancheraient toutes les questions de détail que soulèveraient les opérations électorales; que les populations, ainsi consultées, devraient émettre leur vœu sur la forme de gouvernement qu'elles voulaient adopter; que, si elles ne se réunissaient pas dans la quinzaine qui suivrait la promulgation du décret, elles seraient regardées et traitées comme ennemies de la France [3]. Le 14 février, elle proclamait à la face de l'Europe le principe des *réunions* ou annexions. Monaco et quelques villages situés à la lisière des départements de la Moselle et du Bas-Rhin [4], avaient émis un *vœu* de

[1] Rec. Aulard, II, 68; cf. *Jemappes*, 224-226.

[2] La Barolière aux commissaires, 19 avril 1793 (A. G.).

[3] *Jemappes*, 226; Sorel, III, 280.

[4] C'étaient la partie inférieure du bailliage de Schambourg, dit le *Bas-Office* (au duc de Deux-Ponts); les communes du comté de Saarwerden et du bailliage de Harskirchen (un tiers à Nassau-Weilbourg et les deux autres tiers à Nassau-Sarrebruck); les communes de

réunion. Carnot, chargé du rapport, affirma très nettement que la République, arrêtée par de vaines subtilités diplomatiques, avait tort d'user de douceur et qu'elle aurait dû porter plus de vigueur et d'inflexibilité dans l'exécution de la loi du 15 décembre. Toute mesure politique, commandée par le salut de l'Etat, ne devenait-elle pas légitime? La France négligerait-elle un seul moyen de défendre efficacement ses frontières, d'avancer jusqu'au Rhin, son ancienne et naturelle limite, de ressaisir les parties de son domaine autrefois « démembrées par l'usurpation » ? Refuserait-elle d'accueillir les peuples, jadis frères des Français, animés aujourd'hui de l'esprit de liberté et réclamant d'une voix unanime la réunion de leur territoire à la République? L'Assemblée décréta l'annexion.

Déjà les commissaires à l'armée du Rhin, Haussmann, Merlin, Reubell, avaient fait main basse sur le duché de Deux-Ponts. Ce duché était neutre depuis le commencement de la guerre et, à diverses reprises, le Conseil exécutif provisoire et le ministre de la guerre avaient ordonné de « ne pas s'y conduire hostilement[1] ». Mais les représentants s'élevèrent contre ces ménagements qu'ils jugeaient inutiles et dangereux. « Les princes, disaient-ils, doivent nous livrer ce qu'ils ont de trop en subsistances. S'ils ne le font pas de bon gré, il faut les y contraindre et empêcher que le surplus ne serve d'ali-

Créhange (au prince de Nassau-Sarrebrück) de Pontpierre et de Téting (au prince de Wied-Runkel), d'Assweiler (au seigneur de Cathcart), de Trulben, Kröppen, Hilst, Schweix, Eppenbrunn, Obersteinbach, avec les châteaux de Lützelhard et d'Arnsberg (au landgrave de Hesse-Darmstadt). Cf. Et. Charavay, *Corresp.* de Carnot, I, 379.

[1] Rec. Aulard, I, 234 (arrêté du Conseil exécutif provisoire, 9 nov. 1792) ; lettres de sauvegarde expédiées, le 1er déc. 1792, par Desportes; Pache à Beurnonville, 16 janvier 1793 (A. G.).

ment à l'adversaire. On n'est pas neutre quand on fournit à l'Empire des contingents en hommes ou en argent. Ces princes n'ont pas encore la force et l'occasion d'être ouvertement nos ennemis et, par la nature des choses, ne peuvent être nos amis. » Le 8 février, sur l'injonction des commissaires, le général Landremont entrait dans le Deux-Ponts. Il avait reçu des instructions précises : arrêter le duc Charles et sa cour dans le château de Carlsberg, s'emparer de l'arsenal et des écuries, dresser procès-verbal de tous les effets, remonter sa cavalerie avec les chevaux, vendre à ses officiers les bêtes de luxe, envoyer dans les haras de France les juments et les poulains, parler aux troupes deux-pontaises le langage de la liberté et, au besoin, les réduire par la violence. Landremont fit marcher ses colonnes dans le plus profond secret. Le 9 février, à dix heures du soir, la légion de la Moselle se portait sur Hombourg. Mais le duc fut averti. A onze heures, il s'échappait en toute hâte, à travers lès bois, et gagnait Mannheim. « Le prince et la princesse, disait le *Moniteur*, ont à peine eu le temps de se couvrir de quelques vêtements et de s'enfuir comme Adam et Eve. » Trente minutes plus tard, les cavaliers de la légion arrivaient au grand galop. Ils aperçurent au loin dans la forêt la flamme des torches qui guidaient la course des fugitifs; ils questionnèrent les gens du Carlsberg qui leur répondirent que cette lueur venait d'un four à chaux. Ils désarmèrent le corps de garde. Dubourg, aide-de-camp de Landremont, suivi de plusieurs hussards, le sabre nu, envahit le château et pénétra dans la chambre à coucher. On raconte qu'il se vautra, tout botté et éperonné, sur le lit ducal, en tenant les propos les plus grossiers et qu'il prit une perruche qu'il destinait à sa femme. Au matin, l'infanterie deux-pontaise, qui comptait environ mille hommes, se vit cernée dans ses casernes; les uns retournèrent dans leurs foyers, les autres s'enrôlèrent dans les bataillons français et ne manquèrent pas de déserter. Les décrets du 15 décembre 1792 et du 31 janvier 1793 furent publiés. Le ministre d'Esebeck, qui protestait contre cette violation de la neutralité, fut jeté dans la prison militaire de Metz [1].

On ne tarda pas à *réunir* une partie du duché. Deux commissaires de la Convention, Couturier et Dentzel, étaient alors en Alsace. Dentzel, pasteur de Landau, avait des intelligences dans le pays rhénan; il vint s'aboucher avec les patriotes et le maire de Bergzabern, Adam Mayer. Les habitants des villages insurgés déclarèrent qu'ils renonçaient à leur seigneur et à ses *vampires*, et qu'ils demandaient leur incorporation à la République française. Dentzel rédigea son rapport et, dans la séance du 14 mars, la Convention décréta la réunion de Bergzabern et de trente et une communes. Ces localités, disait Dentzel, interceptaient la communication entre Wissembourg et Landau sur l'espace de trois lieues; ne devaient-elles pas naturellement dépendre de Landau, dont elles formaient comme la ceinture [2]?

[1] Dès le 16 déc. 1792, Rühl proposait de mettre le séquestre sur les propriétés du duc (*Mon.*, du 18). Cf. les commissaires au Comité des finances, 11 février 1793; lettre d'Esebeck, 14 février et protestation imprimée du même, 21 févr. (A. E.); Ligniville à Landremont; note de Legrand (A. G.); Horstmann, *Die Franz. in Saarbrücken*, 26-28; *Mon.*, 25 févr., 16 et 20 mars; *Mainzer Zeit.*, 28 févr.; *Le Batave*, n° 38.

[2] *Rapport de Dentzel sur la réunion de trente-deux communes enclavées sur les bords du Rhin*, p. 5; Remling, I, 160-161. Ces communes étaient les suivantes : 1° douze communes du grand bailliage de Bergzabern; Bergzabern, Barbelrodt, Dierbach, Drussweiler, Kapellen, Ilbesheim, Hergersweiler, Mühlhofen, Nieder-Horbach, Oberhausen, Volmersweiler, Winden; 2° quinze communes du grand bailliage de Germersheim : Appenhofen, Billigheim, Erlenbach,

Il fallait annexer pareillement Mayence et le territoire qui s'étend de la Nahe à la Queich. Mais comment pourrait-on obtenir des populations une « résolution définitive[1] » ? Emploierait-on les mêmes procédés que dans les Pays-Bas? La Belgique était alors en proie aux commissaires nationaux qui municipalisaient violemment les villes et les bourgs. On assemblait dans l'église de l'endroit, au milieu des baïonnettes, une poignée d'électeurs: un commissaire prononçait un discours; les clubistes applaudissaient et, sur-le-champ, par acclamation, votaient la réunion; il y avait un registre de protestations, où personne ne s'avisait de s'inscrire. L'annexion des Pays-Bas s'opérait donc, pour ainsi dire, fragmentairement et en détail. On n'aurait osé la faire proclamer par une Convention. Donner aux Belges une assemblée, c'était leur fournir un point de ralliement et un foyer de révolte, c'était constituer leur unité.

On ne craignait pas de la région rhénane un semblable danger. Il y avait un patriotisme belge; il n'y avait pas de patriotisme allemand. Le caractère national se façonnait à peine dans ce pays entre Rhin et Moselle, qui ne portait même pas un nom général, comme celui de Souabe, de Franconie, de Wetteravie. La langue seule rappelait aux habitants qu'ils étaient de même race.

Gleishorbach, Gleiszellen, Heuchelheim, Klingen, Klingenmünster, Mörzheim, Oberhochstadt, Oberhofen, Pleisweiler, Rohrbach, Steinweiler, Wollmesheim ; 3° Altdorf, Freisbach et Gommersheim (qui appartenaient au comte de Degenfeld), Niederhochstadt (à l'ordre des chevaliers de S. Jean), Essingen (au baron de Dalberg). Elles devaient former le 5e district du Bas-Rhin et avoir Landau pour chef-lieu. Le 25 mars, un autre décret réunissait au département de la Moselle la commune de Denting (district de Boulay) et les communes de Biding et de Lelling-Empire (district de Sarreguemines).

[1] *Mon.*, 25 janvier 1793 (lettres des commissaires du 14 janvier).

Aucun peuple de l'Allemagne, remarque Girtanner, n'a les traits moins accusés que ces Rhénans; ni grandes vertus ni grands vices; pas de passions saillantes, mais une faiblesse de caractère, une légèreté d'esprit produite et entretenue sans doute par la mollesse et les fièvres du climat, par des végétaux qui manquent de vigueur, par un vin acide qui ne donne pas de ressort. Du reste, la contrée était partagée entre plus de vingt états et seigneuries qui toutes, à l'exception des deux cités impériales de Worms et de Spire, appartenaient à un maître absolu, et ces petits états se croisaient, s'emmêlaient tellement qu'on ne faisait pas quatre à cinq lieues de chemin sans passer par plusieurs territoires. Villes et bourgades se touchaient, mais demeuraient étrangères les unes aux autres, et bien loin d'avoir un intérêt commun, se jalousaient, se taquinaient sans cesse. De là des procès qui se multipliaient à l'infini; de là une bureaucratie nombreuse et absorbée par sa besogne. Ces localités, ajoute Girtanner, étaient « de menues fourmilières, occupées à de misérables tracasseries *de glande legenda* qu'apaisait le maire du village, à des querelles d'étiquette et de juridiction qui se décidaient à coups de plume [1] ».

Les Français ne redoutaient donc pas de former sur le Rhin un noyau d'assemblée nationale qui demanderait l'annexion du pays ou, comme on disait, la réunion départementaire à la France. Le point essentiel était d'envoyer à cette Convention rhénane les clubistes de Mayence et les patriotes des campagnes.

[1] Girtanner, *Die Franz. am Rheinstrome*, I, 80-82; cf. *Jemappes*, 213 et 248; Sorel, III, 288.

CHAPITRE III

LES ÉLECTIONS

1. Simon et Grégoire. — Forster et Meyenfeld. — Proclamations de Custine et de Simon. — « Enseignement » de Forster. — II. Protestations. — Résistance de Mayence. — Vigoureuses mesures des conventionnels. — Le vote. — III. Nackenheim. — Dispositions du plat pays. — Les commissaires électoraux. — Bingen. — Worms. — Spire. — La principauté de Linange. — Winnweiler. — IV. Ce que furent les élections. — Réorganisation du club mayençais.

I. Dès que Simon et Grégoire furent arrivés, ils se mirent à l'œuvre. Ils s'efforcèrent d'abord de gagner la confiance de la population. Ils donnèrent des audiences depuis huit heures du matin jusqu'au soir. Ils redressèrent quelques torts commis par les agents militaires. Ils surent obtenir l'estime et l'affection des Mayençais. On vantait leur caractère doux et humain[1]. « Si tous les Français vous ressemblaient, disait-on à Grégoire, les Allemands auraient reçu votre nation à bras ouverts. »

Grégoire tomba malade et le 7 février envoya sa démission à Le Brun. Simon proposait de le remplacer par son beau-frère André Meyer. Le ministre lui ré-

[1] *Darst.*, 658; cf. Klein, 406 et 416.

pondit qu'il était contraire aux principes de la République française d'employer deux proches parents dans la même mission, et il nomma Forster dont il louait le zèle et les talents. Simon et Grégoire applaudirent à ce choix : Simon jugeait que Forster était recommandable tant par son intelligence que par ses vertus et son républicanisme ; ce citoyen, disait-il, « s'est absolument consacré à la cause de la liberté et de l'égalité ; ses écrits patriotiques sont connus dans toute l'Allemagne », et Grégoire mandait, de son côté, qu'il se félicitait d'avoir pour successeur un homme dont le mérite et le civisme ne laissaient rien à désirer. Mais Forster, après avoir activement secondé Simon durant la maladie de Grégoire, avait dû se rendre dans le plat pays pour hâter l'exécution des décrets ; il siégerait évidemment dans la Convention nationale rhénane, il serait sûrement un des meilleurs membres et l'un des matadors de l'Assemblée, il devrait donc rester à son poste de représentant. Simon obtint que Meyenfeld remplacerait « l'ami Forster ». Ce Meyenfeld, ancien tabellion, que Le Brun connaissait, était professeur à Heidelberg ; menacé d'emprisonnement pour ses liaisons révolutionnaires, il avait fui le Palatinat ; familier avec les patriotes de la région rhénane, écrivant très bien les deux langues, il fournit à Simon une précieuse assistance[1].

[1] Louis Meyenfeld était né à Gratz. Agréé, le 20 mars, par Le Brun et chargé, en 1793, après le siège de Mayence, d'une mission à Besançon, il devint successivement greffier de la régence de Kreuznach (il fait, le 1er janvier 1798, prêter serment aux magistrats de Spire, cf. Remling, II, 363), membre de l'administration centrale et conseiller de préfecture du Mont-Tonnerre (Bockenheimer, *Gesch.*, 97, 108, 182), assesseur au tribunal des douanes. Shée le jugeait ainsi : « C'est un homme d'un grand caractère, tel qu'il en faut dans un arrondissement qui, comme celui de Prüm, a souvent vu sa tranquillité

Énergique, déterminé, Simon s'était marqué son but dès le premier jour : municipaliser le pays par tous les moyens, convoquer une Convention et lui faire voter un décret qui « porterait le vœu de la réunion départementaire à la France ». Il conféra longuement avec les matadors et surtout avec Forster; il lança de tous côtés des adresses en langue allemande; il répandit à pleines poignées des écrits patriotiques en vers et en prose; il inséra dans les journaux de pompeux éloges de la Révolution qui venait assurer à chacun sa part de bonheur. Il tâcha de calmer les craintes qu'avait excitées le *mandat avocatoire* impérial du 19 décembre 1792 : « les neveux de ces antiques Germains, si jaloux de leur liberté, n'étaient-ils plus animés d'une civique ardeur ? » Il promit que tout Allemand dont les despotes auraient confisqué les biens, serait largement indemnisé de ses pertes : la République Française n'avait-elle pas saisi les domaines des princes possessionnés en Alsace et en Lorraine? Il envoya dans la campagne des commissaires subdélégués, au nombre de cinquante, qui lui furent indiqués par Forster et qui devaient prêcher l'É-

troublée par les incursions et les machinations des chouans belges. » (Note du 3 prairial an VIII, A. N.) — Mais Simon avait d'autres collaborateurs. Il prit d'abord pour secrétaire l'étudiant et clubiste Lehné. Puis, avec l'autorisation de Le Brun, il se donna comme adjoint, Guillot, secrétaire des représentants, qui était « au courant des affaires » et l'avait « beaucoup soutenu dans la correspondance française pendant l'absence des commissaires de la Convention ». Il demandait comme second adjoint Blessmann, « que tous les patriotes d'ici reconnaissent pour un homme laborieux et exact » ; mais Le Brun le somma de choisir entre Guillot et Blessmann. Simon choisit Guillot. Sur sa proposition, acceptée par Le Brun, Lehné reçut une gratification de 200 livres. Guillot et Forster, qui « avait beaucoup travaillé avec lui dans le temps où Grégoire se trouvait hors d'état de faire la moindre chose », obtinrent chacun une gratification de 300 livres (Correspondance de Simon et de Le Brun, A. N.).

vangile révolutionnaire. Enfin, de concert avec Custine, Merlin, Reubell, Haussmann, il fixa la date des élections populaires au 24 février et l'ouverture de la Convention nationale rhénane au 10 mars. Chaque commune aurait un député; les villes de Worms et de Spire éliraient chacune deux députés; Mayence serait divisée en six sections qui nommeraient chacune leur représentant. On ne compterait pas les voix. Mais il était facile d' « intimider les malveillants » et d' « éloigner, avant les élections, les instigateurs du parti aristocratique »; seuls les adhérents de la France se présenteraient au scrutin. Qu'importait le chiffre des votants? « Partout, disait Simon, il y aura au moins un nombre quelconque qui élira. Le procès-verbal de la nomination de chaque député contiendra les pleins pouvoirs de choisir un gouvernement calqué sur la liberté et l'égalité, et nous espérons avoir assez d'influence sur la majorité pour obtenir un vœu de réunion. » Il désignait à l'avance les membres de cette majorité : ce seraient les clubistes de Mayence qu'il envoyait comme missionnaires dans le plat pays, et qui sauraient s'imposer eux-mêmes au choix des électeurs ou faire nommer les patriotes éprouvés dont ils avaient la liste [1].

Le 18 février paraissait une proclamation de Custine : les populations des contrées situées entre Landau, la Moselle et le Rhin étaient convoquées en assemblées primaires; les nobles, les ecclésiastiques, les anciens fonctionnaires devaient déclarer par écrit qu'ils renonçaient solennellement à leurs princes et à leurs privilèges et

[1] Rapport du 13 août (A. E.); proclamation touchant le prétendu mandat impérial advocatoire (texte français, A. N.; texte allemand, *Darst.*, 624-629); lettre du 20 février 1793 à Le Brun (A. N.); cf. Forster, VIII, 330.

qu'ils seraient à jamais fidèles aux principes de liberté et d'égalité; quiconque négligerait ou refuserait de faire cette déclaration à la municipalité de sa résidence, serait regardé comme ennemi de la République française, et sur-le-champ expulsé du pays[1].

Simon et Grégoire joignirent leurs proclamations à celle du général. Ils rappelèrent que la Savoie, Nice, Liège avaient demandé la réunion ; les nations, disaient-ils, devaient s'allier contre les tyrans, dicter désormais leur propre loi, obéir uniquement aux personnes qu'elles auraient chargées d'exécuter cette loi. Ils assuraient que, malgré l'annexion, nul ne serait forcé de quitter son métier ou sa charrue pour suivre le tambour, et que la République n'accepterait dans son armée que les volontaires. Ils juraient que la France n'abandonnerait jamais ceux qui se seraient déclarés en sa faveur, et qu'elle ne laisserait pas les Mayençais, une fois libres, retomber dans les griffes des despotes. Si les Allemands se montraient les « bâtards énervés de leurs ancêtres », ils seraient traités en esclaves, en ennemis, et l'on mettrait leur fortune en séquestre. Mais les commissaires du pouvoir exécutif comptaient que les citoyens des bords du Rhin se rangeraient du côté des Français. Les combattants de Jemappes n'étaient-ils pas animés de l'enthousiasme de la liberté? Luttant par passion, comme des lions, et non comme des machines, traînant avec eux plus de canons que tous les autres peuples de l'Europe, possédant l'artillerie la mieux servie, disposant de l'énorme ressource des biens nationaux, n'avaient-ils pas la certitude de vaincre[2]?

[1] Proclamation datée du 16 février, affichée le 18 à Mayence, *Darst.*, 676-679.

[2] *Darst.*, 679-700. Une autre proclamation (*id.*, 700-703) annonce

Forster, qui « soutenait les commissaires avec ses conseils et sa plume », avait traduit en langue allemande leur proclamation. Il rédigea, de son côté, un *Enseignement*, destiné aux assemblées électorales. Chaque commune se réunirait le dimanche 24 février 1793, à huit heures du matin, après la messe, pour élire sa municipalité, composée d'un maire, d'un procureur de la commune, de deux municipaux au moins et de douze au plus, suivant le nombre des habitants. Les éligibles seraient âgés de vingt-cinq ans. Les électeurs devaient avoir vingt et un ans et demeurer depuis douze mois dans une des localités situées entre Landau et la Moselle. Ils écriraient sur un billet les noms de leurs candidats ou, s'ils étaient illettrés, les dicteraient aux scrutateurs en présence d'un ami qui savait lire. Ils nommeraient d'abord un président, trois scrutateurs et un secrétaire. Le bureau constitué, ils éliraient le maire et le procureur de la commune, puis les municipaux, enfin le député qui les représenterait dans la Convention nationale de Mayence. Forster accompagnait ces instructions de curieux éclaircissements sur les noms et les devoirs des nouveaux fonctionnaires. Il expliquait les mots de *municipalité* et de *maire* ; on les comprendrait bientôt, disait-il, et une chose n'était pas mauvaise parce qu'elle était récente ou étrangère ; les pommes de terre, les *Grundbirn*, venaient d'Amérique, et on les trouvait bonnes et saines ; il en serait de même de la *municipalité*, c'est-à-dire de l'autorité qui administrait les biens, exerçait la police et maintenait l'ordre ; du *maire*, c'est-à-dire du premier des

que les Français ont proclamé la liberté de conscience, qu'ils ne veulent porter atteinte à la religion d'aucun citoyen, quel qu'il soit, et que les privilégiés ne renonceront aux évêques de Worms et de Spire « qu'en tant que ces évêques sont princes laïques ».

municipaux ; du *procureur*, homme d'affaires et avoué de la commune[1].

II. Mais Forster prévoyait une vive et tenace opposition. « La République française, mandait-il à Le Brun, ne pourra faire le bonheur de ce pays, à moins d'user de tous les droits que lui donne sa sollicitude maternelle[2]. » De toutes parts, on accueillit avec répugnance la nouvelle organisation qu'annonçaient les proclamations de Custine et des commissaires nationaux. « Le pouvoir révolutionnaire, affirmait un pamphlétaire du temps, est le pouvoir du pillage, *Plünderungsgewalt* : les Français ne prennent rien, mais ils gardent tout, comme le lion de la fable, pour les frais de la guerre. » Il comparait la future république mayençaise à une fille qui paierait les dettes immenses de sa mère. Il suppliait ses concitoyens de lutter de toutes leurs forces contre la Révolution, ce « monstre », cette « furie étrangère et dégouttante de sang » qui venait, un beau masque sur le visage et la torche incendiaire dans la main, remplir d'horreurs leur patrie[3].

Un autre écrivait que le bandeau lui tombait des yeux, que le secret des Jacobins se dévoilait. « *Liberté* signifie faire ce que veulent les Français, et *égalité*, leur donner sa bourse... Allemands, un fanatisme, plus redoutable que celui de Mahomet, vous menace, l'Europe et vous ! Sa foi est exclusive, et hors d'elle point de salut ; lui aussi, aspire à la domination du monde, et regarde la fortune des infidèles comme l'héritage de ses apôtres[4] ! »

[1] Klein, *Forster in Mainz*, 467-484.
[2] Forster à Le Brun, 7 février 1793 (A. E.).
[3] *Ein Wort an die Mainzer*, p. 8-10.
[4] *Der Mainzer an seine deutschen Mitbürger*, p. 19-20.

Les Français, disait Girtanner, prétendent apporter la liberté. Ils jouent sur les mots. C'est *leur* liberté qu'ils nous apportent, sans réserve ni modification d'aucune sorte. Ils blâment l'intolérance du christianisme; mais eux-mêmes ne sont-ils pas en politique les hommes les plus intolérants du monde? Et un peuple qui n'a plus ni lois, ni mœurs, ni religion, veut nous « réunir » ! Nous enverrons à la Convention de Paris quelques députés! Mais lequel d'entre eux possèdera suffisamment le français pour se faire entendre « parmi tant de langues agiles et de têtes superficielles, au milieu du tumulte des tribunes, dans une assemblée où la majorité des voix décide tout ? » Régner, ajoutait Girtanner, tel est le but des nouveaux Francs; ils aiment la liberté, mais pour commander aux autres; ils parlent avec exaltation de la Loi, mais pour l'imposer aux autres, sans l'observer eux-mêmes; ils désirent fonder une république, mais une république universelle dont la France sera le centre[1] !

« Reubell et Merlin », s'écriait un quatrième, non sans force injures, « êtes-vous assez ineptes pour vous imaginer que les Allemands prêteraient votre abominable serment inventé dans l'enfer et rédigé dans un hôpital de fous? que ce peuple sage renoncerait à ses maîtres, à ses magistrats, à son caractère, pour porter votre ridicule bonnet? que dès qu'il vous verrait, il jurerait d'être à vous? Les clubistes vous ont dit que les Allemands étaient enthousiasmés de votre Révolution, et vous l'avez cru ! Ils vous ont dit que les Allemands étaient sans énergie, qu'il fallait les tourmenter pour vous en faire obéir, et vous l'avez cru! Ignorez-vous que ces cuistres ne connaissent pas les Allemands[2] ! »

[1] *Die Franzosen am Rheinstrome*, I, p. 71-74.
[2] *Sur Custine et Mayence*, par un citoyen manqué, p. 6-7.

Cependant les journalistes républicains s'efforçaient de convertir les Mayençais et, dans un langage tantôt conciliant, tantôt plein de menaces, de les attirer à leur opinion. « Unissez-vous à la France, disait Forster, à une nation de vingt-cinq millions d'hommes, assez forte et puissante pour renverser les trônes comme des châteaux de cartes et pour déjouer les aventureux desseins des despotes ! Eveillez-vous de votre sommeil ! prenez courage et devenez des Allemands libres, frères et amis des Français[1] ! » Böhmer soutenait que tout Mayençais qui refusait de prêter serment et de voter, déclarait la guerre au peuple français et devait quitter une place en état de siège[2]. « Les patriotes, écrivait-on à Paris, projettent de chasser tous ceux qui ne participeront pas à l'élection[3]. »

La ville resta sourde à ces exhortations. Le clergé, les tribunaux, la Chambre des finances protestèrent contre les décrets. Les corporations firent de même. Si les Mayençais *juraient*, assuraient-elles, le roi de Prusse confisquerait leurs biens de l'autre rive ; il mettrait la main sur leurs marchandises qui se trouvaient à Saint-Goar ; il leur interdirait l'accès de la foire de Francfort, sans laquelle leur commerce ne pouvait vivre et prospérer : « Mayence n'existe que par cette foire ; c'est là que l'ouvrier achète ses outils, c'est là que le débiteur se libère ; c'est le seul débouché pour l'industrie ; sans Francfort, Mayence n'aurait ni cuir, ni toile, ni fils, ni étoffes de laine, ni objets de première nécessité. » On assaillait la

[1] Klein, *Forster in Mainz*, 318.

[2] *Mainzer Zeitung*, 23 février 1793.

[3] *Le Batave*, n° 22 (lettre de Mayence, 20 février « on présume que les suffrages tomberont sur Macké pour maire et sur Boost pour procureur de la commune »).

municipalité de réclamations et de prières ; on la sollicitait de s'associer aux démarches de la population, et la municipalité, au dire des clubistes, « loin de se montrer avec vigueur, avait l'air de capituler avec les malveillants [1] ». Emus de cette opposition unanime, Simon et Grégoire résolurent, en l'absence des représentants, de suspendre la prestation du serment. Wimpffen, qui remplaçait Custine, consentit à demander les ordres de la Convention. Déjà Daniel Dumont rédigeait la pétition qui serait soumise à l'Assemblée [2].

Mais ce même jour, 21 février, au milieu de la joie qui régnait à Mayence, arrivèrent à l'improviste les trois commissaires Haussmann, Merlin et Reubell. Ils déclarèrent que les élections auraient lieu sur-le-champ. Tout changea et, comme disait le correspondant d'un journal parisien, les sans-culottes mirent les aristocrates à la raison. Simon et Grégoire se rétractèrent. Wimpffen désavoua sa proclamation. Une députation de douze Mayençais courut au Château ; les conventionnels, impassibles, inexorables, la reçurent sans se lever de leur table, sans se découvrir, sans répondre que par monosyllabes. Enfin, Reubell prit la parole : « Tout est inutile, les assemblées primaires se réuniront au jour fixé, et si vous bougez, les canons de la citadelle réduiront votre ville en cendres. Vous n'êtes que des esclaves, et un républicain se déshonore en échangeant un seul mot avec vous. On devrait vous mettre une pierre au cou et vous jeter dans le Rhin pour vous envoyer plus vite au-devant des Prussiens, vos sauveurs. » — « Mais la capi-

[1] *Belag.*, 121 ; *Darst.*, 651 ; Nau, V, 585 ; *Le Batave*, n° 24 ; *Le Républicain*, n° 129 (Lettres de Mayence du 1er mars et du 22 février 1793).

[2] *Belag.*, 122 ; *Darst.*, 654-656, etc.

tulation du 21 octobre permet aux Mayençais de quitter la ville et d'emporter leurs effets avec eux. » — « Elle a été faite pour les amis de la République et non pour ses ennemis; d'ailleurs, ceux d'entre vous qui désiraient se retirer, auraient dû partir depuis longtemps[1]. » — « Mais ne pourrons-nous envoyer une députation à la Convention nationale? » — « Nous représentons la Convention; nous décidons de toutes choses sans appel; dès que nous sommes dans une ville, tout autre pouvoir cesse; ni Wimpffen ni Custine n'ont à commander ici. » Et Reubell reprocha vivement à Wimpffen sa condescendance[2].

Le lendemain, dix députés des corporations apportèrent aux commissaires la pétition que Daniel Dumont avait rédigée. Les représentants leur firent le même accueil. Point de délai ni de retard; élections immédiates. Ils lancèrent une proclamation comminatoire : l'intrigue, le fanatisme, l'hypocrisie et l'intérêt privé s'agitaient en vain pour enchaîner de nouveau la population mayençaise; il fallait choisir entre l'amitié et la haine des Français, entre la liberté et l'esclavage; les assemblées primaires se tiendraient le 24 février, et tous les citoyens prêteraient le serment prescrit[3].

[1] Tel n'était pas l'avis de Simon (à Le Brun, 9 mars 1793, A. N.). Il pensait que « la capitulation n'avait fixé aucun terme fatal et qu'un traité, douteux sur un point, devait toujours s'appliquer en faveur du plus faible; la générosité, disait-il, et l'honneur de la nation française me paraissent l'exiger. » Selon lui, on ne devait sequestrer que les biens des Mayençais, qui seraient notoirement amis et fauteurs de l'ancien Electeur. Mais les conventionnels eurent gain de cause; le décret du 31 janvier leur donnait le pouvoir de trancher toutes les questions qui s'élevaient sur la forme et les opérations des assemblées électorales.

[2] *Belag.*, 123-126; *Darst.*, 658-661.

[3] *Mainz im Genusse der Freiheit*, 114-116; *Die franz. Revol. in Beziehung auf die Stadt Mainz*, 24-25, etc., etc.

Leurs arrêtés se succédaient. Ils publièrent le décret du 31 janvier. Ils répétèrent aux Mayençais qu'aucun d'entre eux ne serait contraint de servir sous les drapeaux de la France. Ils leur intimèrent l'ordre de livrer à l'arsenal toutes leurs armes, fusils, pistolets, sabres, épées courtes, et de ne plus paraître dans les rues, après huit heures du soir, sans une lanterne. Ils abolirent les corporations. Ils déportèrent au-delà du Rhin Daniel Dumont, les membres du vicariat archiépiscopal, d'autres encore. Dans cette crise, ils ne voyaient de salut qu'en un système de terreur. « L'ancien Électeur et le roi de Prusse, écrivait Reubell, ont gagné les prêtres, et ces messieurs font à leur ordinaire ; ils nous donnent une besogne immense. » Les prêtres, mandait Simon, « ont fait une sainte coalition et nous donnent du fil à retordre ; nous les travaillons à revanche ; *ça ira*, mais pas sans peine », et quelques jours plus tard, Haussmann disait à la Convention : « Les fauteurs et adhérents du despotisme ont cherché à faire échouer nos opérations, à exciter le peuple, et même à renouveler la scène de Francfort ; mais notre fermeté et des mesures vigoureuses ont anéanti leurs machinations. Nous avons exporté ou arrêté les chefs de complots ; c'étaient presque toujours des prêtres, des baillis ou des agents connus de l'Electeur ; leurs biens ont été mis sous la main de la nation [1]. »

Le vote de Mayence commença donc le dimanche 24 février, par un jour pluvieux et sombre, au milieu d'un profond silence qui n'était troublé que par le son des cloches et par le bruit des patrouilles de cavalerie. Il

[1] Cf. outre les ouvrages déjà cités, Simon à Le Brun, 25 février 1793 (avec les mots de Reubell en marge, A. N.) ; discours de Haussmann, 30 mars 1793 (Rec. Aulard, II, 579-581).

eut lieu dans six églises de la ville et ne fut clos que le surlendemain au soir. Près de 300 électeurs se présentèrent[1]. C'était peu; mais, suivant le mot de Böhmer, cette poignée de citoyens formait l'élite de la population et, comme disaient les commissaires, les vrais patriotes tenaient-ils jamais compte du nombre ? Macké devint maire; Wassmann, procureur de la commune; Niederhuber, substitut du procureur. Umpfenbach, Hafelin, Cronauer, Emmerich, Nikhl, Falciola père, Euler entrèrent au conseil municipal. Forster, Hofmann, Metternich, Razen, Westhofen, Eckel, allèrent siéger à la Convention nationale rhéno-germanique.

Forster tonnait dans son journal contre l'endurcissement d'un peuple fanatique et ignorant. Mais ces invectives ne servaient de rien. Metternich avouait, le 27 février, que le nouveau régime était de plus en plus détesté, et qu'on avait des « preuves innombrables » de cette aversion. Vainement on essaya d'arracher encore, par une énergique sommation, la formule d'hommage aux récalcitrants. Vainement on les menaça de livrer leurs noms aux commissaires de la Convention. Vainement on leur permit de prêter serment entre les mains d'un seul municipal. Il n'y avait à Mayence, au 5 mars, que *345 jureurs*[2].

Seuls peut-être de tout le pays rhénan, les habitants de Nackenheim procédèrent aux élections avec enthou-

[1] *Belag.*, 133-134 (« nur 260 »); *Forster Briefw. mit Sömmerring*, 611 (« von 12,000 Stimmfähigen nur gegen 300 »); *Mainzer Zeitung*, 4 mars 1793 (« gegen 300 Bürger »); *Mainz im Genusse der Freiheit*, 135 (« nicht über 250 »); *Die franz. Revol. in Bezieh. auf Mainz.*, 25 (« ungefähr 260 »).

[2] Forster, VIII, 332 (cf. Klein, *Forster in Mainz*, 443); *Der Bürgerfreund*, 27 févr.; Nau, V, 587; *Der Mainzer an seine deutschen Mitbürger*, 18.

siasme. Ils nommèrent député leur curé Arand, illuminèrent leurs maisons, tirèrent le canon et, avec le lieutenant-colonel Mainoni et les volontaires du 6e bataillon du Bas-Rhin qui cantonnaient dans le village, ils parcoururent les rues et la rive du fleuve au son de la musique et en criant : *Vive la République*[1] !

Les gens de Nackenheim trouvèrent peu d'imitateurs. De la Nahe à la Queich, les habitants des campagnes refusèrent le serment, non par répugnance pour le serment, non par sentiment de patriotisme germanique, non par haine nationale d'Allemands contre Welches. Mais les prêtres leur défendaient de lire les proclamations françaises et d'écouter les commissaires électoraux. Mais les curés leur faisaient croire que les républicains voulaient ruiner la religion catholique et décréter le divorce. Mais eux-mêmes s'imaginaient qu'une fois le serment prêté, ils devraient s'enrôler dans l'armée française et, selon l'expression d'un député de la Convention rhénane, ils aimaient mieux boire une chope de vin et manger un rôti de veau que de porter le fusil. Enfin, ils savaient que l'établissement des nationaux n'était que passager, et ils appréhendaient les représailles des Austro-Prussiens victorieux. « Assurez-nous, disaient-ils aux soldats de Custine, que vous resterez, que vous êtes fixés pour longtemps chez nous, que votre pouvoir est ferme, bien assis, et nous ferons ce que vous désirez. Ne nous payez pas de mots : gagnez des batailles, chassez vos ennemis de nos frontières, obligez-les à vous reconnaître comme les plus forts, exigez d'eux qu'ils n'envahissent plus notre contrée. Mais, en attendant, laissez-nous tels que nous sommes, et ne nous imposez pas de

[1] *Mainzer Zeitung*, 25 février (lettres de Stamm et d'Arand); Nau, V, 586.

changements inutiles et funestes. » Tel était, écrit un contemporain, le langage unanime des pays occupés par les Français[1].

Les Français employèrent la force. Presque partout les commissaires électoraux[2] parurent escortés de troupes

[1] Simon à Le Brun, 9 mars 1793 (A. E.) ; *Mainz im Genusse der Freiheit*, 93 ; *Preuss. Augenzeuge*, 151 (« die Furcht vor einem Todessprung hielt von dem Schwören ab) ; Klein, *Forster in Mainz*, 440 (« die Preussenfurcht ») ; *Die Franz. am Rheinstrome*. II, 233-234 ; Nau, IV, 484, 491-492 ; cf. V, 579-580, la situation à Flonheim et à Uffhofen.

[2] On les nomma « commissaires délégués du pouvoir exécutif pour l'exécution du décret du 15 décembre » ou « commissaires pour la municipalisation ». Les clubistes de Mayence, *matadors* et subalternes, formaient le personnel presque entier : à Nackenheim, Stamm ; — à Spire, Dorsch et cinq autres, J.-A. Becker, Caprano, Lux, Schlemmer et le secrétaire Guill. Eyrer (cf. sur ce Norvégien de naissance, Remling, I, 257) ; — dans le pays de Linange et de Falkenstein, Forster et Hofmann ; — à Finthen, Metternich, avec Euler, Plöger et Rompel ; — à Göllheim et alentours, Blessmann ; — à Bodenheim, les deux frères Falciola, l'ecclésiastique et le marchand, Ritz, le vitrier Müller ; — à Kirchheim-Bolanden, Hafelin et Stumme ; — Meuth ; — à Meisenheim, Obermoschel, etc., Pape, Fuchs, et les deux étudiants Ott et Christophe Gerlach ; — à Bingen, Bittong, Theyer et Preyser junior. Ils trouvèrent des auxiliaires dans le pays : à Worms, Jean-Louis Eitelwein (qui devint président de l'administration du canton de Harskirchen), et Pistorius (qui devait suivre comme employé les Mayençais en Vendée) ; à Spire, Petersen, Reissinger et les greffiers Ohlenschlager et Deines ; à Landau, le fougueux jacobin Treiber (plus tard administrateur du Bas-Rhin et commissaire du Directoire exécutif dans le canton de Dahn). Ils furent aidés par des ecclésiastiques : Bollermann d'Oberbörrstadt, Henri Guill. Chelius d'Ilbesheim (cf. Laukhard, III, 349, et Remling, I, 527 ; il devint commissaire du gouvernement près le canton de Kirchheim-Bolanden), Jean Henri Hierthes d'Essingen (cf. Remling, I, 316), Jean Höpfner de Battenberg, Simon d'Ebertsheim, Streuber de Kerzenheim, et par des hommes de loi, par Mossdorff (cf. plus loin), par l'avocat Krieger de Grünstadt, par l'avocat Carl Christian Parcus (qui fut nommé juge provisoire et administrateur des biens de l'Etat dans le comté de Linange, et qui devint, en l'an V, directeur général des pays conquis sur la rive droite du Rhin ; cf. Remling, I, 268 et 273, II, 271 et 445). Citons encore Holtzmeister (qui reçut le 21 mai

et, de l'aveu de Forster, résolus d'agir contre la volonté du peuple et dans l'intérêt de la République. Presque partout, comme dit Simon, ils furent « soutenus de baïonnettes » et, « ainsi qu'on l'avait prévu », élus membres de la Convention. Ils expulsèrent, emprisonnèrent, ou consignèrent dans leurs maisons les fonctionnaires de l'ancien régime et les ecclésiastiques ; ils déportèrent au-delà du Rhin quelques-uns des plus rétifs, onze paysans de Finthen, les curés de Nieder-Saulheim, d'Ober-Olm et de Weisenau, tous ceux que Simon nommait les « insectes venimeux » ; ils frappèrent d'une amende les villages et les petites villes ; ils les menacèrent d'une exécution militaire ; bref, ils n'épargnèrent aucun moyen pour subjuguer les esprits par la crainte [1].

Et pourtant, malgré les détachements dont ils disposaient, malgré les arrestations, les incarcérations, les proscriptions, malgré leurs harangues et les appels dont ils inondaient le pays, ces commissaires à poigne et « chefs de dragonnades [2] » ne réussirent pas à vaincre l'obstination allemande. Deidesheim, Edesheim, Geinsheim, Hanhofen, Kirrweiler, Maikammer dans

un secours de 200 francs), Zimmermann (cf. *Custine*, 214), et Georges-Antoine Gugel, homme de loi, qui fut nommé administrateur du comté de Falkenstein, s'engagea plus tard comme volontaire dans le bataillon de l'Union levé par les jacobins de Strasbourg, et devint contrôleur-général des fournitures de l'arrondissement de Lautern, puis membre de l'administration centrale du Mont-Tonnerre, et receveur particulier à Kaiserslautern. (Une note, du 17 juillet 1811, le nomme « bon comptable, honnête homme et bon citoyen ». Cf. Remling, II, 137 et 445 ; Bockenheimer, *M. P.*, 47, et *Gesch.*, 96 ; A. E. et A. N.)

[1] Forster, VIII, 325 ; Rapport de Simon, 13 août, et lettre du 9 mars ; *Preuss. Augenzeuge*, 153 (überall Zwang, Misshandlung und Plünderung »); *Mainz im Genusse der Freiheit*, 126-128 ; *Ein paar Worte an die teutschen Emigranten*, 29 ; *Darst.*, 781.

[2] *Mainz im Genusse der Freiheit*, 125.

l'évêché de Spire, Kirchheimbolanden et Alsenz dans la principauté de Nassau-Weilbourg, Bayerfeld, Cölln, Obermoschel, Steckweiler dans le duché de Deux-Ponts, refusèrent le serment avec opiniâtreté [1]. Les habitants de Gabsheim, au nombre de 82, se réunirent à la maison commune et s'engagèrent solennellement à demeurer les « vrais sujets » du baron de Dalberg [2]. Ceux de Herrnsheim et d'Abenheim déclarèrent pareillement que Dalberg était le seul qui pût exiger leur hommage [3]. Des bailliages entiers, assurait Dorsch, n'ont pas juré [4]. Ces Rhénans, mandait Custine, « veulent rester esclaves ; nos commissaires ont eu peu de connaissance de leur esprit et de leur génie ; ils pensaient en un jour changer leur caractère, et ces hommes flegmatiques se sont révoltés contre de semblables idées [5]. » Et l'adjudant-général Lafont s'écriait : « Ne songeons point à donner la liberté à des *brutes* [6] ; traitons-les en ennemis ! » Mais Beurnonville qui mêlait dans ses discours le bon sens à la fanfaronnade, ne disait-il pas dès le 14 décembre qu'il n'y avait pas en Allemagne un seul endroit qui « désirait pleinement la liberté » ? Lui aussi, ajoutait-il, pouvait envoyer, comme ses collègues, des milliers de procès-verbaux qui constataient des planta-

[1] Remling, I, 251-294.

[2] Klein, 445.

[3] *Revolutions-Almanach von 1794*, p. 321.

[4] Nau, IV, 508 « es haben ganze Oberämter nicht geschworen », cf. *Belog.*, 142.

[5] Custine à Le Brun, 10 avril 1793 (A. E.).

[6] Rapport de Lafont, 18 avril 1793 (A. G.) ; cf. le mot de *Mainz im Genusse der Freiheit*, 6, que le Français voit dans l'Allemand un « unbelebtes Erdkloss » ou, comme dit un des collaborateurs du *Revolutions-Almanach* (1794, p. 22) « das Vieh in dem Norden, wie ehemals ». Voir aussi *Custine*, 221-222 (assertions de Couturier et de Blanier).

tions d'arbres de la liberté et l'emphase patriotique des *Lapons* du pays de Trèves ; devait-on croire à des grimaces qui n'étaient dictées que par la peur[1] ?

Bingen, Worms, Spire suivirent l'exemple de Mayence. Les habitants de Bingen « séduits par les secrètes promesses de leurs anciens despotes », refusèrent de jurer et remirent aux commissaires une protestation sous forme de mémoire. Mais, dit Böhmer, « on leur donna bientôt à comprendre que la nation française ne manquait pas de moyens pour faire prévaloir sa volonté ». Le curé de Bingen et tous les capucins de la ville, à l'exception d'un seul qui prêta le serment, furent transportés à Mayence, puis sur la rive droite du Rhin. « Et, ajoute Böhmer, il fallait voir tout Bingen courir à l'assemblée électorale. Spectacle vraiment républicain ! Un peu de vigueur avait suffi pour rompre la cabale[2] ! »

Depuis longtemps fermentait à Worms une sourde colère contre la France. En vain, le 12 novembre 1792, Böhmer, accompagné de Dorsch, avait installé le club en triomphe dans la plus belle salle du Château et déposé sur le bureau un *livre rouge* où s'inscriraient les « hommes libres ». La *Gazette de Mayence* ne dissimulait pas la « résistance » qu'il avait rencontrée, et il eut bientôt la mortification d'apprendre la disparition de son livre rouge[3]. Seuls, les réformés de Worms, jusqu'alors méprisés et laissés à l'écart, se prononçaient pour la France. Mais les luthériens qui formaient, avant l'expédition de Custine, le parti le plus puissant, reprochaient au général d'avoir fait maire et procureur deux papistes, Winckelmann et Loewer. Les catholiques ne

[1] Rousset, *Les Volontaires*, p. 140.
[2] *Mainzer Zeitung*, 16 mars 1793 ; *Darst.*, 674 et 760 ; Klein, 446.
[3] *Die Franz. am Rheinstrome*, I, 97 ; *Gesch.*, 246 ; Remling, I, 97.

se montraient pas moins mécontents : les uns se voyaient ravir, par le décret du 15 décembre, les biens ecclésiastiques et leur emploi à la cour épiscopale ou dans les couvents et abbayes; les autres, artisans et petits marchands, perdaient une riche clientèle, et d'ailleurs, disait-on, l'intolérance était si grande à Worms qu'elle influait sur le débit du hareng et de la morue. Les clubistes tremblants avaient suspendu leurs séances. Les assemblées primaires du 24 février ne comptèrent pas vingt personnes. Il fallut user de rigueur. « Nous ne voulons pas, écrivaient les commissaires de la Convention, augmenter nos armées ou les souiller de lâches soldats ; mais nous emploierons à des travaux militaires tous ceux qui n'ont pas le cœur d'être des hommes. » Haussmann accourut à Worms. La garnison prit les armes et amena ses canons sur la place ; les artilleurs, mèche allumée, se tinrent près de leurs pièces. Trois des principaux opposants, l'avocat Leutner, le juif baptisé Wolfgang, l'ex-sénateur Bruch furent arrêtés, et deux ministres luthériens, Bauer[1] et Eberwein, déportés sur-le-champ au-delà du Rhin. « Il faut, objectait Bauer, donner à Dieu ce qui est à Dieu et à l'Empereur ce qui est à l'Empereur. » — « Soit, répondait Böhmer, mais l'apôtre parlait ainsi dans une province conquise par l'Empereur, et donner à l'Empereur ce qui lui était dû, signifiait sans nul doute se soumettre aux lois du conquérant. » Enfin, le maire Winckelmann essaya, dans une adroite proclamation, de dissiper les craintes et les scrupules. Ne valait-il pas mieux élire ses magistrats que de les accepter de la main des Français ? Ne pouvait-on jurer fidélité au peuple, non au peuple

[1] Cf. sur Bauer le *Tagebuch* de Schaber, 10 (« ein Mann von ächtem Schrot und Korn »).

français, mais au peuple de Worms, c'est-à-dire à soi-même ? Ne pouvait-on rendre hommage aux vainqueurs pour conserver leur bienveillance et sauver la cité ? Les assemblées primaires se réunirent du 7 au 11 mars. Le pasteur réformé Endemann [1] et le commissaire Betz [2] briguaient les suffrages de 250 électeurs. Ils échouèrent. Knode et Louis Heisel furent nommés députés à la Convention. Winckelmann resta maire, et la *Gazette de Mayence* applaudit à ce choix : on n'eut jamais imaginé pareil résultat dans une ville où le fanatisme luthérien aurait regardé comme un crime, quelques mois auparavant, de confier à un catholique, non pas une magistrature, mais une place de veilleur de nuit [3].

Les habitants de Spire furent aussi rebelles que ceux de Worms. Là aussi, Böhmer avait installé le 13 novembre précédent une Société patriotique que présidait Holtzmann et menait Petersen. Mais bientôt, comme les clubs des cités belges, le club de Spire ne se composa que de Français [4]. La bourgeoisie, par l'organe des douze chefs des corporations, déclara qu'elle était heureuse de son sort et satisfaite de son Magistrat, qu'elle ne désirait aucun changement, qu'elle croyait avoir une constitution aussi libre, aussi démocratique que possible [5]. Six commissaires, six clubistes mayençais, et

[1] Endemann, réfugié en Alsace au mois d'avril, reçut de Haussmann, de même que Chelius, Eitelwein, Eyrer et Petersen, une indemnité de 400 livres (A. N., DXLII, 4).

[2] Cf. sur Betz, *Darst.*, 407 et 428 ; Reynaud, *Merlin*, II, 49 ; Klein, 279 ; Remling, II, 40 ; il devint inspecteur des forêts à Bingen.

[3] *Die Franz. am Rheinstrome*, I, 36-39 ; *Mainzer Zeitung*, 28 févr., 2, 4, 9, 11, 14 mars 1793.

[4] Remling, I, 96-97 et 246 ; président, Ch. Salles ; secrétaire, Falgères ; membres, Demestre, Thiellay, Raingure, Aillaud, Denis, Fevre.

[5] Remling, I, 96-98, 234-236 ; cf. Nau, V, 565.

Dorsch à leur tête, vinrent peser sur le vote. Ils cédèrent aux instances des bourgeois, et consentirent à retarder les élections. Deux députés de la ville coururent à Mayence, mais ils ne purent fléchir Reubell et Merlin. Le vote eut lieu le 8, le 9 et le 10 mars; 140 électeurs, rassemblés dans l'église des Franciscains, choisirent Frédéric Reissinger pour les représenter à la Convention mayençaise; 202, réunis dans le temple luthérien, nommèrent Max Arnold Fabricius. Le maire et commissaire national Petersen, l'apôtre de la Révolution, l'orateur attitré du jacobinisme, n'avait eu, malgré ses manœuvres, que six voix contre Reissinger et une seule contre Fabricius[1].

De vives résistances se produisirent en certains endroits, surtout dans la principauté de Linange[2]. Dürkheim se soumit aisément. Mais Grünstadt fit une opposition énergique. Forster et Blessmann s'étaient rendus dans cette ville. Ils sommèrent les trois comtes de Linange de devenir Français. Les seigneurs protestèrent, la population s'ameuta, un volontaire fut blessé. On dut appeler des renforts. Forster se saisit des châteaux de Linange, désarma la garnison et envoya les trois comtes à Landau[3].

[1] Remling, I, 234-251.

[2] La maison de Linange se divisait en deux lignes : Westerbourg et Dabo (Dachsbourg). Les Linange-Westerbourg comprenaient deux branches, la branche Christophine et la branche Georgine, qui possédaient en commun Grünstadt, Wattenheim, Münchweiler, Quirnheim et Westerbourg; la branche Christophine avait, en outre, Vieux-Linange, Hertlingshausen, etc.; la ligne Georgine, la moitié de Neuf-Linange, Obrigheim, Gemünden. Les Linange-Dabo possédaient Dürkheim, Hartenbourg, Hochspeyer, Gross = et Kleinbockenheim, Heidesheim, Guntersblum.

[3] *Mainzer Zeit.*, 4 et 7 mars 1793; Forster, VIII, 331 ; Klein, *Forster in Mainz.*, 311-314 ; Remling, I, 264-275 ; les trois comtes,

L'insurrection de Winnweiler, dans le comté de Falkenstein, fut la plus redoutable. Les gens du pays, armés de haches, de faux et de fourches, étaient, dit-on, au nombre de quatre mille. Ils arrêtèrent quatre commissaires qui venaient de Mayence et chassèrent leur escorte. Les clubistes prisonniers durent jurer de ne rien entreprendre contre l'Empereur. On les força même de donner aux troupes françaises qui marchaient à leur secours, l'ordre de ne pas avancer. Mais, sans tenir compte de leur lettre, le général Landremont poussa sur Winnweiler avec 400 cavaliers et deux bataillons de volontaires. Le rassemblement se dissipa. « Il y avait, dit le général, beaucoup de paysans sur les hauteurs à droite et à gauche ; dès qu'ils aperçurent nos éclaireurs, ils se sauvèrent et coururent comme des lièvres. » Le calme ne se rétablit pas entièrement. Mais Hofmann et Merlin entrèrent à Winnweiler avec du canon ; les habitants les plus compromis s'étaient enfuis dans les bois ; la population dut déposer les armes, prêter serment et assister à la plantation d'un arbre de la liberté [1].

IV. Ainsi fut élue la Convention rhénane, ou, comme on l'appela, la Convention rhéno-germanique, ou Convention teutonique, ou encore Convention nationale des Allemands libres. Tous ses membres, écrivait Simon le 9 mars, « sont nos amis ; j'ai eu soin de les proposer moi-même ou de les faire proposer sous main aux gens

Charles Woldemar, comte régnant de Linange-Westerbourg, Ferdinand-Charles, comte héréditaire, et Frédéric, comte de Linange, furent enfermés, le 28 avril, dans l'Abbaye ; cf. *Mon.*, 2 mai et 17 juillet 1793.

[1] Landremont à Ligniville, 2 mars 1793 (A. G.); Merlin à Beurnonville, 8 mars (Rec. Aulard, II, 294) ; Remling, I, 284-289; *Mainzer Zeit.*, 4 mars 1793 ; Nau, V, 588-590 (Rapport de Rougemaître).

de la campagne qui étaient, pour la plupart, fort en peine de trouver des députés. »

Mais cette assemblée, nommée révolutionnairement sous la pression du sabre et par la minorité des électeurs, représentait-elle le pays entre Bingen et Landau [1] ? 125 localités au plus envoyèrent leurs députés à Mayence. Encore y eut-il, dans le nombre, des villages que le décret du 14 mars allait incorporer et qui demandèrent leur annexion une seconde fois : Altdorf, Essingen, Freisbach, Gommersheim, Niederhochstadt [2]. Enfin, et naturellement, les communes du Palatinat, engagées et comme enchevêtrées au milieu de la contrée qu'on essayait de franciser, n'avaient pas voté. Vainement les commissaires voulaient rompre cette *malheureuse* neutralité palatine et alléguaient que la France ne se faisait pas la part assez belle, qu'elle devait prendre le gâteau tout entier. Il faut, disait Simon, que « les villes et villages enclavés puissent au plus vite être municipalisés et réunis au reste, pour arrondir le département ». Lorsque Le Brun permit aux conventionnels d'agir comme bon leur semblait, il était trop tard ; Custine, battu, se rejetait en Alsace [3].

[1] « Deputirte, die Niemand deputirt hat ! Repräsentanten, die nichts repräsentiren ! » (*Revolutions-Almanach von 1794*, p. 117). « Ce sont des députés que personne n'a envoyés, des représentants qui ne représentent personne. » (*Sur Custine et Mayence*, par un citoyen manqué, p. 8.) Un député de l'Assemblée remarquait que beaucoup de communes n'avaient pas envoyé leur représentant *aus Furcht*, par peur (Nau, IV, 494 ; cf. *Darst.*, 778).

[2] Cf. ci-dessus, p. 86-87.

[3] *Custine*, 216 ; Simon à Le Brun, 9 mars 1793 (A. N.) ; cf. *Belag.*, 148, et *Mon* , du 20 avril (lettre de Stuttgart, qui a peut-être G. Kerner pour auteur : « C'est un véritable sujet de peine pour un politique que de vous voir mendier l'amitié du Palatinat... On vous trompe en vous leurrant de cette neutralité palatine ») ; note de Legrand

La réorganisation du club précéda la réunion de l'assemblée. Depuis longtemps la société avait perdu tout crédit et toute considération. Abandonnée des Mayençais, elle ne se recrutait que parmi les paysans du voisinage et les Français de la garnison[1]. Très peu de membres assistaient aux séances. Lorsque le bureau fut réélu le 29 janvier, le président Metternich et le vice-président Cotta n'obtinrent, le premier, que vingt, le second, que vingt-cinq voix. Un grand nombre de clubistes s'étaient inscrits sur le livre rouge et avaient juré de vivre libres ou de mourir, mais, bien qu'on les eût traités de feuillants, de royalistes et de *sacerdocrates*, ils refusaient de prêter le nouveau serment. « Le club, disait Simon, ne vaut rien, et l'on ne peut plus se servir

(A. G. « Pourquoi cette manie de municipaliser ? La réunion des pays du Rhin était une opération chimérique tant qu'on exceptait les communes palatines qui sont mêlées aux autres; on eût mieux fait de remettre cette réunion à la paix et de se contenter du serment ordinaire que le vainqueur est en droit d'exiger du vaincu. »)

[1] On trouve dans les *Listes* et ailleurs les noms suivants où il y a sûrement des fautes et confusions : Bapil, soldat ; de Blou, général ; Bois, soldat (cf. Nau, V, 565) ; Bonbaier, national ; Bonma, national ; Chapuis ; Chirnes ; Cotta ; Custine ; Cyre, officier ; Debois, chirurgien ; Desfieu ; Drouet ; Enyk, volontaire ; Fagot, officier ; Feriox, soldat ; Ferrari, chasseur ; Fleury, volontaire ; Fresneau, secrétaire de Custine ; Gomber, grenadier de Mâcon (Bockenheimer, *Zwei Sitz*, 29) ; Gromment, vol. ; Herf, vol. ; Kleber, vol. ; Lalanne, officier ; Lalippo, vol. ; Lang, commissaire des guerres ; Larade, officier ; Larre ; Latitigant ; Laurent (cf. Nau, V, 596, et Klein 452) ; Léonard, garde-magasin ; Lotane, officier ; Marco et Meyer, off. de l'état-major ; Mercier ; Merlin de Thionville ; Ouvrier ; Paul, chirurgien ; Petrimoux, employé aux charrois ; Pomat, docteur à l'armée ; Rambeau ; Rigaut (cf. Nau, V, 590 et 594) ; Rougemaître, garde national (cf. Klein, 422, note, 451-452 ; Remling, I, 544 et le rapport de Becker ; il fut posté, durant le siège, comme « observateur » sur la tour Saint-Etienne) ; Scherb, adjudant-général ; Schlipp, capitaine de charretiers ; Simon, commissaire national ; Stamm ; Thierri ; Thionville, capitaine du 1er bataillon de Versailles ; Toelle ; Tousoet ; Verneau, ingénieur (Vernon ?) ; Vernois, secrétaire ; Volmar, soldat.

de son influence pour former l'opinion. » Il le reconstitua habilement. Il fit éliminer d'abord tous les membres « gangrenés » qui n'avaient pris aucune part aux élections populaires du 24 février, puis il frappa le grand coup. Le 16 mars, Merlin de Thionville se rendait à la Société et, pourfendant l'air de son sabre, s'écriait qu'il brisait le club. « La Société n'est plus, ajouta Simon, mais une autre plus brillante sort de ses ruines. » Les députés de la Convention nationale formèrent le noyau de cette Société régénérée, qui reçut le nom de « Société des Allemands libres » et qui fut présidée par Forster. Ils pourraient ainsi, mandait Simon à Le Brun, « préparer les matériaux importants sur lesquels la nouvelle assemblée aurait à décréter ; par là, la majorité du club devenait bonne, et les délibérations, étant d'un grand intérêt, attiraient beaucoup d'auditeurs et inspiraient de la confiance et de l'estime ; ce qui, jusqu'ici, manquait au club[1]. »

[1] Rapport de Simon, 13 août 1793 (A. E.), cf. lettre du 9 mars (A. N.) ; *Le Républicain*, n° 150 (lettre du 20 mars) ; Forster, VIII, 333 ; *Darst.*, 783 ; *Belag.*, 165 ; *Mainz im Genusse der Freiheit*, 185 ; Nau, IV, 389, V, 587 et 593 ; Klein, 371-372, 449-453, et *Forster in Mainz*, 451.

CHAPITRE IV

LA CONVENTION RHÉNANE

I. Composition de l'assemblée. — Les matadors, Hofmann, Forster. — Séance du 18 mars. — Proclamation de l'indépendance du pays entre Bingen et Landau. — Décret du 21 mars. — Vœu d'incorporation. — Forster à Paris. — II. Déportations. — Terrorisme de Hofmann. — Échecs de Custine. — Fuite de plusieurs députés. — Dernière séance.

I. La Convention rhénane devait se réunir le 10 mars; mais la plupart des représentants, nommés par la campagne, étaient commissaires délégués; ils municipalisaient la contrée et s'efforçaient, comme disait Simon, d'obvier à tous les obstacles qu'on mettait aux élections. On différa d'une semaine la convocation de l'assemblée; mais Simon s'embarrassait peu de ce léger retard; la Convention qu'il avait créée et organisée, saurait travailler vite, expédier sa besogne en quelques jours, bâcler lestement l'annexion. « Je vous garantis, écrivait-il à Le Brun, sinon l'unanimité, du moins la presque unanimité pour la réunion à la France [1]. »

[1] On essaie ici de reconstituer la liste de ces députés : Jacob Albrecht (Kalkofen); Karl Friedr. Ampt (Flonheim); Arand (Nackenheim); Heinrich Armbrust (Hefersweiler) ; Adam Baum ; Joh. Adam Bauer

Ce fut donc le 17 mars que se réunit la Convention nationale des Allemands libres. Elle siégeait à l'hôtel de l'Ordre Teutonique, dans la salle des Chevaliers. Soixante-cinq députés assistaient à la première séance ; d'autres devaient venir encore, de gré ou de force, lorsqu'on eut menacé les communes de leur faire payer par jour de retard autant de florins qu'elles avaient d'habitants, et dans la dernière semaine du mois, l'Assemblée compta

(Tiefenthal) ; Phil. Adam Becker (Oberlustadt) ; Jos. Berg (Budenheim); Bittong (Bingen) ; Fried. Blantz (Potzbach) ; Blau (Bodenheim) ; Blessmann (Karlsberg) ; Böhmer (Ober-Olm) ; Peter Bohlander (Höringen) ; Boost (Wendelsheim); Caprano (Dudenhofen) ; Chelius (Ilbesheim, dans le comté de Falkenstein) ; Christoph-Heinrich Clausius (Bobenheim) ; Joh.-Jacob Decker (Obrigheim) ; Dier ; Kaspar Dietz (Sarmsheim) ; Dorsch (Neu-Bamberg) ; Joh. Dotzauer (Nieder-Saulheim) ; Heinrich Eckard (Rudolfskirchen) ; Eckel (Mayence) ; Joh. Enger-Wonrast (Reichsthal) ; Daniel Ernst (Hertlingshausen) ; Georg-Heinrich Fischer (Kindenheim) ; Joh.-Adam Flicker (Imbsbach) ; Forster (Mayence) ; Ludwig Franck (Fussgönheim) ; J.-D. Frantz (Alsenbrück) ; Johann Fruth ; Ant. Fuchs (Eckelsheim) ; Georg Gabel (Nieder-Olm) ; J.-B. Gaul (Zornheim) ; Christian-Friedr. Geiger (Mühlheim an der Eiss) ; Peter Geipp (Relsberg); J.-Friedr. Gerhardi (Schornsheim) ; Germann (Kirchheim an der Eck) ; Friedrich G. Gienant (Winnweiler) ; Peter Gimbel (Heidesheim); Gœbel ; Friedr. Güllich (Gommersheim) ; Leon. Haas (Wattenheim) ; Joh. Hangen (Sprendlingen) ; Hauser ; Ludwig Heisel (Worms); Phil. Herrer (Harthausen) ; Hierthes (Essingen) ; Hofmann (Mayence) ; Andreas Hoffmann (Niederlustadt) ; Hopfner (Battenberg et Klein-Karibach) ; Heinrich-Adolf Horn (Bissersheim) ; Bened. Iselhard (Freisbach) ; Caspar Jäger (Schönborn) ; Heinrich Jenner (Hahnheim) ; Heinrich Kaiser (Algesheim) ; Wilhelm Kauffeld (Wartenberg) ; Georg Keber (Frankeneck) ; Klein ; Ad.-Michael Klingmann (Altdorf) ; Knode (Worms) ; Michael Konrad (Nussbach) ; Samuel Köster (Colgenstein et Heidesheim) ; Georg Kübler (Sanct-Alban) ; Mich. Lantzer (Morbach) ; Joh. Lidi (Niederhochstadt) ; Lindenburger (Dittelsheim) ; Lœwer (Roxheim) ; Jac. Looss (Ober-Saulheim) ; Lux (Volxheim) ; Christ. Manweiler (Finkenbach) ; Joh. Marx (Schweisweiler) ; Matthaeus Mayer (Landstuhl) ; Peter Meininger (Erpolzheim) ; Joh.-Georg Messer (Weissenheim) ; Metternich (Mayence) ; Meuth (Wöllstein); Mossdorff (Grünstadt) ; Christ. Möser (Ungstein) ; Joh. Müldenberger (Dietersheim) ; Erasmus Müller

130 membres[1]. La moitié se composait de paysans dont quelques-uns savaient à peine signer leur nom et écrire correctement leur titre de *Deputierter*; aussi la municipalité mayençaise proposait-elle, pendant le siège, de les employer au fauchage des blés[2]. L'autre moitié était formée de lettrés, d'étudiants, de professeurs, de légistes, d'ecclésiastiques. Grünstadt avait nommé Auguste Mossdorff, homme intelligent et habile, qui fut membre de l'administration centrale du Mont-Tonnerre et secrétaire-général de la régence de Westphalie[3].

(Ockenheim); Georg Münch (Kallstadt); Georg-Phil. Münck (Asselheim); Conrad Neuhäuser (Merlesheim); Mich. Nunheim (Bretzenheim et Zahlbach); Georg-Friedr. Oehler (Gross Bockenheim); Georg-Heinrich Olstatt (Wahlheim); Parcus (Alt Leiningen); Patocki (Siefersheim); Petri (Gerolsheim); Joh. Prinz (Lohnsfeld); Racke (Morschheim); Razen (Mayence); Nicolaus Reuter (Quirnheim); Joh.-Jac. Rittersbacher (Kerzenheim); Mich. Römmer (Reipoldskirchen); Rompel (Rugheim); Peter Rörig; Mich. Schaefer (Herxheim); Georg Schefer (Göllheim); Scheuer (Klein-Winternheim); Schlemmer (Gumbsheim); Fred. Schmitt (Sausenheim); Peter Schraut (Albsheim); Christ. Schütz (Sembach); Jacob Schwallbach (Marienborn); Lorenz Seib (Kastel); Solms (Dürkheim); Martin Steingässer (Weisenau); Philipp Streiss (Klein Bockenheim); Stumme; Wilhelm Tischleder (Dromersheim); Caspar Trümpler (Monsheim); Carl-Joachim Vola (Uffhofen); Voll; J.-Georg Wagner (Bornheim); Georg-Heinrich Weber (Münchweiler); Wedekind (Pleitersheim); Daniel Weinert (Guntersblum); Wendelinus Wendel (Büdesheim); Westhofen (Mayence); Peter Wilz (Eisenberg); Georg Wirth (Ebertsheim; Friedr. Wittig (Neu-Hembsbach); Christian Wolf (Drais). On laisse de côté les deux députés de Spire, Fabricius et Reissinger, qui n'ont pas siégé.

[1] « Plus de 130 députés » (Hofmann, *Des nouvelles limites de la République française*, p. 5). Germann ne partit que le 27 mars et Rittersbacher, que le 28. Wilz ne fut élu que le 27 (Remling, I, 275, 280, 281).

[2] Cf. Klein, 567, les signatures du décret du 21 mars (A. N.) et *Mainz im Genusse der Freiheit*, 192.

[3] Voir sur Mossdorff, né le 6 avril 1758, à Eckartsberga (Saxe), mort à Mayence, le 14 juin 1843, Remling, I, 266 et II, 376; Bockenheimer, *Gesch*, *1813-1814*, 103-104; Haüsser, III, 242. Il était

Volxheim avait élu ce sentimental et enthousiaste Adam Lux, qui s'était nourri de la lecture des anciens et passionnément épris de Jean-Jacques Rousseau ; Lux, ce fou sublime qui voulut tenter une réconciliation entre Girondins et Montagnards, faire en pleine Convention un appel à la concorde et se brûler la cervelle après son allocution ; Lux qui crut, en volant à la guillotine, imiter Curtius et Decius, donner un éclatant exemple et sacrifier sa vie au salut de la chose publique ; Lux qui suivit au pied de l'échafaud Charlotte Corday, qui la proclama plus grande que Brutus, qui périt comme elle et pour elle, heureux d'accompagner dans la mort la femme héroïque dont il avait admiré le regard doux et pénétrant, capable d' « émouvoir des rochers[1] ».

greffier du tribunal de Vieux-Linange et beau-frère de Parcus. Rudler le jugeait plus tard « bon administrateur, probe et actif », et Shée disait de lui : « La manière distinguée dont il remplit sa place, sa réputation de zèle, d'intégrité, de capacité et de civisme m'ont fait passer sur sa qualité d'étranger, et les preuves multipliées qu'il a données de la fermeté de ses principes politiques, ne laissent aucun doute sur sa conduite future. » Jeanbon Saint-André le regardait comme « un esprit de tout temps tourné du côté de l'intrigue » et assure qu'il a vendu un domaine près de Landau pour « employer le produit aux agiotages d'un bas et vil commerce d'argent, que le public voit de très mauvais œil », qu'il a « acquis à Mayence une maison vendue par le Domaine, et de l'adjudication de laquelle les concurrents furent écartés par son influence » (30 nivôse an XIII) ; mais il le reconnaît « zélé, actif et capable » (5 avril 1812. A. N.).

[1] Cf. sur le Mayençais Adam Lux (né à Obernbourg, le 27 déc. 1765) *Klio*, 1795, vol. I, p. 334-354 et Justin Kerner, *Bilderbuch aus meiner Knabenzeit*, p. 75 92 ; *Journal de la Montagne*, 4 sept. 1793 ; Forster, IX ; l'excellent article de Louis Bamberger, *Revue moderne*, 1er oct. 1866, p. 109-130 ; Vatel, *Charl. Corday*, 1864-1872, I, passim et II, 108-110 ; Wallon, *Hist. du trib. révol.*, 1880, I, 218-224 ; Welschinger, *Le Roman de Dumouriez*, 1890, p. 127-177 ; Borckel, *Adam Lux, ein Opfer der Schreckenszeit*. 1892. La *Liste* des clubistes le nomme un « paysan philosophique ».

Les membres les plus remarquables de l'Assemblée étaient les clubistes de Mayence et surtout les *matadors*. Ils devaient donner le ton et diriger les débats. Toutefois, Dorsch, décrié, perdu dans l'opinion, ne jouait plus qu'un personnage effacé. Wedekind se consacrait à son hôpital et Böhmer à sa gazette. Hofmann et Forster, réconciliés, tinrent la Convention sous leur ascendant, et un pamphlet de cette époque les appelle les *Dii Majores*. Mais dans les premiers jours, Forster avait incontestablement le rôle le plus actif. C'était chez lui que les commissaires français et les matadors se réunissaient tous les soirs en petit comité pour préparer les décrets que la Convention aurait à voter le lendemain. Ses brillants discours, les vigoureux articles que publiait son journal, la présidence du club, sa mission dans le comté de Linange, ses aventures d'autrefois le rendaient populaire. Les campagnards regardaient curieusement et avec une admiration naïve le compagnon de Cook et, entraînés par sa parole ardente, adoptaient d'emblée tout ce qu'il proposait. Il était l'âme de la Convention comme de l'Administration générale [1].

Après avoir entendu la sainte messe et, comme disait Simon, chanté *Veni, Creator spiritus*, à cause des préjugés du pays, la Convention tint sa première séance dans la matinée du 17 mars. « Depuis bien des siècles, écrivait le *Moniteur*, on n'avait pas vu en Allemagne ce spectacle imposant d'une assemblée d'hommes libres. » Elle nomma président d'âge le vieil Eckel, et secrétaires les quatre membres les plus jeunes, Franck, Fuchs, Gerhardi et Schlemmer ; elle vérifia ses pouvoirs et

[1] Rapport de Simon, 13 août 1793 (A. E.) ; Forster, VIII, 334 et 336 ; *Mainz im Genusse der Freiheit*, 175. L'administration générale subsistait encore provisoirement (Nau, IV, 474-475).

prêta le serment d'être fidèle aux principes de liberté et d'égalité, de remplir avec conscience ses devoirs; puis elle se proclama constituée.

Une deuxième séance eut lieu dans l'après-midi du même jour. La Convention élut Hofmann, président; Forster, vice-président ; Franck, Fuchs, Gerhardi et Schlemmer, secrétaires. Elle décréta que ses membres étaient inviolables et ne pourraient être appréhendés au corps ou traduits devant un tribunal sans son autorisation. Elle reçut les hommages de la municipalité mayençaise, et six députés, Blau, Dorsch, Forster, Franck, Metternich et Patocki, allèrent, en son nom, remercier les commissaires français, Merlin, Haussmann, Reubell et Simon d'avoir rétabli la souveraineté du peuple rhéno-germanique, leur annoncer la constitution de l'Assemblée, solliciter leur assistance, les prier de se rendre dans la Convention pour la reconnaître et accueillir le témoignage de son amour fraternel. Enfin, dans une conférence privée, elle arrêta que les clubistes prendraient un uniforme : habit bleu à doublure blanche et à parements rouges, gilet rouge, longues culottes bleues, le sabre pendant à une large écharpe sur l'épaule droite; ils auraient les cheveux coupés et sans poudre ; ils porteraient la moustache ; leur colonel serait Rieffel, possesseur de l'hôtel du *Roi d'Angleterre* où devait siéger le club [1].

Le 18 mars, disait Böhmer, « fera pour toujours époque dans les annales de notre histoire ». Après avoir accepté provisoirement le règlement de la Convention

[1] *Mainzer Zeitung*, 18 mars 1793 ; *Mon.*, 29 mars et 1er juillet ; *Darst.*, 801-803; *Belag.*, 156 ; Schaber, 26 ; Schaab, 334; Klein, 455-456 ; Nau, IV, 456-472. Le soir, dit Simon, « on représenta au spectacle d'une société d'amateurs une pièce de circonstance ».

française, la Convention rhéno-germanique ouvrit la discussion sur le destin du pays entre la Queich et la Nahe. Wedekind déclara qu'il fallait s'unir à la France et rédiger un décret qui dépouillerait de leurs droits et privilèges les princes de la rive gauche du Rhin. Forster appuya Wedekind et, pour enlever le vote, il proposa de décider sur-le-champ, sans débat aucun, sans nul retard, que le territoire entre Landau, Bingen et Mayence était à jamais délié de ses devoirs envers ses précédents maîtres. Le décret, tout entier de la main de Forster, fut immédiatement adopté dans les termes suivants :

1° Dès à présent, toute l'étendue du pays entre Landau et Bingen inclusivement, dont les représentants constituent la présente Convention, ne fera plus qu'un état libre, indépendant, indivisible et soumis à des lois communes à tous et fondées sur les principes de la liberté et de l'égalité ;

2° Le seul souverain légitime de cet état, c'est-à-dire le peuple libre, déclare, par l'organe de ses représentants, que tous les liens politiques avec l'Empereur et l'Empire d'Allemagne sont rompus ;

3° L'électeur de Mayence, le prince de Worms, le prince de Spire, celui de Nassau-Weilbourg et Usingen, le margrave de Bade, le prince de Salm, les wild- et rhingraves de Stein et Grumbach, les princes de Linange et de Dürkheim, le comte de Falkenstein, les comtes de Linange-Westerbourg, Dachsbourg et Guntersblum, les comtes de Löwenhaupt et Manderscheid, ceux de Wartenberg, Degenfeld, Sickingen, Hallberg, les barons de Dalberg, les autorités des villes d'empire de Worms et de Spire, la chevalerie d'empire, tous les Etats d'empire et leurs vassaux, de même que toutes les corporations soit civiles soit du clergé, incompatibles avec la souveraineté du peuple, sont déclarés déchus de leurs prétentions à cet état ou à quelques-unes de ses parties, et sont anéantis à jamais les droits de souveraineté qu'ils avaient usurpés ;

4° Toutes les personnes d'autorité désignées dans l'article précédent, qui seraient saisies, travaillant au recouvrement de leurs soi-disant droits et prétentions aux pays qui composent cet état, où l'on ne reconnaît d'autres droits que ceux de citoyens libres et égaux, seront, eux et leurs fauteurs ou complices, punis de mort ;

5° Le présent décret sera incessamment imprimé, envoyé à toutes les municipalités, affiché et proclamé solennellement[1].

Trente coups de canon annoncèrent au pays rhénan la déchéance de ses anciens souverains. Les commissaires, Haussmann, Merlin, Reubell, Simon, et le général Custine, accompagné de son état-major, se rendirent dans la salle des séances. Ils promirent aux députés la protection et l'amitié de la nation française. « Le monde entier, leur dit Haussmann, a les yeux sur vous ; vous allez détruire les vieux abus et fonder une constitution libre ; on espère de vous la constance et la fermeté que réclame un si grand dessein. » Custine parla longuement ; il rappela son récent voyage à Paris ; il avait vu trente mille hommes voler au secours de la Belgique envahie ; il avait pris part aux délibérations du Conseil exécutif ; il était certain du succès. « Nous sor-

[1] Décret de la Convention nationale de Rhineaux (*sic*) germanique, assemblée à Mayence, du 18 mars 1793 sur l'abolition des pouvoirs arbitraires et usurpés dans l'étendue du pays depuis Landau jusqu'à Bingen (texte français). Cf. *Chronique de Paris*, 2 avril 1793, et *Le Batave*, n° 43.

tirons vainqueurs, s'écriait-il, et tant que mon cœur battra, j'emploierai toutes mes forces pour empêcher qu'un despote asservisse de nouveau ce peuple libre ! » Hofmann répondit, au nom de la Convention rhéno germanique, en louant la générosité des Français qui ne combattaient que pour affranchir les opprimés et pour « élever le genre humain à la dignité divine de sa nature » ; il les remercia de prêter leur bras et l'appui de leur « vigueur gigantesque » à un état encore mineur ; il félicita Custine de ses exploits et le pria de ne pas remettre l'épée au fourreau tant que le monstre de la royauté ne serait pas terrassé : « Non seulement le peuple rhéno-germanique, mais l'humanité entière attend dans l'angoisse l'affermissement de sa liberté ou la perpétuité de sa servitude. Tu as juré d'anéantir les hordes des tyrans, ne viole pas ce serment, et l'univers délivré s'étonnera qu'il y ait jamais eu des rois ! » Custine, touché, embrassa Hofmann, vanta son patriotisme, et s'excusa de l'avoir, deux mois auparavant, menacé de la potence. Puis, les commissaires embrassèrent Hofmann. « Vous vous êtes déclarés libres, dit Reubell, et je vous embrasse ; un homme libre n'embrasse pas un esclave. » La scène, rapporte Simon, était « attendrissante et faisait couler des larmes de joie ; tout le monde fut électrisé ; les deux peuples, dans la personne de leurs représentants, se donnaient le baiser fraternel ». Custine et les conventionnels français quittèrent la salle au milieu des applaudissements et de longues acclamations d'allégresse. Mais l'émotion des membres de l'Assemblée rhéno-germanique n'était pas à bout ; au bruit du canon et aux sons de la musique guerrière qui jouait *la Marseillaise* et *le Ça ira*, ils se jetèrent dans les bras les uns des autres et jurèrent avec feu de rester éternellement unis. Böhmer racontait le jour même, dans sa gazette, que ce spectacle indescriptible aurait épouvanté les despotes et fait tomber les armes des mains de leurs esclaves[1].

La Convention teutonique eût sûrement, dans cette séance du 18 mars, décrété d'enthousiasme l'incorporation du pays rhénan à la France. Les députés assuraient qu'ils désiraient sincèrement l'annexion. « J'ai une certitude morale, écrivait Simon à Le Brun, que je pourrai vous annoncer le décret de réunion par la dépêche prochaine. » Mais, la veille, l'Assemblée avait décidé qu'elle ne prendrait aucune mesure importante sans l'avoir mûrement examinée dans trois séances successives. Elle agita donc le 19, le 20 et le 21 mars la question suivante : le nouvel Etat, proclamé le 18 mars et baptisé au son de toutes les cloches de Mayence, serait-il indépendant ? Se mettrait-il sous la protection de la France ? Ou plutôt ne devait-il pas demander son incorporation pure et simple à la grande République ? Adam Lux opina qu'il valait mieux, en principe, organiser un petit Etat indépendant et qu'en tout cas, dans l'avenir, lorsque la liberté serait définitivement conquise, il fallait « entrevoir la possibilité d'une séparation salutaire et d'une division en plusieurs républiques » ; mais, ajoutait-il, on n'était pas assez nombreux pour résister aux ennemis du dedans et du dehors, et l'on devait avant tout coaliser les peuples contre le despotisme. Comme

[1] *Mainzer Zeitung*, 18 mars 1793 ; *Darst.*, 805-808, 836-849 ; Nau, IV, 497-498 ; Klein, 457-461 ; *Mon.*, 29 août 1793 (procès de Custine, déposition de Hofmann) ; cf. le rapport de Simon et sa lettre du 18 mars « Le canon ronflait sur les remparts pour annoncer la nouvelle République ; les Prussiens, vis-à-vis de nous, parurent effrayés et se mirent sous les armes. »

Lux, les matadors, Dorsch, Wedekind, Metternich, Hofmann, Forster, soutinrent qu'il fallait se donner à la France. Une république indépendante, disaient-ils, ne pouvait tenir tête aux princes allemands, ses adversaires naturels; même en s'alliant aux Français, elle n'aurait pas la sécurité nécessaire; elle ne saurait les indemniser, et, du reste, ils revendiquaient les biens des seigneurs, des nobles et des couvents. Le meilleur, l'unique parti était donc de s'offrir à la France et de lui faire don du nouvel Etat. Vainement, dans la séance du 21 mars, un membre pria l'Assemblée de ne pas brusquer sa décision. Forster entraîna ses collègues par un discours plein de fougue et d'élan. Il déclara que la dernière heure de la tyrannie avait sonné, que la victoire de la raison était complète, et que l'humanité outragée entrait vraiment en possession de ses droits. Oui, une nouvelle ère s'ouvrait, et l'époque révolutionnaire, l'époque de la délivrance du genre humain, avait une aussi réelle importance que celle qui commençait huit cents ans auparavant. Les représentants du peuple rhéno-germanique avaient planté l'étendard de la souveraineté populaire sur la rive du grand fleuve. Mais après avoir fait le premier pas, ils devaient faire le second. Ils avaient proclamé la liberté de leurs concitoyens; ils devaient à présent leur donner l'impénétrable bouclier qui leur garantirait à son ombre la jouissance de cette jeune liberté. Ne savaient-ils pas l'approche des ennemis? « Où est l'armée que vous opposerez à cet adversaire? où sont les trésors que la guerre dévore? où est le courage qui triomphe de tous les obstacles et qui aime mieux se jeter dans une mort certaine que de survivre aux funérailles de la liberté? Le nombre de vos soldats n'est-il pas insignifiant? Une longue et énervante oppression n'a-t-elle pas amorti leur ardeur? Votre avoir n'a-t-il pas été dissipé par les princes et leurs valets? Mais vous me montrez les vaillantes cohortes de vos libérateurs : le noble peuple des Français est en armes et il étend ses ailes protectrices sur les peuples faibles et peu belliqueux qu'il arrache au despotisme. Je les vois et m'étonne avec vous; je vois des guerriers libres sacrifier leur vie, pour le bonheur des autres hommes, avec une grandeur d'âme sans exemple; je les vois se précipiter dans la mêlée, leurs éclairs écrasent les hordes des esclaves; ils croisent la baïonnette, ils font brèche. Victoire! Victoire sur victoire! les ennemis humiliés implorent grâce et votre drapeau de liberté flotte au vent!... Mais regardez dans l'avenir. La haine des tyrans ne meurt qu'avec eux. Quand ils seront guéris de leurs blessures, quand ils auront aiguisé de nouveau leurs épées, ils essaieront encore d'abattre et de fouler aux pieds la liberté qui germe et s'élève. Soudain, à l'improviste, ils surprendront vos tranquilles demeures; vos défenseurs seront loin; ils vous immoleront, vous, vos innocentes compagnes, et vos enfants jouant sur les genoux des vieillards; l'incendie consumera vos chaumières; les cendres et des amas de ruines marqueront l'endroit où la liberté, le bonheur, l'amour habitaient naguère! Vous frissonnez à cette image terrible! Ah! sauvez, sauvez rapidement par une sage résolution, la vie, la félicité, la liberté de ceux qui vous ont envoyés; assurez pour toujours contre la perfidie et l'humeur sanguinaire des ennemis un bon peuple qui ne peut se protéger lui-même. Conservez dans le pays vos champions et vos libérateurs; attachez-vous à eux, serrez-les dans vos bras, ne les laissez point partir, jurez de leur rester à jamais fraternellement unis, prononcez cette grande et décisive parole : « *Les Allemands libres et les Français libres sont désormais un peuple inséparable*[1] ! » Ce discours emporta le vote. Hofmann déclara qu'il fallait clore le débat, et, sur la proposition de Metternich, la Convention rhénane décréta par acclamation la réunion de l'Allemagne libre à la République française.

Ce décret du 21 mars, « le plus important, disait Böhmer, qui eût jamais été donné et sera donné dans ces contrées », fut aussitôt publié au son des cloches et au bruit du canon. « Ce n'est pas, écrivait Simon à Le Brun, une légère satisfaction pour moi d'avoir enfin atteint le but à travers toutes les difficultés que l'intrigue et la malveillance se sont évertuées à nous susciter[2]. » Il ajoutait qu'il y aurait, le soir même, comédie, illumination, bal et grand souper. Mais on était en carême; on craignit de scandaliser la population par le spectacle de la danse et de réjouissances tumultueuses; on arrêta que les fêtes n'auraient lieu que lorsque la Convention nationale de France aurait accepté le vœu de réunion départementaire.

Forster avait rédigé le décret en ces termes :

« La Convention nationale rhéno-germanique, considérant que ce n'est qu'à la République française et à ses armes victorieuses, que l'Etat naissant du pays situé sur la rive gauche du Rhin entre Landau et Bingen doit son indépendance décrétée le 18 mars 1793; que les liens

[1] Klein, *Forster in Mainz.*, 420-425 ; Nau, IV, 400-404 et 501.

[2] Simon à Le Brun, 18 et 24 mars (A. N. D. XLII, 4); cf. dans *Le Batave*, n° 46, une lettre de Mayence du 23 mars : « Le 18, nous avons proclamé la déchéance de tous nos tyrans, et le 21, émis à l'unanimité et par acclamation, le vœu de réunion. La République est inabordable à l'avenir ; les rois de France et leurs ministres avaient bien senti ce vaste avantage ; mais il fallait la force irrésistible d'une république pour l'acquérir et le conserver. »

de l'amitié, de la reconnaissance et des avantages réciproques invitent les deux nations à une réunion fraternelle et indissoluble, décrète à l'unanimité : que le peuple rhéno-germanique libre veut l'incorporation à la République française, et la lui demande; qu'il sera nommé une députation, prise dans le sein de la Convention nationale rhéno-germanique, à l'effet de manifester ce vœu à la Convention nationale de France[1]. »

La députation se composait de trois membres : Forster, Lux et Patocki. Tous trois savaient parfaitement le français. La Convention avait décidé de retarder leur départ jusqu'à l'arrivée de Fabricius et de Reissinger qui devaient signer, au nom de la ville de Spire, le décret d'incorporation. Mais Forster démontra, dans la séance du 24 mars, qu'une telle résolution serait contraire à la dignité de l'Assemblée[2]. Les trois Mayençais partirent le lendemain. Haussmann les accompagnait et les présenta le 30 mars à la Convention nationale de France comme les députés des peuples libres de la Germanie[3]. Forster prit la parole après Haussmann et prononça le discours suivant :

« Citoyen président,

» Députés vers l'auguste assemblée des législateurs de la France, par un peuple régénéré, dont les guerriers de la liberté ont brisé les fers, nous vous demandons la permission de parler en son nom et d'offrir ses adorations à la divinité, qui, du fond de ce sanctuaire, règnera sur l'univers. Après avoir juré de vivre libres ou de mourir,

[1] Décret de la Convention nationale rhéno-germanique assemblée à Mayence, du 21 mars 1793 (texte français).
[2] Nau, IV, 527-528.
[3] Rec. Aulard, II, 581.

la seule ambition qui convienne aux hommes affranchis, c'est celle de devenir libérateurs à leur tour et de partager, pour cet effet, le nom du seul peuple de la terre qui ait jamais exercé cette sublime fonction. C'est là le vœu du peuple germanique sur la rive gauche du Rhin, que ses représentants rassemblés à Mayence ont émis au bruit du canon prussien. Ce canon, tiré pour alarmer les enfants nouveau-nés de la liberté, n'a fait que provoquer leur courage, et n'a servi qu'à rendre plus imposante la promulgation de leurs décrets. Le grand fleuve qui nous sert de rempart naturel ; Mayence, imprenable en elle-même, défendue par la tête du pont, approvisionnée pour dix-huit mois et couverte par une armée nombreuse, pourvue de tous les moyens pour humilier l'orgueil des rois conjurés, et ne respirant que les combats ; la présence enfin de vos collègues et d'un général qui a su mériter la confiance d'un peuple dont il a chassé les tyrans, voilà, citoyen président, les garants de notre indépendance et le présage des nouvelles victoires que la République française remportera bientôt sur un ennemi profondément atteint, qui sera la victime de ses propres efforts. Oui, c'est sur les bords du Rhin que vous allez reconquérir et Liège et Aix-la-Chapelle, et que vous fermerez à jamais l'entrée de la terre libre aux myrmidons des despotes. Les Allemands libres qui vous demandent la réunion, sont ambitieux de partager la gloire qui attend le nom français [1]. »

Puis Forster lut l'adresse de la Convention nationale rhéno-germanique à la Convention nationale française. C'était lui qui l'avait rédigée dans les deux langues. Quatre-vingt-dix députés l'avaient approuvée et signée [2].

[1] A. N. C. 250.

[2] Voici leurs noms, dans l'ordre où ils ont signé. Tous ont ajouté

Le peuple rhéno-germanique, disait Forster, avait renversé les trônes de vingt petits tyrans qui « s'engraissaient de la sueur des pauvres », et les représentants qu'il avait choisis et investis de sa confiance et de la plénitude de son pouvoir, demandaient sa réunion à la grande République. Le pays rhénan n'appartenait-il pas à la France dans les premiers siècles ? Les rois ne l'avaient-ils pas convoité ? Aujourd'hui, redevenu libre, il se donnait, dans un élan de reconnaissance, à ceux qui brisaient ses chaînes. « Nous venons vous offrir, ajoutait Forster, un pays où la nature a répandu ses dons d'une main prodigue, un sol fertile, un climat tempéré, des coteaux couverts de vignes, une ville dont le site incomparable est embelli par la majesté du fleuve qui baigne ses murs. Nous venons vous offrir Mayence, le siège de ce prêtre superbe, dont l'ambition démesurée ne lui vaudra dans l'histoire que le nom d'incendiaire ; Mayence où le commerce d'Allemagne viendra se concentrer entre les mains du négociant français ; Mayence, la clef de l'empire germanique, et la seule ouverture par laquelle vos provinces étaient accessibles à vos ennemis ; Mayence reconnu par les maîtres de l'art pour un chef-d'œuvre de fortification

à leur signature le nom de l'endroit qu'ils représentent. Hofmann, Forster, Franck, Fuchs, Meuth, Gerhardi, Schlemmer, Parcus, Solms, Wedekind, Razen, Albrecht, Ampt, Armbrust, Flicker, Arand, Blantz, Blau, Boehmer, Berg, Bohlander, Becker, Biessmann, Caprano, Chelius, Dorsch, Dotzauer, Dietz, Decker, Jenner, Eckel, Enger-Wonrast, Eckard, Ernst, Fischer, Frantz, Gabel, Gienant, Güllich, Boost, Geipp, Geiger, Hangen, Horn, Hoffmann, Hierthes, Heisel, Jäger, Kaiser, Konrad, Köster, Kauffeld, Klingmann, Lautzer, Lux, Lidi, Loos, Müldenberger, Mayer, Manweiler, Mossdorff, Lœwer, Marx, Metternich, Clausius, Gimbel, Neuhäuser, Nunheim, Müller, Olstatt, Ohler, Patocki, Prinz, Römmer, Rompel, Kübler, Scheuer, Steingässer, Schwallbach, Seib, Streiss, Schütz, Tischleder, Trümpler, Vola, Wendel, Weber, Wagner, Wittig, Wolf.

où les efforts des despotes ligués contre vous viendront échouer! »

Les plus vifs applaudissements accueillirent le discours de Forster et l'adresse de la Convention nationale rhéno-germanique. Le président Jean de Bry donna l'accolade aux trois députés, et l'Assemblée décréta par acclamation que les villes et communes de Mayence, de Worms, de Dürkheim, de Grünstadt, etc., faisaient partie intégrante de la République française[1]. Le lendemain soir, Forster se rendait au club des Jacobins et y prononçait un second discours[2]. Il répéta que la nouvelle République

[1] Décret du 30 mars 1793. Les noms qui figurent dans le décret sont ceux des villes et communes représentées par les quatre-vingt-dix signataires de l'adresse : Mayence, Worms, Grünstadt, Dürkheim, Fussgönheim, Eckelsheim, Wöllstein, Schornsheim, Gumbsheim, Alt-Leiningen, Pfeitersheim, Kalkofen, Flonheim, Hefersweiler, Imbsbach, Nackenheim, Potzbach, Bodenheim, Ober-Olm, Budenheim, Höringen, Oberlustadt, Karlsberg, Dudenhofen, Ilbesheim, Neu Bamberg, Nieder-Saulheim, Sarmsheim, Obrigheim, Hahnheim, Reichstal, Rudolfskirchen, Hertlingshausen, Kindenheim, Alsenbrück, Nieder-Olm, Winnweiler, Gommersheim, Wendelsheim, Relsberg, Mühlheim an der Eiss, Sprendlingen, Bissersheim, Niederlustadt, Essingen, Schönborn, Algesheim, Nussbach, Colgenstein et Heidesheim, Wartenberg, Altdorf, Morbach, Volxheim, Niederhochstadt, Ober-Saulheim, Dietersheim, Landstubl, Finkenbach, Roxheim, Schweisweiler, Bobenheim, Heidesheim, Mertesheim, Bretzenheim et Zahlbach, Ockenheim, Wahlheim, Gross-Bockenheim, Siefersheim, Lohnsfeld, Reipoldskirchen, Rugheim, Saint-Alban, Klein-Winternheim, Weisenau, Marienborn, Kastel, Klein Bockenheim, Sembach, Dromersheim, Monsheim, Uffhofen, Büdesheim, Münchweiler, Bornheim, Neu-Hembsbach, Drais. La Convention a mis en tête de la liste Worms, Grünstadt et Dürkheim dont les représentants occupent sur la liste les nos 47, 61 et 9.

[2] Journal des jacobins, nos 385 et 386 (séance du 31 mars). Le même jour, dans la matinée, les trois députés recevaient à leur hôtel la visite des dames de la Halle qui les embrassèrent et leur souhaitèrent la bienvenue ; il nous en coûta, dit Forster, un assignat de 25 livres qu'il fallut donner aux poissardes (IX, 4). Cf. sur ces députations solennelles des harengères, *Mém.* de Saint-Simon, éd. Boislisle, VIII, 244.

devait joindre à son domaine les terres de l'ancienne Gaule; il rappela que le Rhin formait la limite naturelle de la France, que Mayence couvrait les frontières orientales, que le pays réuni la veille fournirait à la République cent cinquante millions de biens nationaux. « Le caractère des Allemands, ajoutait Forster, diffère infiniment de celui des Français ; nous ne possédons pas cette vivacité d'esprit, cette fougue qui vous caractérise ; nous sommes plus lents, mais quand nous avons pris un parti, nous y tenons jusqu'à la mort. » Après lui, Adam Lux et Patocki jurèrent de vivre en républicains français ou de mourir [1].

II. Pendant que Forster et ses deux collègues couraient sur le chemin de Paris pour offrir à la France le pays rhénan, la Convention de Mayence, dirigée par Hofmann, prenait contre ses adversaires les mesures les plus rigoureuses. Déjà Merlin et Reubell avaient fait déporter tous les moines au delà du Rhin. « L'endurcissement est tel, disait Forster le 14 mars, qu'il faut user de la plus implacable sévérité ; tous les jours on déporte sur l'autre rive du fleuve trente à quarante personnes qui refusent l'hommage ; s'il est nécessaire, on finira par dépeupler la ville », et il comparait la révolution mayençaise à une cure énergique et violente qui exige des *vomitifs* et des *amputations* [2]. Le 27 mars, paraissait un décret de l'Assemblée sur les non-jureurs, leurs familles et leurs biens ; décret terrible, que les offi-

[1] Le 29 juin 1793, la Convention décida qu'une indemnité quotidienne de 18 livres serait accordée, jusqu'à la fin de ses séances, aux trois députés. Forster mourut de maladie le 10 janvier 1794 ; cf. p. 27 ; voir sur Lux, p. 117 et sur Patocki, p. 11.

[2] Klein, *Forster in Mainz*, 444-445 ; cf. 317-319.

ciers de la garnison française jugèrent barbare et que Böhmer déclarait arraché par la triste nécessité de la guerre [1].

Tous ceux qui, dans trois jours, n'auraient pas prêté le serment civique, seraient expulsés, ainsi que leurs familles. Les femmes des privilégiés et des fonctionnaires publics, les veuves et les filles majeures des « ci-devant nobles », étaient tenues de jurer. Un étranger ne pouvait rester dans le pays qu'après avoir fait le même serment et prouvé la pureté de ses intentions par le témoignage de douze bons citoyens de la localité qu'il habitait. Les biens, meubles et immeubles de tous ceux qui refuseraient l'hommage ou qui seraient convaincus d'entretenir des intelligences avec l'ennemi et de prendre une part active à ses plans, seraient confisqués. La femme d'un déporté qui demanderait le divorce, parce que son mari refusait le serment, conserverait sa propriété et la jouissance de sa fortune. Les fils des déportés qui auraient atteint leur 21e année, n'auraient droit à leur part de patrimoine que s'ils prêtaient le serment.

Un autre décret du 28 mars déclara *émigrés* tous ceux ou celles qui avaient fui depuis l'arrivée des Français. On leur enjoignit de rentrer sous trois semaines, de se présenter à la municipalité de l'endroit où ils étaient domiciliés, de prêter le serment civique et de renoncer solennellement à leurs privilèges antérieurs. Quiconque entretiendrait les moindres rapports avec les émigrés, subirait le double châtiment de la déportation et de la confiscation. Tout émigré ou déporté qui prendrait les

[1] *Belag.*, 164 ; *Darst*, 822 ; *Preuss. Augenzeuge*, 153 « die Clubisten quälten die Leute bis aufs Blut. Dies war im höchsten Grade unmenschlich! Es hiess die Freiheit auf Kosten der Freiheit tyrannisiren. »

armes contre le nouvel état ou la République française, serait puni de mort.

Le 29 mars, autre décret. L'Assemblée savait qu'un grand nombre de fonctionnaires et de serviteurs de l'ancien régime étaient encore à Mayence et n'avaient pas juré. Elle décréta que tous les individus appartenant au personnel de l'ancienne cour, les huissiers, coureurs et domestiques du gouvernement, des tribunaux, du vicariat, du Grand-Chapitre, des églises et des couvents, tous les laquais des aristocrates, valets de chambre, cochers, chasseurs, piqueurs, coureurs, heiduques, cavaliers de la garde et tous les anciens soldats de Mayence, qu'ils fussent ou non au service, devaient, s'ils n'avaient pas prêté le serment obligatoire, se trouver le lendemain matin à huit heures sur la place du Château, avec toute leur famille pour être déportés. Quiconque désobéirait à cet ordre, serait arrêté et puni comme espion ou comme traître. Le décret reçut son exécution. Quatre à cinq cents personnes se rendirent le 30 mars, sur la place du Château. Les clubistes leur firent traverser le pont du Rhin et les abandonnèrent au pied des remparts de Kastel. Les exilés marchèrent aux avant-postes prussiens en agitant leurs mouchoirs ; un officier vint à leur rencontre et les conduisit au camp de Hochheim[1].

Mais pendant que l'Assemblée décrétait les déportations, Custine était rejeté sur Landau. Le *Çà ira*, écrivait Kästner, se change en *Ça s'en va !* « Faut-il vous le dire, écrivait un pamphlétaire, ces maudits Prussiens viennent troubler la fête. Nous ne les craignons pas : Mayence est inaccessible, inattaquable, imprenable ; Custine l'a dit, et Custine ne ment pas. Mais malgré cela on tremble ;

[1] *Darst.*, 828.

ils sont horriblement près. Custine a promis de les battre, et il les battra ; mais je crains qu'après les avoir battus, il ne se sauve encore, comme il fait toujours [1]. » Bientôt arrivaient à Mayence les grenadiers de Neuvinger, éperdus, épouvantés, criant que les Prussiens les avaient écrasés sous le nombre et que Custine les menait à la boucherie [2]. Les représentants Couturier et Dentzel quittèrent en hâte Bergzabern et « ces trente-deux communes réunies qui se voyaient à l'embouchure du canon de leur ci-devant despote [3] ». Les alliés occupèrent le territoire de Worms et de Spire. Partout ils annonçaient la fin de la comédie. Partout les clubistes et *gallomanes* étaient arrêtés, chargés de coups, jetés en prison. On les forçait, au milieu des rires et des huées, d'abattre de leurs propres mains l'arbre de la liberté, de brûler les papiers du club, de balayer les immondices des casernes françaises, de démolir les retranchements élevés par les républicains. Le maire de Worms, l'intègre et habile Winckelmann, était envoyé à Königstein, après avoir subi toute sorte d'indignes traitements [4].

« L'ennemi, disaient les journaux de Paris, n'a pu effrayer la Convention rhéno-germanique ; elle continue de délibérer avec beaucoup de calme et de dignité sur les moyens d'assurer les droits du peuple souverain [5]. »

[1] *Sur Custine et Mayence*, par un citoyen manqué, p. 8.

[2] Note inédite d'Eickemeyer (A. G.).

[3] *Supplément* au rapport de Couturier et de Dentzel, p. 136.

[4] *Die Franzosen am Rheinstrome*, 242-248 (cf. III, 15-27, le propre récit de Winckelmann) ; *Mon.*, 9 et 17 juin 1793; *Preuss. Augenzeuge*, 202-204 ; Laukhard, III, 340-359, 471-472 ; *Revolutions-Almanach von 1794*, p. 319-321 ; Remling, I, 315-317.

[5] *Le Batave*, n° 56 (lettre de Mayence, du 1er avril) et *Chronique de Paris*, 4 avril 1793. Le 20 mars, le même journal annonçait que « le célèbre Trenck allait s'établir à Mayence, pour y continuer une feuille périodique qui prêcherait les maximes de la liberté ».

En réalité, la crainte s'était emparée des cœurs. Déjà, le 29 mars, les commissaires de la Convention faisaient enlever et envoyer aussitôt à Belfort seize des bourgeois les plus considérables de Mayence qui serviraient d'otages[1]. Ils projetaient même, à l'instigation de Simon, d'expédier dans l'intérieur de la France quelques centaines de notables du pays rhénan. Mais il était trop tard. Les nouvelles désastreuses se succédaient. Custine ordonnait à Schaal de quitter Mayence sans retard avec deux bataillons de grenadiers, le 14e régiment de cavalerie et un grand convoi d'artillerie. Merlin et Reubell, prévoyant le siège de la ville, résolurent d'accompagner ce détachement. Ils laissèrent leurs pleins pouvoirs à Hofmann et emmenèrent avec eux seize nouveaux otages. Le 30 mars, dans l'après-midi, ils ralliaient à Oppenheim un escadron de chasseurs à cheval et six bataillons d'infanterie commandés par le général de Blou. Mais la colonne fut mise en déroute à Guntersblum et reflua sur Mayence. Les Prussiens délivrèrent les otages et arrêtèrent plusieurs clubistes, Köhler, et deux membres de la Convention teutonique, Blau et Scheuer. Trois autres députés, Dorsch, Blessmann, Wedekind, s'étaient joints à la colonne; Dorsch put rentrer dans Mayence ; Blessmann et Wedekind parvinrent à gagner l'Alsace. Mais quelques jours plus tard, deux patriotes renommés tombèrent entre les mains des ennemis : Arensberger, chapelain de Kastel, et Arand, curé de Nackenheim et député, qui fut reconnu à Bodenheim, sous un déguisement, par un de ses paroissiens. Tous ces prisonniers, Köhter, Blau, Scheuer, Arensberger, Arand, furent menés à Königstein. Durant le trajet, et surtout dans

[1] Entre autres, Erasme Lennig, cf. p. 33.

les rues de Francfort, la foule les couvrit d'injures et d'outrages. A la vue de ceux qu'ils regardaient comme les auteurs de leurs maux, les déportés mayençais, pris d'un accès de rage, les accablèrent d'invectives et, se jetant sur eux, la canne levée, les rouèrent de coups. Blau, déjà souffrant, mais stoïque et inébranlable, faillit périr sous la bastonnade [1].

Le 30 mars, à la nouvelle du départ des commissaires, la Convention rhéno-germanique n'avait pas dissimulé sa colère. Onze députés, Berg, Blau, Blessmann, Dorsch, Dier, Gimpel, Müller, Petri, Scheuer, Wedekind et Weinert, avaient quitté leur poste à la sourdine, sans donner une excuse ni demander un congé [2]. Böhmer et Metternich firent décider que les membres de l'Assemblée qui « souillaient par une fuite honteuse la foi solennellement jurée au peuple », seraient dénoncés à la Convention nationale de France comme *déserteurs* et privés de tout emploi public durant dix ans. Dorsch écrivit le lendemain qu'il était parti pour servir d'interprète à Merlin de Thionville, et il joignit à sa lettre un certificat du représentant. Mais Böhmer objecta que Dorsch aurait dû préférer son devoir de député aux fonctions de truchement. Il assura, pour ranimer les courages, que les commissaires de la Convention avaient chargé le commandant de la ville de comprendre les patriotes dans le premier article de la capitulation. D'autres proposèrent de déclarer l'Assemblée en permanence et la patrie en

[1] Custine, 255-257 ; Rebmann, *Die Deutschen in Mainz*, an VII, p. 94-103 (extrait du récit de Köhler) ; Klein, 475 et 495 ; Bockenheimer, *M. P.*, 3-4 ; cf. Simon, rapport du 13 août (A. E.), et *Mon.*, 2 mai 1793.

[2] Le lendemain, 31 mars, on remarquait encore l'absence de Stumme. Nau, IV, 546, 552, 556.

danger. Mais la débâcle commençait. Les députés du plat pays, tout fiers d'abord et satisfaits de leur inviolabilité, et de leur indemnité quotidienne de douze livres, prenaient en dégoût une mission qui devenait périlleuse. N'avaient-ils pas pas voté les lois les plus indispensables? L'incorporation de Mayence à la République française n'était-elle pas certaine? Le 31 mars, jour de Pâques, l'Assemblée se réunit une dernière fois pour élire la nouvelle administration générale. Elle chargea Hofmann de faire les choix. Hofmann s'adjoignit dans cette tâche quatre autres députés, Lœwer, Metternich, Mossdorff, Schlemmer, et l'administration générale fut ainsi composée : Hofmann, président; Boost, Cämmerer, Caprano, Clausius, Fuchs, Herrer, Köster, Lœwer, Metternich, Mossdorff, Schmitt, Goswin Schweicard, Solms et Stumme, presque tous membres de la Convention rhénane[1].

Ainsi finit la Convention de Mayence. Déjà les habitants recevaient l'ordre de tenir des seaux d'eau tout prêts dans les greniers, de planter des légumes dans les jardins, de se pourvoir de vivres pour sept mois. Dès les premiers jours de février le génie avait fait brûler les jolies maisons qui couvraient le Gartenfeld et abattre tous les arbres autour de la ville. La grande allée du Rhin n'existait plus; ses tilleuls et ses chataigniers

[1] Nau, IV, 551-556; Klein, 510-511. Cämmerer et Schmitt figurent en tête de la liste. Ils n'appartenaient pas à la Convention, mais ils représentaient Bingen dans l'administration générale. Cf. sur Philippe-Joseph Cämmerer (né en 1758) et ses querelles avec le Grand Chapitre de Mayence le discours de Hofmann, *Ueber Fürstenregiment*, 17; bailli de Bingen, il avait été élu maire de la ville, et il devint juge de paix du canton d'Ober-Ingelheim. Quant à Frédéric Schmitt, homme de loi et procureur-syndic de Bingen, on le trouve plus tard juge de paix et président du tribunal civil à Mayence (Bockenheimer, *M. P.*, 29, et *Gesch.*, 163).

séculaires étaient tombés sous la hache du soldat. La Favorite avait été démolie, et des redoutes s'élevaient sur l'emplacement de ce magnifique jardin de plaisance. Le blocus commençait, et bientôt personne ne reconnut plus du dehors cette cité naguère si animée, si pleine de mouvement et de bruit, où les cloches sonnaient du matin au soir, où tant de gens allaient et venaient, entraient, sortaient par toutes les portes : plus de promeneurs dans la campagne, plus de voitures et de carrosses sur les chemins, plus d'autre cloche que celle de la cathédrale, plus d'autre bruit que les coups de canon, et ce bruit seul révélait qu'il y avait encore des hommes derrière les remparts [1]. Les journaux cessèrent de paraître. Le club se ferma. « Les choses les plus importantes, rapporte un témoin, avaient été réglées dans la Convention teutonique, et les frères ne pouvaient plus, à cause de leurs occupations militaires, assister aux séances [2]. »

Mais les clubistes siégeaient encore dans la municipalité, dans le comité de surveillance et de sûreté, dans l'administration générale, et ces *comitistes*, ces « arlequins à l'écharpe tricolore », comme disaient les Mayençais, s'étaient emparés de tous les emplois [3]. Hofmann, maître

[1] *Preuss. Augenzeuge*, I, 233 ; *Belag.*, 168-169 ; Klein, 368-370.

[2] Schaber, *Tagebuch*, 51.

[3] Bauer et Steinem étaient employés dans le corps du génie, et Dresler au bureau des assignats. Illig était commissaire de police ; Kunkel, ainsi que Stöber, receveur de la douane ; Pierre, secrétaire de la municipalité ; Schmidle, capitaine en second des charrois ; Koch, commis aux magasins des effets militaires ; Sommer, commis de barrière ; Weiss, copiste de l'administration générale. Gutensohn était huissier du Comité de surveillance. Grön et Ohaus étaient pareillement huissiers. Falciola père, Bittong, Emmerich, Hafelin, Hauser, Melzer, Wilhelm Müller, Joseph Preyser appartenaient au Comité de surveillance et de sûreté générale (Falciola, président ; Bittong, secré-

absolu de Mayence depuis le départ de Forster, toujours certain de l'assentiment de Reubell et de Merlin, poursuivit sans relâche et sans pitié les déportations. 15,000 personnes abandonnèrent la ville, soit de leur plein gré, soit à leur corps défendant. Il n'y avait plus à Mayence que sept ecclésiastiques, et le conseil de guerre dut ordonner que tous les gens de métier nécessaires au service de l'armée, cordonniers, tailleurs, charpentiers, serruriers, resteraient dans la place, même s'ils étaient non-jureurs.

Mais ces ouvriers montrèrent pendant le siège la plus mauvaise volonté. Loin de trouver secours et appui dans la population, il fallut employer une partie des troupes à faire la police intérieure et à éteindre les incendies. Après la reddition, les blessés et les otages français durent quitter la cocarde ; « nous sommes, écrivait un chirurgien, regardés comme des bêtes fauves, tout le monde nous jette la pierre, et le nom de régicide est la dénomination la moins outrageante qu'on nous accorde ». Ce fut là qu'aboutit à Mayence, en 1793, le mouvement révolutionnaire ! « Malgré les fréquentes et nombreuses déportations, a dit le général d'Oyré, les habitants étaient si mal affectionnés que le gouvernement électoral n'en compta que *cent cinquante* attachés à nos principes, et les deux tiers mêmes refusèrent de se retirer en France[1]. »

taire ; Preyser, rapporteur). J.-A. Becker était secrétaire du Comité des finances (après avoir été *Kanzlist* ou commis-rédacteur de la Convention rhénane, avec Falciola fils, Weiss et Kühné). Stenner de Bretzenheim et Wohlstadt étaient membres, et Falciola fils, secrétaire du Comité de liquidation (*Darst.*, 912 ; Nau, IV, 530 ; papiers de Merlin, docum. des Aff. étrang.).

[1] Klein, 533 ; Reynaud, *Merlin*, II, 87 ; d'Oyré, *Compar. des défenses de Mayence* (A. G.) ; cf. Forster, IX, 93 (il dit qu'on a dû tenir en bride les bourgeois « mehr feindlich als gut gesinnt », et *id.*, 85, wegen der übeln Stimmung des Pöbels »).

SECONDE PARTIE

LE SIÈGE

CHAPITRE Ier

D'OYRÉ

I. La politique prussienne. — Amour et plaisirs. — Préparatifs du siège. — Kalkreuth et Schönfeld. — Emplacements des différents corps. — II. D'Oyré. — Meusnier. — Dubayet. — Les membres du Conseil de guerre. — Reubell et Merlin. — Les futurs généraux. — La garnison. — Les approvisionnements. — La place. — Les ouvrages avancés[1].

I. On a blâmé les Prussiens qui, dès les premières semaines de décembre 1792, observaient Kastel, de n'avoir commencé le blocus de Mayence qu'au mois d'avril et le véritable siège qu'au mois de juin. Mais Frédéric-

[1] Cf. sur le siège de Mayence, *Darst.*, *Belag.*, Nau, Klein, Schaab (*Gesch. der Bundesfestung Mainz*), le *Tagebuch* de Schaber, *Mainz nach der Wiedereinnahme durch die verbündeten Deutschen* (1793), le 3e volume de Laukhard (1796), les *Briefe eines preussischen Augenzeugen*, IV (1795), *Der Feldzug der Preussen* de Dohna, II et III, (1798), les *Hessen* de Ditfurth, les souvenirs de Strantz, de Gaudy, de l'officier saxon, cité par Czettritz-Neuhauss (*Zeitschrift für Kunst, Gesch., u. Wiss. des Krieges*, 1831, IV, 211-249 ; 1841, II et III, 135-164 et 271-288 ; 1844, I, II, III, 62-90, 159-183, 242-270), ceux de Minutoli et de Gœthe, ceux de l'officier autrichien, reproduits par Bleibtreu dans ses *Denkw. aus den Kriegsbeg. bei Neuwied* (1834, p. 161-185), le journal de Duncker (Saint-Cyr, *Mém. sur les camp. des armées du Rhin*, 1829, I, 233-299), la *Skizzirte Beschreibung*, le mémoire imprimé de d'Oyré, ses observations manuscrites, son *Jour-*

Guillaume et ses ministres n'étaient pas pressés. Il leur importait peu d'écraser la Révolution. Ils désiraient, avant tout, un « arrondissement » en Pologne et, comme l'Autriche s'opposait jalousement à cette acquisition, ils ne secondaient leur alliée qu'avec mollesse. Le roi de Prusse pouvait, après avoir rejeté Custine sur Landau, s'unir à Wurmser et pénétrer en Alsace. Il se contenta de former un cordon d'observation de Kreuznach à Deux-Ponts et d'investir Mayence doucement, posément, sans se hâter, sans se soucier des plaintes de Thugut et de Wurmser, sans écouter les récriminations des émigrés qui parlaient amèrement d'un nouveau siège de Troie. Quand les affaires de la Pologne seraient définitivement réglées, il mettrait plus de vigueur dans ses opérations; en attendant, sa gloire était suffisamment flattée de disputer et d'enlever à force de temps Mayence aux républicains [1].

Aussi le camp prussien était-il comme un camp de plaisance. Les généraux et les états-majors s'installaient tranquillement et à leur aise, les uns dans des maisons, les autres sous des tentes à la fois commodes et pittoresques, pourvues de toutes choses, artistement ornées de branches de sapin, entourées de petits jardins et de bosquets. Ils jouissaient des frais ombrages et du piquant contraste qu'offraient, parmi des scènes de destruction et de mort, les beaux jours de l'été. Ils se rendaient fréquemment à Darmstadt où le landgrave

nal du siège, les mémoires de Beaupuy, de Damas, de Decaen, de Gaudin, de Rougemaître, de l'officier du génie Vérine, du général X***, les papiers de Merlin de Thionville (Archives de la guerre, Archives nationales, mss. de la Bibliothèque nationale et de la Bibliothèque de Caen), etc.

[1] Cf. Sorel, III, 440-443.

célébrait par des fêtes magnifiques les fiançailles de la princesse Louise de Mecklenbourg avec le prince royal de Prusse, et la future reine venait un jour visiter le camp avec sa sœur : « célestes apparitions, s'écriait Gœthe, au milieu du tumulte de la guerre[1] ! »

Le roi lui-même songeait moins aux combats qu'aux plaisirs, et ne partageait plus, comme en Champagne, les fatigues de son armée. Depuis qu'il avait vu la fille d'un banquier francfortois, Mademoiselle Bethmann, il ne rêvait et ne parlait plus que d'elle; il l'aimait, dit Dampmartin, jusqu'à l'idolâtrie et lui proposait le mariage. La jeune personne hésitait; elle craignait l'inconstance de Frédéric-Guillaume; mais, ajoute Dampmartin, « ses rigueurs parurent adoucies par tant de prévenances et de soins que près de cette intéressante, mais sévère beauté, le roi goûta quelques instants de bonheur[2] ».

D'ailleurs, un siège ne s'improvise pas, et à cette époque où la guerre se faisait avec tant de lenteur et de circonspection, une semblable entreprise ne s'exécutait pas sans tâtonnements ni retards infinis. Les Prussiens n'avaient pas encore, au mois d'avril, de grosse artillerie, et dans les commencements du blocus, on leur criait des avant-postes français : « Sots que vous êtes, beaucoup de retranchements et peu de canons[3] ! » Ils durent faire venir à grands frais des bouches à feu de Franc-

[1] Gœthe, 239 ; cf. *Mon.*, 12 mai 1793.

[2] Dampmartin, *Quelques traits de la vie privée de Frédéric-Guillaume II*. 1811, p. 150-151 et 164 ; *Mon.*, 24 mai 1793. (Lettre de Francfort « il n'oublie pas l'amour des plaisirs et vient souvent ici au spectacle ».)

[3] *Preuss. Augenzeuge*, 238 (« Dumm Preuss' viel Schanz und wenig Kanon! »). Le mot se trouve aussi dans les souvenirs de l'officier saxon qu'a reproduits Czettritz, 88 « Ihr seid grosse Coujons, habt viel Schanzen, wenig Canons ! »

fort, de Berlin, de Magdebourg, de Wesel, obtenir de l'évêque de Würzbourg ses douze pièces de 24, « véritables colosses » qu'on nomma les *douze apôtres* [1], négocier avec les Provinces-Unies la location de quelques chaloupes canonnières, et l'on vit un train de siège autrichien passer aux environs de Mayence et prendre le chemin de la Belgique, tandis que Frédéric-Guillaume demandait aux États-Généraux de l'artillerie, comme si l'on ne pouvait battre Mayence par le canon impérial et les forteresses de Flandre par du canon hollandais [2] ! Ils durent couper des bois entiers pour faire des chevaux de frise et construire leurs redoutes et ouvrages de contrevallation [3]. Ils durent appeler de tous côtés des ingénieurs et des officiers des armes spéciales, préparer jour et nuit à Hanau les munitions nécessaires, fondre les boulets, les bombes, les grenades dans un laboratoire à Flörsheim [4]. Ils durent, pour faciliter les communications, jeter un pont sur le Mein à Rüsselheim et sur le Rhin un autre pont, de 76 pontons, qui relia Laubenheim à Ginsheim par l'île des Nonnes ou Nonnenau. Ils durent enfin déterminer le nombre des troupes d'investissement. L'armée de 33,000 hommes qu'il fallait mettre devant Mayence, d'après la convention de Francfort, était-elle assez considérable pour défier 23,000 Français et pour cerner une place de cette étendue ? Il était indispensable de la renforcer de 10,000 hommes. Mais le prince de Cobourg qui s'engageait à fournir 15,000 Impériaux, n'en put détacher que 5,000. On voulut recourir à Wurmser; il ré-

[1] Strantz, 222.
[2] Gaudy, 136.
[3] *Mon.*, 1er juillet 1793.
[4] Minutoli, *Erinn.*, 226 et suiv.

pondit qu'il n'aurait plus assez de monde pour tenir la campagne. Après avoir perdu plusieurs semaines, on prit quelques milliers d'hommes au corps autrichien du Brisgau. Les landgraves de Hesse-Cassel et de Hesse-Darmstadt, l'Électeur de Saxe, l'Électeur palatin donnèrent le reste. Ce dernier ne rompit sa chère neutralité qu'avec peine et sur les menaces de l'Autriche. Mais le 22 avril, la diète de Ratisbonne avait interdit à tous les membres de l'Empire la neutralité envers la France[1]. Encore les Palatins et Bavarois, dit un témoin oculaire, « regardaient-ils comme une sottise de se faire tuer, et désertaient sagement; ç'a été la fièvre habituelle de toutes les troupes d'Empire accoutumées aux parades d'église et non aux exercices de l'héroïsme; quinze à vingt hommes s'échappèrent en une seule fois de leur compagnie[2]. »

A ces causes de retards se joignaient les dissentiments entre les deux généraux qui dirigeaient les opérations du siège : Schönfeld, sur la rive droite, et Kalkreuth, sur la rive gauche du Rhin. Ennemis personnels, ils agirent isolément et sans jamais se concerter. Les troupes épousèrent la querelle de leurs chefs, et quoique Schönfeld fût le subordonné de Kalkreuth, les deux armées ne se soutenaient dans aucune occasion et se plaignaient sans cesse l'une de l'autre. Schönfeld avait commandé les insurgés brabançons et joué dans la révolution belge un rôle équivoque. Les officiers autrichiens ne servirent sous ses ordres qu'avec répugnance. L'entourage de Kalkreuth prétendit un jour qu'il avait passé du côté des Français; la nouvelle se répandit

[1] *Mon.*, 26 avril, 5 et 11 mai 1793.
[2] *Preuss. Augenzeuge*, 308.

comme une traînée de poudre; les soldats se crurent trahis et Schönfeld n'eut d'autre ressource que de se montrer dans le camp; il se mit en selle et se promena silencieusement à travers les tentes [1].

L'investissement de Mayence s'acheva le 14 avril. Les 24,000 hommes dont Kalkreuth avait le commandement [2], s'établirent sur la rive gauche : les Prussiens et le contingent de Hesse-Darmstadt entre Marienborn et Finthen; les Palatins, à Bodenheim et à Mombach; les Impériaux, à Laubenheim et à Hechtsheim. Le quartier-général était au presbytère de Marienborn. Le jeune prince Louis-Ferdinand qui se signalait par sa folle bravoure et que ses contemporains nommaient le futur Condé de la monarchie prussienne, occupait dans le même village la maison de la Chaussée.

Mais, dès le début, Kalkreuth avait commis une faute grave. Il aurait dû s'avancer à l'extrémité de son aile droite et, avec un peu de hardiesse, se rendre maître du bourg de Weisenau qui s'étendait sur les bords du Rhin jusqu'à huit cents pas de la forteresse. Il pouvait ainsi masquer ses mouvements, assaillir la gauche du fort Saint-Charles, diriger contre le corps de place des attaques combinées par terre et par eau. Dès qu'il possédait Weisenau, il possédait les îles de l'embouchure du Mein; du haut de Weisenau, son artillerie balayait à la fois Kostheim, sur la rive droite du Rhin, et le pont de bateaux qui reliait Mayence à Kastel [3].

[1] Kalkreuth et Schönfeld étaient tous deux généraux de cavalerie. Gaudy, 147 ; Strantz, 238 ; Czettritz, 84 et 165; Gœthe, 237-239 ; cf. sur Schönfeld, *Jemappes*, 30-40.

[2] A la fin du siège, Kalkreuth avait sous ses ordres 28,075 hommes, et Schönfeld, 15,385 (Gaudy, 149).

[3] Gaudy, 283-284.

Les douze mille hommes de Schönfeld étaient de l'autre côté du fleuve : les Prussiens, à droite de la chaussée de Mayence, à 3,000 pas de Kastel; le contingent saxon, au Hasenbach ; les soldats de Hesse-Cassel, entre la tour d'Erbenheim et le ruisseau de Salzbach ; un détachement de chasseurs prussiens, à Biebrich ; des chevau-légers de Hesse-Darmstadt, à Mosbach. Trois redoutes s'élevaient entre Mosbach et Biebrich. Neuf batteries, rangées en demi-cercle sur les hauteurs de Hochheim, menaçaient Kastel. Un simple poste occupait Kostheim, entre Kastel et Hochheim, à 2,000 pas de Kastel et à 1,500 pas de Hochheim. Ce village de Kostheim devait être, pendant le siège, le théâtre d'engagements meurtriers, et les alliés auraient bien fait de s'y installer solidement. Mais, dit un officier, on se contenta toujours de demi-mesures pour le défendre[1].

Un détachement de cinq bataillons commandé par le colonel Rüchel, devait s'établir à la fin du mois d'avril sur la pointe entre Rhin et Mein, dans la Gustavsbourg ou fort Gustave construit par le roi de Suède, en 1633. Mais les Prussiens eurent, comme les Français, le tort impardonnable[2] de ne pas se loger dans les îles ou *Auen* du confluent. Ces îles étaient au nombre de trois : 1° l'île Kopf ou des Trois-Meuniers (*Drei Müller Wärtchen*) que les Prussiens appelèrent l'île Speck, et les Français, l'île du Rhin ou île Meusnier ; 2° la Bürgerau que les Français baptisèrent île Carmagnole ou île du Mein ; 3° la Bleiau que les Français nommèrent île Longue, parce qu'elle a au moins 500 toises de longueur.

II. Dès le 25 mars, trois jours avant Bingen, Custine

[1] Strantz, 220.
[2] Czettritz (161, « unverzeihlich »).

avait distribué les principaux commandements. D'Oyré, à qui cette fonction était depuis longtemps dévolue, dirigerait la défense, et serait « le maître de l'organisation de Mayence et de Kastel » ; aussi prit-il le titre de général en chef. Meusnier commandait à Kastel et devait se concerter avec d'Oyré. Aubert-Dubayet, ou comme on le nomme plus brièvement, Dubayet, était commandant des troupes de la garnison, tant de Mayence que de Kastel.

D'Oyré avait alors cinquante-quatre ans. C'était un homme de haute taille et de belle figure, au regard doux, à la physionomie bienveillante, aux manières naturelles et franches. Il avait de l'esprit et un savoir étendu ; il maniait facilement le sarcasme et saisissait les ridicules avec sagacité [1] ; il lisait l'anglais et s'entretenait volontiers avec Forster. « Il est libéral, dit ce dernier, et l'aristocrate perce chez lui : il croit que la foule n'est pas mûre pour l'exercice de ses droits ; que les passions de ceux qui parlent au nom du peuple, sont le ressort des événements ; bref, qu'on a simplement changé de maître. » Mais si d'Oyré ne se piquait pas de jacobinisme, il était, rapporte un de ses lieutenants, « entièrement dévoué à la chose publique et au succès des armes de sa patrie ». Il avait fait la guerre en Amérique sous les ordres de Rochambeau qui le tenait pour un officier du plus brillant mérite. Il était colonel du génie et directeur des fortifications à Metz, lorsque Kellermann le nomma provisoirement

[1] Notes du général X*** (A. G.) : « Il n'a pas tout dit (dans son mémoire) et ce qu'il a tu, était à son avantage ; on mettra d'autant plus de prix à sa modération. » Le général X*** ajoute que d'Oyré aurait pu confondre, s'il l'avait voulu, « ceux qui ont tout fait pour le déshonorer ».

maréchal de camp. Custine le demanda comme chef du génie : « la réputation de d'Oyré, assurait-il, était faite et ses grandes connaissances seraient très utiles pour la conservation des conquêtes de la République. » D'Oyré partit pour Mayence. On a prétendu qu'une blessure dont il était imparfaitement guéri, l'empêchait de monter à cheval et par conséquent de tout voir de ses yeux. Mais il connaissait la place, il se rendit quelquefois de sa personne sur les points essentiels[1], et, disait Beaupuy, « s'il a une jambe malade et ne peut marcher, sa tête est bonne, et c'est l'homme qu'il faut pour défendre une ville comme Mayence ». Il se défiait justement de sa garnison qu'il savait indisciplinée, hésitante, et brave par accès ; aussi aimait-il mieux s'établir et se fortifier dans de sûres positions que d'étendre son action trop au loin. Non qu'il voulût s'enfermer dans l'enceinte de Mayence. Il sentait la nécessité de tenir les assiégeants à distance. Il fit construire des flèches et des redoutes en avant de la place pour retarder autant que possible le bombardement. Il ordonna des sorties qui habitueraient le soldat à voir ses adversaires en face et lui donneraient une bonne opinion de lui-même ; « elles sont, disait-il, les moyens les plus certains de prolonger la défense et de rebuter l'ennemi. » Mais il désirait qu'elles fussent profitables, qu'elles eussent un but précis et déterminé ; les troupes qui les en-

[1] Le 30 avril, il est sur la hauteur de Zahlbach ; le 11 mai, il fait le tour des fortifications ; le 21 mai, il se rend à Kastel et le surlendemain à Weisenau ; le 7 juin, il visite les îles Saint-Pierre et Saint-Jean ; le jour suivant, il retourne à l'île Saint-Jean et reconnaît avec Schaal le terrain vers Marienborn ; le 22 et le 23 du même mois, il fait, avec Gaudin, la tournée des travaux, et le 23, il visite seul les ouvrages de Zahlbach, dont il approuve l'agrandissement (*Journal du siège* et surtout Gaudin).

treprenaient, ne devaient pas s'aventurer ni demeurer longtemps en rase campagne ; elles se formeraient en colonnes de deux à trois mille hommes et ne feraient que de grands coups de main en l'espace de trois heures au plus [1].

Le second de d'Oyré, le général Jean-Baptiste Meusnier, alors âgé de trente-neuf ans, plus impétueux, plus fait pour les actions hardies, voulait au contraire disputer le terrain aux assiégeants le plus loin possible et opérer sans cesse de périlleuses sorties. Mathématicien profond, membre de l'Académie des Sciences à l'âge où d'autres sont encore sur les bancs, il était un des ingénieurs les plus distingués de l'armée. Dès l'école de Mézières, de Caux le jugeait « excellent sujet, grand théoricien et propre à tout ». Il avait inséré dans les *Mémoires* de l'Académie des travaux sur la courbure des surfaces, sur la décomposition de l'eau [2], et il proje-

[1] *Journal du siège*, 16 mai; rapport de Schaal, 19 mai 1793 (A. G.) D'Oyré est né à Sedan, le 27 mai 1739 ; il avait pour père un maréchal de camp. Elève de l'école du génie de Mézières (1756), ingénieur (1759), capitaine (1765), major (1783), lieutenant-colonel (1791), il fut nommé colonel, le 8 février 1792, et maréchal de camp provisoire, le 9 octobre, et titulaire le 6 décembre de la même année. On le mit à la retraite le 31 mars 1796. Cf. Iung, *Dubois-Crancé*, I, 67, 110, 453; Kellermann et Custine à Pache, 9 et 31 oct.; Pache à Custine, 8 nov. (« son patriotisme, son zèle, ses talents vous seront très utiles »); Carnot-Feulins à Pache, 10 nov. 1792 (A. G.); Bussière et Legouis, *Beaupuy*, 60-61 ; Forster, VIII, 308 et 320 ; Gœthe, éd. Strehlke, p. 256; Fersen, II, 425 ; *Preuss. Augenzeuge*, 225 et 433 ; Manso, *Gesch. des preuss. Staates*, I, 264 (« Kein unkundiger und unentschlossener Befehlshaber ») ; *Mainz nach der Wiedereinnahme*, 49 (« unbescholten »); Czettritz, 179 (témoignage de Kalb qui a connu d'Oyré en Amérique et le regarde comme un « homme extrêmement digne, modeste et savant, qui a conduit le siège de Yorktown »), et 258 ; procès de Custine, dépos. de Simon (*Mon.*, 28 août 1793) ; mém. de Gaudin.

[2] *Revue rétrospective*, seconde série, tome IV, 1835, p. 77-99. Meusnier composa le mémoire sur la courbure des surfaces, à l'âge de vingt-deux ans. Il prouva dans le mémoire sur la décomposition de

tait la construction d'un aérostat que l'homme dirigerait à l'aide des courants de l'atmosphère et de rames en forme d'hélice. Il avait fortifié Cherbourg et obtenu les éloges du duc d'Harcourt et de Rochambeau. Jacobin exalté, grand ami de Pache qu'il connut à la Société populaire de la section du Luxembourg, et, après la démission de Servan, un des personnages les plus considérables dans les bureaux de la guerre, il avait rédigé les réponses du ministre aux généraux et ce fut lui sans doute qui proposa et soutint le grand plan d'offensive, la marche de toutes les troupes vers le Rhin. Beurnonville l'envoya à l'armée de Custine ; Meusnier, disait-il, « avait tout le patriotisme et l'intelligence pour être un bon chef d'état-major ». Custine préféra le mettre à Kastel et, en abandonnant Mayence, il lui mandait qu'il comptait sur son « génie inventif [1] ».

Meusnier avait plus de talents et plus d'audace que personne à Mayence. Nul mieux que lui ne se raidissait contre les difficultés, et il possédait toute l'énergie, toute l'obstination nécessaire à l'homme qui gouverne une place et qui s'est juré de faire une longue et vail-

l'eau que ce fluide n'est pas une substance simple et qu'il y a plusieurs moyens d'obtenir en grand l'air inflammable qui y entre comme principe constituant. Un troisième mémoire est consacré à un appareil propre à manœuvrer différentes espèces d'air dans les expériences qui exigent des volumes considérables ; un quatrième, aux moyens d'opérer une entière combustion de l'huile et d'augmenter la lumière des lampes en évitant la formation de la suie.

[1] Augoyat, not. ms. ; Saint-Cyr, I, 271-272, note ; Rochambeau, *Mém.*, I, 373 ; *Mem.*, sur Carnot, 1893, I, 125 ; *Jemappes*, 139-140 ; *Mainz nach der Wiedereinnahme*, 49 (« der heftigste Jakobiner ») ; Beurnonville à Custine, 14 févr. 1793 ; Custine à Meusnier, 18 févr. et 7 mars 1793 (A. G.) ; *Mon.*, 28 août 1793 ; *Journal* de Damas, (Meusnier arriva pendant que Custine était à Paris, et servit d'abord à Frankenthal sous Munnier ; Wimpffen lui destinait le commandement de l'avant-garde.) Il est né à Tours, le 19 juin 1754.

lante défense. Mais il n'avait pas encore l'habitude de manier les troupes et ne connaissait pas suffisamment le soldat. Il s'illusionnait sur les forces qu'il commandait et ne les voyait pas telles qu'elles étaient réellement, ne voyait pas qu'il leur manquait non le courage, mais l'organisation, l'obéissance, la discipline. Il combinait savamment ses opérations, les réglait avec la même précision que s'il eût réglé une machine. Il ne songeait pas que la machine dont il disposait avait ses défauts et ses imperfections. « Lorsqu'il prévoit une forte résistance, dit un officier, il augmente la longueur de ses leviers : malheureusement ce sont des hommes et des assiégés qu'on ne peut remplacer ; il calcule bien l'effet qu'il doit produire sur les Prussiens, mais il ne peut classer dans ses calculs les effets du frottement et de la réaction qui agit sur sa propre mécanique. » Téméraire et résolu de vaincre à tout prix, il ne tenait aucun compte des obstacles et ménageait la vie de ses soldats aussi peu que la sienne. Il proposait de passer sur la rive gauche du Mein, d'entrer dans le pays de Darmstadt, de détruire le pont d'Oppenheim, de brûler les magasins des ennemis, puis de regagner Mayence. Le plan était beau, mais d'Oyré objecta judicieusement qu'il était trop vaste et qu'il exigeait au moins 10,000 hommes : des forces aussi considérables pouvaient-elles s'engager à pareille distance, au risque d'être coupées dans leur retraite ? Meusnier prétendait qu'il jetterait un pont en deux ou trois heures à l'embouchure du Mein. Ignorait-il, disait d'Oyré, que le Main avait à son embouchure une largeur de cent cinquante toises [1] ?

[1] *Mém.* du général X*** ; d'Oyré, *observations addit.*

Probe d'ailleurs, intègre, plein de sensibilité, un peu distrait, comme tous les penseurs, et absorbé par les projets qu'il roulait sans cesse dans sa tête inquiète, il serait admirable à tous égards s'il avait eu plus de modération et de modestie. Mais une ambition ardente, démesurée, dévorait Meusnier. Il voulait dominer partout, avoir partout la première place qu'il croyait due à son mérite éminent et qu'il avait prise à l'Ecole de Mézières, à Cherbourg, dans le corps des ingénieurs, au ministère de la guerre, et dans le monde des savants. Il avait désiré le commandement supérieur de Mayence et il insinuait que d'Oyré ne possédait pas la vigueur physique que demandait une pareille tâche [1]. Il fit au général en chef une opposition déclarée. A l'entendre, il ne dépendait de personne. Mayence, d'Oyré, le Conseil de guerre ne devaient pas le gêner dans sa conduite ; il était seul maître de ses desseins, et à Kastel et sur la rive droite du Rhin il n'exécuterait que ses résolutions personnelles. Reubell et Merlin appuyèrent Meusnier qui les fréquentait assidûment et qui mêlait dans sa conversation à de grandes vues militaires les assurances du républicanisme le plus fervent. Durant tout le siège, d'Oyré ne connut jamais les intentions de son lieutenant qu'après leur accomplissement. Fort de la protection des commissaires, Meusnier allait de l'avant et s'affranchissait de toute entrave. « Il avait, dit un officier, secoué entièrement le joug et désobéissait ouvertement aux ordres qu'il recevait de Mayence. Il avait organisé des moyens d'insubordination à Kastel ; là il prêchait au milieu de ses disciples le maratisme le plus dégoûtant, et lorsqu'il fut tué, les commissaires étaient au moment de lui

[1] « Ce général, écrivait-il le 24 mars à Custine, n'est point encore en état de faire usage de sa jambe. » (A. G.)

donner le commandement en chef, après avoir destitué d'Oyré. » Une fois, au lendemain d'un échec, il proféra de violentes menaces contre d'Oyré et son entourage qu'il nommait ironiquement la *cour de Mayence* : « Cette cour, s'écriait-il dans un transport de colère, cette cour de Mayence travaille mes troupes et fait avorter mes projets ! Mais qu'ils y prennent garde : je passerai le Rhin, je me rendrai à la parade et je les exterminerai ; les patriotes ont la majorité et je me mettrai à leur tête [1] ! »

Annibal Aubert-Dubayet, qui devint plus tard général de l'armée des côtes de Cherbourg, ministre de la guerre et ambassadeur à Constantinople, avait représenté le département de l'Isère à la Législative. Thuriot le blâmait d'avoir « montré une opinion peu prononcée ». Mais Dubayet présida l'Assemblée et y fit quelques discours remarquables. Il s'éleva contre les émigrés et tous ceux qui, démissionnaires ou déserteurs, « allaient au rendez-vous de l'orgueil et tournaient leurs armes contre la patrie » ; il proposa d'embrigader les gardes nationales avec les troupes de ligne ; il trouva des termes émus pour louer la classe la plus précieuse des officiers, les capitaines et les lieutenants qui doivent être les véritables compagnons du soldat, partager ses fatigues et ses dangers, le guider, le mener à la victoire en animant son courage à chaque instant. On lui reprochait néanmoins un peu d'emphase. « Si les boulets de canon, écrivait-il à Kléber, étaient des boules de neige,

[1] *Mém.* du général X***. « Le système de Meusnier, dit d'Oyré, a été constamment suivi, de porter ses moyens sur la rive droite du Rhin, dans la vue de faire des expéditions au-delà de ce fleuve, sans s'occuper de la défense de Kastel et moins encore de celle de Mayence, et il était appuyé par une autorité supérieure à celle du général en chef. »

si les bivouacs d'hiver étaient des bals parés où l'ambre des parfums exquis répand dans une atmosphère échauffée par le souffle de cent beautés une délicieuse chaleur, je te demande quel mérite y aurait-il à faire la guerre ? » Dubayet, naguère lieutenant-colonel du 82e régiment, ci-devant Saintonge, commandait à Worms comme chef de brigade lorsqu'il reçut l'ordre de se rendre à Mayence. Custine le nommait un officier nerveux et annonçait à d'Oyré que, par sa fermeté, par son activité, il aurait bientôt « mis les choses sur un bon pied ». Il était né à la Louisiane et respirait, suivant le mot de Beaupuy, toute l'ardeur du soleil de son pays natal. « Je suis né, disait-il pendant le siège, sur le Mississipi, un des plus beaux fleuves de l'Amérique, et je mourrai ici, sur un des plus beaux fleuves de l'Europe. » Sa conduite fut admirable. Il déployait autant de vigilance que de bravoure : il était à tous les incendies et encourageait, stimulait la troupe qui travaillait à les éteindre. « Ses excellentes qualités d'esprit et de cœur, rapporte un contemporain, lui valurent l'estime et l'affection des Mayençais. » Mais le valeureux, entreprenant et chevaleresque Dubayet, le *brave Annibal*, comme l'appelaient ses amis, était en même temps homme du monde : il voulait faire son chemin, il voulait réussir, e', affable envers tous, il ne pouvait, assure un officier, « rien dire de désobligeant à ceux mêmes qu'il méprisait[1] ».

[1] Il fut nommé général de brigade le 2 avril 1793, par le Conseil de guerre et devint général de division le 4 février 1795. Cf. Discours de Thuriot (4 août 1793) ; discours de Dubayet (*Mon.*, 23 oct. 1791 et 5 février 1792) ; lettre à Kléber (*Revue rétrosp.*, V, année 1834, p. 314) ; Rousset, *Les Volont.*, 37 ; Custine à d'Oyré, 25 et 28 mars 1793 ; *Mém.* du général X*** « Il voulait plaire aux puissances législative et exécutive... Il a mal reçu d'Oyré à son retour en France ; on ne devient ni général, ni ministre sans plaire aux puissances du mo–

En d'autres temps, et si les commissaires de la Convention ne s'étaient pas trouvés dans la place, d'Oyré eût peut-être exercé le commandement sous sa propre responsabilité. Mais il désirait ne laisser aucun doute sur la pureté de ses intentions. Dès les premiers jours, il déclara que sa conduite serait franche et loyale, que les principaux officiers devaient savoir tout ce qui se passait et discuter avec lui les moyens de défense, et que, d'ailleurs, dans ses difficiles fonctions, il lui serait très utile de s'éclairer des lumières d'autrui et de prendre l'avis des hommes expérimentés et instruits [1].

Le Conseil de guerre, présidé par d'Oyré, comptait tous les généraux et les chefs de corps. C'étaient, outre d'Oyré, Meusnier, Dubayet et de Blou [2] ; l'adjudant-général Chadelas, chef de l'état-major [3] ; Chevalier, chef de brigade du 57e régiment d'infanterie [4] ; Dazincourt,

ment » (A. G.) ; Reynaud, *Merlin*, II, 51 et 68 ; Bussière et Legouis, *Beaupuy*, 61 ; Philippeaux (*Compte-rendu*, 4e partie, p. 16), le juge « brave soldat et franc républicain, toujours prêt à se sacrifier pour sa patrie, l'âme aussi pure que généreuse », et un Allemand (Czettritz, 254), loue ses nobles façons et son zèle pour sa cause « ein Mann von vielem Anstand, und sehr warm für seine Sache ». Cf. *Mainz nach der Wiedereinnahme*, 34-35. Il avait annoncé qu'il écrirait une histoire du siège de Mayence ; mais, dit Legrand, « la vérité n'y sera pas toujours très sévère, comme il arrive toujours quand on veut faire des espèces de poème épique » (A. G.).

[1] Gaudin et discours de Dubayet, 16 mai (A. G.).

[2] Il fut frappé le 27 juin, ainsi que Gaudin, par un éclat d'obus, dans la cour du quartier-général. On l'inhuma avec Gaudin, dans le terre-plein du bastion Raymondi, avec les honneurs militaires ; et l'ennemi, prévenu, interrompit son feu pendant la cérémonie. « Il s'était, dit le *Journal du siège*, montré juste et humain envers les habitants ». Cf. *Custine*, p. 255.

[3] Chadelas avait organisé le camp de Soissons (*Retraite de Brunswick*, p. 36).

[4] Pierre Chevalier avait alors 63 ans. Le Conseil de guerre le nomma provisoirement général de brigade, le 14 avril, et lui confia, le 5 juillet, le soin de diriger la batterie qui devait tirer à cartouches

chef de brigade du 14e régiment de cavalerie [1]; Le Dieudeville, commandant de l'artillerie [2], et Douay, chef de bataillon, directeur de l'arsenal [3]; Galle, capitaine des mineurs [4]; Gaudin, chef du génie [5]; Gillot, directeur du parc [6]; Schaal, chef de brigade et commandant temporaire de Kastel [7]; Schleginski, chef de brigade du 7e régiment de chasseurs à cheval [8]; Vimeux, chef de brigade du 32e régiment d'infanterie, vieux et modeste soldat qui devint plus tard, à son corps défendant, général

sur le fleuve et le quai, dans le cas d'une attaque par eau. Dubayet le chargea, le 5 pluviôse an IV, d'activer l'exécution de la loi du 4 frimaire et de faire entendre le cri de la patrie en danger, dans les départements de l'est. Un bon juge l'appréciait ainsi : « Trop bigot, pour être entièrement dans le sens de la Révolution et trop honnête homme pour trahir sa patrie » (18 août 1792, A. G.).

1 Louis-Stanislas Dazincourt avait alors 31 ans.

2 Le Dieudeville fut nommé général de brigade, le 28 mai, par le Conseil de guerre.

3 Douay, naguère capitaine commandant l'artillerie à Landau, fut nommé chef de brigade, le 17 juin, par le Conseil de guerre, devint directeur de l'artillerie à Strasbourg, et prit un congé en 1798.

4 Galle fut nommé chef de bataillon, le 26 mai, par le Conseil de guerre.

5 Gaudin, naguère employé à Landrecies, fut nommé, le 6 avril, chef de bataillon. « Il réunissait, dit le *Journal du siège*, aux connaissances de son métier, un esprit droit et conciliant, un très grand sang-froid; il dirigeait avec intelligence et surveillait avec exactitude les travaux très multipliés de la défense. »

6 Gillot (Joseph-Charles-Sophie), chef de brigade d'artillerie, avait alors 53 ans.

7 Schaal (François-Ignace), alors âgé de 45 ans, fut nommé le 3 mai général de brigade, par le Conseil de guerre, et devint général de division, le 13 juin 1795; il était naguère lieutenant-colonel du 93e régiment et commandait à Worms (cf. *Custine*, p. 125 et 255). Ses notes portent qu'il était « propre au commandement d'une division » — mais non d'une armée.

8 Schleginski (François-Charles), alors âgé de 54 ans, avait, dit un Allemand, tout à fait le caractère polonais (Czettritz, 251); Custine déclare à son procès, qu'il aurait nommé commandant de Mayence cet honnête homme, ce patriote, s'il l'eût connu (*Mon.*, 27 août 1793).

en chef de l'armée de l'Ouest, et qui reçut, le 28 juin, après la mort de Blou, le commandement particulier de Mayence[1]; le commissaire-ordonnateur Blanchard[2]; le commissaire des guerres Brunck[3].

Les commissaires de la Convention, Reubell et Merlin de Thionville, et ceux du pouvoir exécutif, Simon et Meyenfeld, rejetés dans la ville après l'échec de Guntersblum, assistaient aux séances du Conseil. Simon surveilla la fabrication de la monnaie de siège[4]. Reubell et Merlin, toujours d'accord, et comme disait Reubell, deux

[1] Vimeux, nommé général de brigade, le 28 mai, par le Conseil de guerre, confirmé le 30 septembre 1793, général de division, le 4 mars 1794, ne semblait pas, dit un officier saxon, « avoir grand crédit, et sa conversation marquait un esprit médiocre ». (Czettritz, 260.) Le mémoire inédit qu'il a rédigé sur sa carrière militaire est sec et insignifiant.

[2] Pierre Blanchard était très estimé. Il avait été un instant dans la « position la plus bizarre »; des commissaires de la Législative l'avaient suspendu à l'armée du Rhin; d'autres l'avaient appelé à l'armée du Centre. Il resta à l'armée du Rhin parce que Custine refusait de le renvoyer; « en nous l'ôtant, disait Biron, nous ne pouvons répondre du service » (Biron à Custine, 5 sept. et à Servan, 17 septembre 1792 (A. G.). Cf. le témoignage de Custine à son procès : « Je n'avais que Blanchard; il m'a donné les moyens de prendre Spire et Mayence. » *Mon.*, 23 août 1793).

[3] Adrien Brunck, né le 27 février 1773, à Strasbourg, aide-commissaire des guerres, le 1er avril 1792, nommé commissaire des guerres, le 15 juin 1793, par Reubell et Merlin, réformé à l'organisation du 16 avril 1793, renommé commissaire des guerres adjoint, le 11 vendémiaire an III, par Féraud et Neveu, devint, le 9 ventôse an VIII, sous-inspecteur aux revues. Il avait un grand-père maternel commissaire-ordonnateur et un père (le fameux helléniste), ainsi qu'un oncle maternel commissaires des guerres. Merlin le nomme un « sujet distingué » et l'ordonnateur Martellière, un « sujet de la première distinction ».

[4] Cf. sur Simon et Meyenfeld, ci-dessus, p. 60 et 90. Simon se plaint dans son rapport (A. E.) des militaires du Conseil; « ils finirent par nous tolérer (Meyenfeld et lui), mais la plupart nous recevaient de mauvais œil; d'Oyré faisait semblant de ne pas nous apercevoir, et jamais il ne demandait notre avis ».

bons bougres de montagnards qui ne voulaient que le salut de la République, s'étaient réservé, le premier, les détails de l'administration civile[1], le second, les mouvements militaires. Ils avaient une autorité considérable, et, selon le mot de d'Oyré, une influence d'autant plus embarrassante que les limites de leur pouvoir n'étaient pas tracées. Aussi pesèrent-ils sur les résolutions du Conseil. Ils soutinrent Meusnier contre d'Oyré et firent prévaloir un système d'opérations téméraires plutôt que d'admettre une méthode de guerre moins brillante mais plus solide, qui eût ménagé la garnison et prolongé la résistance. Ils déterminèrent la belle sortie de Marienborn ; mais ils imposèrent la malheureuse expédition de Mosbach, et ce furent eux qui précipitèrent la reddition de la place. Un officier assure qu'au lieu de laisser à d'Oyré sa responsabilité, ils l'ont « contrarié sans cesse » et que le général en chef ne put, dès le commencement du blocus, « adopter un plan et le suivre avec vigueur », qu'il dut « aller au jour le jour et se livrer au hasard », que, sans la présence des commissaires et leur fâcheuse

[1] Reubell, député du Haut-Rhin à la Convention (il avait eu au premier tour du premier scrutin 305 voix sur 416), était, dit un des assiégeants, « long et gros, raide et renfermé » (Czettritz, 160). Un des assiégés le décrit ainsi : « Il était autrefois d'une société très douce ; il m'a paru tel toutes les fois qu'il a voulu oublier avec moi son nouveau rôle ; quoique modéré dans ses expressions, et même dans ses opinions, il juge des hommes comme le font tous les républicains exagérés ; il ne voit même parmi les militaires qu'aristocrates et patriotes. Les religieuses du couvent qu'il habite ne voient que catholiques et hérétiques, et elles damnent tout ce qui n'est pas catholique » (Mém. du général X***). Mais ce même Reubell écrivait à sa femme, le 3 avril : « Tu sais, ma chère amie, que tous les ans je risque de mourir d'accès de colique néphrétique et de goutte. Si je ne puis aller aux eaux, cette année, à temps, cela empirera l'état de ma santé très délabrée. Mais, de quelque manière que je meure, ce sera d'une manière digne de toi et de moi. » (A. N.)

intervention, il aurait défendu la ville un mois encore [1].

Mais si Reubell et Merlin ont exercé parfois une action pernicieuse, s'ils ont suscité des difficultés et soufflé la rivalité entre les généraux, s'ils ont hâté la capitulation, ils représentèrent dignement l'assemblée qui les avait envoyés à l'armée du Rhin. Merlin, fils de la belliqueuse Thionville et « enfant de la Fensch », fut un des héros du siège. Il avait alors trente et un ans. Petit, mais robuste, svelte, agile, toujours remuant, il était noir comme un nègre, et ses cheveux longs et bouclés qui tombaient en désordre sur ses épaules, sa forte moustache, ses favoris épais, ses lèvres retroussées, ses yeux étincelants et inquiets, sa figure marquée de petite vérole, lui donnaient un aspect sauvage. Les officiers allemands jugèrent qu'avec beaucoup de faconde et d'intelligence, il trahissait par son allure et ses manières le bourgeois parvenu. Mais l'intrépidité de ce roturier les étonna. Revêtu du costume de simple canonnier, ceint d'une écharpe aux franges d'argent, coiffé d'un chapeau sans galon, Merlin se rendait fréquemment aux avant-postes et bravait le danger avec le même sang-froid et la même insouciance qu'un vieux soldat. Il portait un grand sabre au fourreau de cuivre jaune ; mais s'il dégaînait quelquefois lorsqu'il accompagnait Kléber dans une reconnaissance, il avouait ses préférences pour le canon, et on le vit tantôt au fort de la République pointer une pièce de douze [2] et, comme dit Beaupuy, animer

[1] *Mém.* du général X*** : « D'Oyré pouvait dire et prouver que tout Conseil de guerre, dont des commissaires législatifs et exécutifs font partie, produit des effets plus désastreux que les bombes et les boulets. »

[2] Le 27 et le 28 avril, par exemple (Damas). Le 22 mai, au moment où Merlin pointait, un boulet entre dans l'embrasure, frappe l'affût,

tout par sa présence et commander un feu d'enfer, tantôt diriger l'artillerie volante qui protégeait l'attaque ou la retraite de la légion des Francs. Aussi les Allemands l'avaient-ils surnommé le *Feuerteufel* ou le diable de feu. « Il n'a pas quitté les batteries, lit-on dans le journal du siège, et il a constamment saisi toutes les occasions de donner des preuves de son extrême activité et de sa brillante valeur ». Son exemple, rapporte Decaen, « influa beaucoup sur les soldats et les officiers qui rivalisaient entre eux d'ardeur et de courage pour se distinguer et mériter ses éloges[1]. »

Tels étaient les membres du Conseil de guerre au commencement du siège. Mais lorsque la tranchée fut ouverte, les commandants particuliers des forts et des postes avancés assistèrent aux séances, et il y avait parmi eux, ainsi que dans la garnison, des hommes de tête et d'exécution, avides de se signaler et destinés à s'illustrer plus tard sur les champs de bataille de la Révolution et de l'Empire. On ne cite que les futurs généraux.

Kléber commandait le camp retranché.

Michel Beaupuy, tout récemment capitaine au 32e régiment, ci-devant Bassigny, nommé par Custine colonel du 4e régiment de grenadiers, Beaupuy, l'ami de Wordsworth, l'enthousiaste officier qui, selon le mot du poète

ricoche sur la pièce et passe à côté de Merlin qui se gare et se détourne à temps.

[1] Cf. Strantz, 232; Czettritz, 160, 255; Bleibtreu, 183; *Preuss. Augenzeuge*, 430; *Mainz nach der Wiedereinnahme*, 45, 183; Reynaud, *Merlin*, I, 54; *Journal du siège*; Decaen; Beaupuy; Gaudin. Le général X*** le juge ainsi : « Merlin est curieux; jamais d'Artois ne fut aussi despote que cet apôtre de la liberté, et jamais le despotisme ne se montra sous des formes aussi hideuses; on l'excuse en disant qu'il est brave. Il faut que les lâches soient bien communs pour que la bravoure puisse faire excuser tant de sottises. »

anglais, s'aventurait dans la Révolution avec une foi parfaite comme à travers un roman de chevalerie, Beaupuy combattait à Kastel aux côtés de Meusnier et devait recevoir le 11 juin, à la demande de Dubayet, le commandement en second de tous les postes de la rive droite du Rhin[1].

Beurmann, le cadet, qui n'avait pas seize ans, était sous-lieutenant au 62e régiment, ci-devant Salm-Salm[2].

Boisgérard était capitaine du génie[3].

Buquet, sergent-major, puis quartier-maître au 4e bataillon des Vosges, avait pu échapper au désastre de Rhein-Dürkheim et « se jeter dans Mayence en sauvant sur son cheval 1,700 francs qui se trouvaient dans sa caisse » ; Kléber l'avait pris pour adjoint[4].

Damas remplissait près de Meusnier les fonctions d'adjudant-général[5].

[1] Cf. Bussière et Legouy, *Beaupuy*, 1891, *passim*. On disait de lui, lorsqu'il était dans l'Ouest, chef d'état-major : « Excellent officier, plein de connaissances militaires, a parfaitement servi et a donné de grandes preuves de valeur à Mayence et dans la Vendée, attaché à la Révolution » (note inédite).

[2] Beurmann (Frédéric-Auguste), né à Nancy, le 17 septembre 1777, soldat le 10 juin 1788, devint général de brigade, le 6 août 1811 ; cf. le mémoire de Decaen ; *Pajol*, par le comte Pajol (1874, I, p. 142) et *Revue alsacienne*, 1886, n° 1, p. 25.

[3] Boisgérard, général de brigade le 19 octobre 1793, fut nommé, le 30 juin, chef de bataillon par le Conseil de guerre ; le 24 août de l'année précédente, Harambure l'avait demandé comme ingénieur à Huningue, en remplacement de Rouget de Lisle suspendu.

[4] Buquet (Louis-Léopold), né à Charmes, le 5 mai 1768, avocat à Nancy avant la guerre, devint général de brigade, le 20 octobre 1804. Cf. *Custine*, p. 254, et Nollet, *Les généraux Buquet*, p. 4-5 et 31-32.

[5] Damas (François-Etienne) fut nommé, le 16 juin, chef de bataillon, par le Conseil de guerre, sur la proposition de Reubell et de Merlin ; il devint général de brigade, le 27 novembre 1793 et général de division le 21 novembre 1813 ; le représentant Gillet le nomme un

Decaen, qui devait entrer le premier à Munich en 1800, et administrer avec tant d'éclat les îles de France et de Bourbon, Decaen, sergent-major au 4e bataillon du Calvados, servait, comme Buquet, d'aide-de-camp à Kléber[1].

Dedon[2] et Foucher de Careil[3] étaient capitaines d'artillerie.

Dumas, qui périt à Clisson, et que la Convention nomma général après sa mort, commandait le 3e bataillon des Vosges comme lieutenant-colonel en second[4].

Haxo, premier lieutenant-colonel du 3e bataillon des

« bon officier », et Boursault le juge « froid, réfléchi, militaire et brave ». Cf. Thoumas, *Les grands cavaliers du premier Empire*, 1890, tome I, p. 189-190.

[1] Decaen (Charles-Mathieu-Isidore), général de brigade le 2 août 1796, et de division, le 7 août 1800. (Cf. la *Notice* de 1833, p. 2 et 8, et G. Lavalley, *Les grands cœurs*, p. 101-153). Il rapporte qu'il était employé à Caen, dans l'étude de l'avocat Lasseret, lorsqu'il écouta, comme tant d'autres, la voix de la patrie en danger. Élu sergent-major d'une des compagnies de canonniers du 4e du Calvados, il servit à Budenheim, sous Kléber, qui lui fit donner, le 26 mars 1793, le grade d'adjudant-sous-officier. Cinq jours plus tard (31 mars), d'Oyré commandait à Decaen de faire son service sous les ordres particuliers de Kléber. Le 1er mai, le jeune Normand était nommé, par le Conseil de guerre, sous-lieutenant adjoint à l'état-major ; le 25 juin, il devenait capitaine-adjoint, sans passer par le grade de lieutenant. Une note inédite de l'époque le signale comme « excellent pour un coup de main, très bon, très brave, aimant son état ».

[2] Dedon-Duclos (François-Louis), général de brigade le 28 oct. 1805, et lieutenant-général le 10 mai 1814 ; il fut nommé chef de bataillon, le 5 juin 1793, par le Conseil de guerre.

[3] Foucher de Careil (Louis-François), commandait l'artillerie volante ; le Conseil de guerre le nomma, le 5 juin, chef de bataillon, de même que Dedon, sur la proposition de Merlin ; il a, dit le *Journal du siège*, « servi avec beaucoup de distinction et d'utilité ». Il devint général de brigade, le 29 août 1803, et général de division, le 3 mars 1807.

[4] Dumas (Jean-Louis), général de brigade, le 29 oct. 1793 ; cf. Bouvier, *Les Vosges pendant la Révol.*, 120.

Vosges, avait reçu le commandement des réserves ; il se distingue, dit le *Journal du siège*, par ses talents et sa fermeté [1].

Humbert, qui dirigea l'inutile et glorieuse expédition d'Irlande, était lieutenant-colonel en second du 13e bataillon des Vosges [2].

Jordy, alors lieutenant-colonel du 10e bataillon de la Meurthe, Jordy qui fut balafré dans vingt rencontres et mérita le surnom de Rantzau de la République, commandait le fort de Mars [3].

La Riboisière était sous-directeur du parc d'artillerie [4].

Mainoni, ancien négociant de Strasbourg, ardent jacobin, un des plus violents révolutionnaires de l'Alsace, menait, comme lieutenant-colonel, le 6e bataillon des volontaires du Bas-Rhin [5].

Mignotte était, comme Buquet et Decaen, adjoint de Kléber [6].

Pajol, lieutenant au 82e régiment, ci-devant Sain-

[1] Haxo (Nicolas) fut nommé chef de brigade, le 30 juin, par le Conseil de guerre ; général de brigade, le 17 août 1793 ; mort en Vendée le 20 mars 1794.

[2] Humbert (Jean-Amable), général de brigade le 9 avril 1794.

[3] Jordy (Nicolas-Louis), général de brigade, le 4 janvier 1794, et de division, le 3 juin 1815. Il est né à Abreschwiller, dans la Meurthe (14 septembre 1758). Cf. Nollet, *Jordy*, 1852 ; Ernouf, *Kléber*, 1870, p. 10 ; Reynaud, *Merlin*, II, 251.

[4] La Riboisière (Jean-Ambroise Baston de) fut nommé chef de bataillon, le 16 avril, par le Conseil de guerre ; général de brigade, le 29 août 1803, et de division, le 3 janvier 1807. (Cf. Abaut, *La Riboisière*, 1889.)

[5] Mainoni (Joseph-Antoine-Marie-Michel), né à Strasbourg, avait alors 36 ans et devint général de brigade, le 19 novembre 1798, et de division, le 27 août 1803.

[6] Mignotte (Joseph) devint adjudant-général, — une note inédite de l'époque le déclare « excellent » et « ayant beaucoup de mérite », — et, le 1er janvier 1796, général de brigade.

longe, eut le bras cassé par un biscaïen à l'attaque du 10 avril contre les redoutes de Mosbach[1].

Sainte-Suzanne, un des meilleurs lieutenants de Moreau dans la campagne de 1796, et autrefois page de Madame, alors capitaine de grenadiers, avait pour mission de défendre le fort Saint-Philippe[2].

Travot, qui devait s'emparer de Charette, était lieutenant-colonel du 2e bataillon des volontaires du Jura. Il eut, vers la fin du siège, le commandement du fort Welche, et d'Oyré témoigne que « ce jeune officier, qui s'était fait connaître par l'instruction et la discipline de son bataillon, se conduisit parfaitement dans ce poste périlleux[3] ».

Vidalot-Dusirat, capitaine des grenadiers du 31e régiment, allait recevoir, le 14 avril, le brevet provisoire de chef de bataillon, après avoir emporté, quatre jours auparavant, une redoute hessoise. Il a, dit d'Oyré, pris une part très active et très honorable à la défense. Placé aux endroits les plus dangereux, d'abord à Weisenau, puis

[1] Cf. sur Pajol, le livre de son fils (1874, I, p. 65). Claude-Pierre Pajol fut nommé général de brigade, le 1er mars 1807, et de division, le 7 août 1812.

[2] Sainte-Suzanne (Gilbert-Joseph-Martin Bruneteau de), que le Conseil de guerre nomma, le 1er mai, chef de bataillon, général de brigade, le 18 octobre 1795, et de division, le 2 août 1796. Adjudant-général, il obtenait la note suivante : « excellent militaire, très instruit et très brave, a le coup d'œil excellent, et forme de très bons plans d'attaque et de défense, peut être avec avantage dans les premiers grades ; mais il a toujours refusé de l'avancement ; ex-noble ». C'est à Mayence, disait-il, qu'il avait pu se faire des idées justes sur la véritable importance des grandes places de guerre (*Notices biogr.*, déc. 1830).

[3] Travot (Jean-Pierre), général de brigade, le 13 mars 1796, et de division, le 1er février 1805 : « excellent officier, bon républicain, plein de bravoure et susceptible d'avancement » (note inédite). Cf. Jeannin, *Travot*, 1862, p. 5.

à Kastel, il fut chargé, le 30 juin, de commander en second le camp retranché [1].

Mais les troupes ne valaient pas les chefs, et comme d'Oyré n'a cessé de le répéter, tout en rendant justice à la bravoure et à la constance des individus, « il était dangereux de trop compter sur cette autre branche de la valeur qui dépend de l'ensemble, de la discipline des soldats, de l'expérience des officiers particuliers et de leur attachement à leurs devoirs [2] ».

La garnison comprenait 23,000 hommes de toutes armes : 4 régiments de grenadiers, 6 bataillons de ligne, 29 bataillons de volontaires, le 14e régiment de cavalerie, le 7e régiment de chasseurs à cheval et divers détachements. Les volontaires, tous de nouvelle levée, n'avaient acquis presque aucune instruction pendant l'hiver et, dit Schaal, « ayant la plupart femmes et enfants et point le véhicule que donne une éducation tant soi peu soignée, ils se compromettaient le moins possible ». Un

[1] Vidalot-Dusirat (Pierre-Marie-Gabriel) naquit le 25 mars 1764, au château du Sirat, dans la commune de Valence-d'Agen (Tarn-et-Garonne), et fit ses études au collège d'Agen. Il servait depuis 1781. Successivement cadet, sous-lieutenant, lieutenant, adjudant-major, capitaine au 31e régiment d'infanterie, adjudant-général, chef de bataillon et chef de brigade, général de brigade (5 juillet 1794), il fut fait prisonnier de guerre après le siège de Mannheim et rentra sur parole. Le 5 germinal an IV, Carnot l'envoyait à l'armée des côtes de l'Océan ; Michaud déclare qu'il « a donné, devant Mayence et Mannheim, des preuves de talent et d'activité ». Vimeux lui donne la note suivante « bon républicain, bon officier, ayant du talent ». C'était, écrit Legrand, « un officier général du premier mérite, fait pour commander une armée en chef, et point assez connu du gouvernement qui a précédé le régime constitutionnel, ni du Directoire exécutif, quoique fils d'un ex député à la Législative et à la Convention ». Après avoir commandé le Tarn-et-Garonne, en 1809, et le Lot-et-Garonne, en 1825, il mourut au Sirat, le 3 décembre 1843.

[2] D'Oyré, *Mém.* du 12 juillet (A. G.).

témoin du siège assure que leur insubordination était sans exemple et qu'il les vit plus d'une fois nasarder leurs officiers [1]. Les grenadiers, formés de compagnies régulières et nationales, devaient montrer, comme à Hochheim et à Bingen, le plus mauvais vouloir et par moments une insigne lâcheté [2]. Les troupes de ligne, animées d'un meilleur esprit, comptaient un grand nombre de recrues et, avoue d'Oyré, se trouvaient à peu près au même point que les gardes nationales. Les détachements et les dépôts incorporés provisoirement dans les bataillons et les escadrons avaient besoin de temps pour prendre un peu de cohésion et d'ensemble. Les fuyards de Guntersblum étaient encore sous l'impression de leur défaite, et il fallait les encourager, leur donner la vigueur et l'énergie qui leur manquaient. L'artillerie n'avait pas cent canonniers dressés dans les écoles [3].

Les magasins regorgeaient de munitions et renfermaient 900 milliers de poudre. Les grains, les farines abondaient. Mais les viandes fraîches et salées, ainsi que les médicaments, allaient bientôt faire défaut. Les approvisionnements en fourrages n'étaient pas considérables, et l'on avait à peine de quoi nourrir pendant trois mois les 3,000 chevaux de la garnison. Le trésor avait eu l'ordre de s'arrêter à Landau, et la caisse militaire ne contenait que quinze cent mille livres, dont la moitié en assignats.

[1] Schaal, rapport du 19 mai (A. G.); Schaber, 46; Gaudy, 282 « im höchsten Grade zügellos ».

[2] Cf. *Custine*, 234, 244 : Il y avait à Mayence 2 brigades ou 4 régiments de grenadiers comprenant 27 compagnies de ligne et 31 compagnies de volontaires et des compagnies détachées.

[3] D'Oyré, *Mém.*, 5 et 43 ; cf. une lettre de Meusnier à Custine, 27 mars (papiers de Merlin) ; il juge la cavalerie « pesante et même timide, toujours disposée à resserrer ses vedettes et à se retirer en désordre sur le moindre rapport ».

Mayence n'avait pas, d'ailleurs, la puissance que lui attribuait Custine. Sur la rive droite, malgré les efforts de Clémencet et de Gay de Vernon, les fortifications de Kastel, encore inachevées, n'étaient pas à l'abri d'une surprise. Le fort de Mars, situé dans l'île du vieux Mein, n'aurait pu tenir contre une attaque de vive force. Le fort de la République ne se composait que d'un simple retranchement établi sur une langue de terre.

Mais ce Kastel, qui n'était naguère qu'une tête de pont incapable de résistance, et qui, pendant l'hiver de 1792, avait surgi, pour ainsi dire, du sol, passait pour imprenable. On avait occupé, pour flanquer sa gauche, en aval du Rhin et à environ six cents toises du pont de bateaux, la Petersau ou île Saint-Pierre, qui s'allonge jusqu'en face du moulin de Biebrich. La possession de cette île était d'une extrême importance : une fois à Saint-Pierre, l'ennemi pouvait attaquer la gauche de Kastel, intercepter la communication entre les deux rives, détruire les moulins de l'arsenal et battre à revers, outre le pont de bateaux, une partie de l'enceinte de Mayence. On ne se borna pas à mettre des troupes dans l'île Saint-Pierre; on la coupa de quelques retranchements ; on releva de ses ruines une ancienne redoute qu'on garnit de batteries. Pareillement, et pour mieux empêcher les alliés de s'emparer de la Petersau, on occupa l'île d'Ingelheim ou de Saint-Jean.

Toutefois, on négligea de se loger à la pointe du Mein et dans la Gustavsbourg. D'Oyré craignit sans doute de s'étendre démesurément. Mais posséder la pointe du Mein et la Gustavsbourg, c'était compléter le système de défense et de toutes parts éloigner l'assiégeant. Maître de la Gustavsbourg, l'ennemi finit par obliger les Français à quitter les îles de l'embouchure du Mein ; il tint constamment en respect les forts de Mars et de la République; il protégea l'aile droite de l'attaque dirigée contre Mayence, assura la prise de Weisenau. facilita l'installation des batteries sur la rive gauche du Rhin, interdit aux républicains de s'établir derrière les ruines de la Chartreuse et de la Favorite[1].

Quant à la place même, elle était dans le même état qu'au mois d'octobre 1792, lorsque l'armée française parut devant ses murs. L'enceinte intérieure, qui comprenait douze bastions et la citadelle, imposait à première vue par la hauteur et la bonne apparence des revêtements de l'escarpe et de la contrescarpe, ainsi que par les ressources de la défense souterraine. Mais la citadelle était trop petite, et les bâtiments qui l'encombraient devaient, dans un bombardement, écraser la garnison sous leurs débris. Tous les bastions, sauf deux, manquaient de capacité. Les remparts n'avaient pas la largeur nécessaire, et l'on ne pouvait y monter les canons que par des rampes étroites et raides. Le terre-plein était entièrement à découvert.

La deuxième enceinte se composait de quatre forts fermés à la gorge et de deux ouvrages non fermés, reliés par des lignes de redans : le Hauptstein ou fort Saint-François, situé sur la croupe du Gartenfeld ; le Linsenberg ou fort Saint-Joseph ; le fort Saint-Philippe ; le fort Sainte-Elisabeth ; le fort Welche ou italien ; le fort Saint-Charles. Ces forts, revêtus d'escarpe et de contrescarpe, enveloppés d'un chemin couvert, munis d'abris voûtés, constituaient un vaste camp retranché qui se développait sur une étendue de plus de deux mille toises et offrait à une nombreuse garnison de grands

[1] Duncker, 276-277 ; Nau, IV, 423 ; *Journal du siège.*

emplacements pour se déployer pendant le blocus. Mais, à cause d'un tracé vicieux, ils ne se protégeaient que très indirectement et ne tiraient aucune défense ni des longues courtines qui les séparaient, ni du corps de place. Custine n'avait prescrit de les armer qu'à la fin du mois de mars ; tous les moyens dont il disposait étaient consacrés à la fortification de Kastel. On dut en toute hâte fabriquer des outils, établir des forges, des fours à chaux et des ateliers de toute espèce, rectifier le palissadement du chemin couvert.

Heureusement d'Oyré fit construire, sous le feu même de l'ennemi, des ouvrages avancés qui retardèrent longtemps la prise de la ville. L'assiégeant ne put, dès le mois de mai, porter la première parallèle à la distance d'usage en appuyant sa gauche au ravin de Zahlbach et sa droite à l'escarpement du Rhin. Deux redoutes, l'une sur la hauteur de Zahlbach, l'autre à droite de Weisenau, l'éloignèrent de la forteresse et l'obligèrent à cheminer lentement, avec une circonspection extrême, à l'abri de travaux immenses.

D'Oyré reconnaissait l'importance de Weisenau et voulait même établir une redoute en avant du village. Mais Kastel avait tout absorbé. Il se contenta d'élever une flèche qui protégeait les bivouacs et assurait leur communication avec le fort Saint-Charles par un ouvrage intermédiaire.

Il fit également fortifier la sommité du vallon de Zahlbach. Laisser cette hauteur à l'ennemi, c'était lui fournir à la fois un dépôt couvert pour ses tranchées et un appui solide pour leur gauche. D'Oyré vint le 30 avril, avec Gaudin, examiner la position. Les travaux commencèrent sur-le-champ et bientôt quatre flèches s'élevèrent sur le point le plus saillant du ravin. Le 3 mai, deux d'entre elles étaient encore imparfaites; mais elles offraient, disait Gaudin, un massif capable de mettre les troupes à couvert. Le lendemain, une troisième flèche, ébauchée dans la nuit par Boisgérard, en avant des deux premières, sur le bord de la hauteur, dominait la plaine, et le canon qu'elle épaulait, protégeait les sorties des assiégés. Le même jour, une quatrième redoute flanquait la droite des trois autres, et ces quatre ouvrages, rapporte Gaudin, « éclairaient si avantageusement tous les fonds et chemins creux que l'ennemi n'osait plus se montrer sur ce terrain ».

Enfin, d'Oyré, ne sachant encore quel serait le point d'attaque, pourvut à la défense de l'enceinte du nord, entre le Rhin et le Hauptstein. Il fit réparer ou construire des digues et des écluses pour mettre à fleur d'eau le térrain du Gartenfeld, et il projeta d'établir un ouvrage de résistance, à la droite du Hauptstein, sur l'extrémité de la crête qui se prolonge jusque vers la forêt de Mombach. Il manquait de travailleurs pour exécuter cette redoute et de soldats pour la défendre. Toutefois, le 27 mai, des ouvriers commencèrent une flèche qui traversait le chemin creux et qui devait être fermée à la gorge par des abatis [1].

[1] Cf. le *Mém.* de d'Oyré et surtout Gaudin.

CHAPITRE II

NÉGOCIATIONS

Desportes et d'Esebeck. — Custine et le capitaine Boos. — Entrevue du 12 avril. — Conférence d'Oppenheim. — Beaupuy diplomate. — Négociation de Corbeau. — Paquet de lettres remis à Böhmer. — Le joaillier Clausius et Simon.

De curieuses négociations se mêlèrent aux opérations du siège. Le Comité de salut public, élu le 6 avril, s'était attribué le pouvoir exécutif et prenait toutes les mesures de défense. Danton, qui le dirigea jusqu'à la fin du mois de juillet, résolut de négocier. Il fit voter le décret du 13 avril qui déclarait que la Convention ne s'immiscerait en aucune manière dans le gouvernement des autres puissances, et, aidé du ministre des affaires étrangères Le Brun, il essaya de détacher les Prussiens de la coalition.

Custine et l'ancien envoyé de la République à Deux-Ponts, Desportes, entrèrent avec ardeur dans les idées de Danton. Custine proposait à cet instant de porter dans le Nord tout l'effort de la guerre et d'accabler les Autrichiens en Belgique. Desportes, souhaitant de « faire concorder les ambitieux désirs d'un despote avec les grandes vues révolutionnaires », dressait un plan de partage des électorats ecclésiastiques : Mayence serait une république ; la Bavière obtiendrait l'électorat de Mayence et une moitié de l'électorat de Trèves ; le roi de Prusse, l'électorat de Cologne et l'autre moitié de l'électorat de Trèves avec le pays de Berg et de Juliers que lui cèderait le Palatin [1].

Desportes se flattait d'avoir conservé des intelligences à Deux-Ponts. Il conçut le dessein de s'aboucher avec le ministre d'Esebeck qui languissait dans la prison militaire de Metz. Selon lui, délivrer Esebeck et se l'attacher, c'était « se procurer par le rapprochement de la maison palatine une voie secrète de négociation avec la cour de Prusse ». Le Brun approuva Desportes ; la détention d'Esebeck, écrivait-il au Comité, ne semble pas légale ; il serait expédient de le relâcher et d'user de ses bons offices pour « amener l'électeur palatin réconcilié avec le duc de Deux-Ponts à des démarches utiles à l'armée de la République ». Dubuisson fut envoyé à Metz ; il trouva le malheureux Esebeck gisant, lui troisième, moitié par terre, moitié sur un grabat, dans une mauvaise petite pièce ; il lui fit donner une chambre à part. Puis arriva Desportes. Esebeck lui remit un mémoire pour le Comité de salut public et une lettre pour Danton ; il nommait Danton le plus grand homme de la République française et, ajoutait-il, « si j'en crois mon cœur, il doit être aussi le plus généreux ».

[1] La même pensée hantait les têtes allemandes, et Girtanner (*Die Franzosen am Rheinstrome*, 106), disait nettement qu'il fallait terminer l'anarchie, réunir les petits Etats aux grands Etats, et donner à la Prusse ou à l'Autriche les principautés de la rive gauche du Rhin, plutôt que de les laisser entre les mains de la France.

Il se disait dévoué aux intérêts de la France et promettait de ne pas lui être inutile dans les pays étrangers. La négociation se nouait. Déjà Desportes recevait l'assurance qu'il aurait un sauf-conduit du roi de Prusse. Déjà le baron de Luxbourg, chambellan de Frédéric-Guillaume, se rendait à Metz et visitait Desportes qu'il avait autrefois connu à la cour de Deux-Ponts; l'envoyé français lui donnait un exemplaire de ce décret du 13 avril qui proclamait la renonciation de la France à toute propagande et Luxbourg déclarait que Desportes trouverait bon accueil à Mannheim, que le roi de Prusse verrait avec plaisir un ministre de la République en Allemagne. Esebeck fut aussitôt tiré de sa prison et conduit à Paris. Mais le Comité de salut public était changé; Danton, éliminé par Robespierre, ne tenait plus le pouvoir; Deforgues succédait à Le Brun, et en vain Esebeck s'entretint longuement avec le nouveau ministre des affaires étrangères et manda au duc de Deux-Ponts qu'il avait à lui communiquer des « choses essentielles et de la plus grande conséquence pour la maison palatine »; en vain le duc Charles lui répondit que ses lettres arriveraient aisément par un trompette aux avant-postes prussiens. Desportes fut rappelé, et la négociation rompue[1].

Custine n'avait pas été plus heureux. Le Brun lui conférait pleins pouvoirs pour « pénétrer les intentions des Prussiens », ces alliés naturels de la République :

[1] Dubuisson à Le Brun, 12 et 18 mai; le ministre au Comité, 6 juin et 9 juillet, à Desportes, 26 juillet, 5 et 10 août; Desportes au ministre, 9 juin; Esebeck à Desportes, à Danton, au Comité, 12 juin, au duc de Deux-Ponts, 13 août; le duc de Deux-Ponts à Esebeck, 28 août 1793 (A. E.). Cf. Sybel, trad. fr., II, 295; Sorel, l'*Eur. et la Rév.*, III, 422 et 433; Aulard, *La Révolution française*, 14 mars 1890, p. 238-247.

Custine, insinuait-il, ferait bien de s'entretenir avec leurs officiers afin de connaître les desseins du Hohenzollern et de ses entours ; il pourrait même inquiéter Frédéric-Guillaume et lui donner de la jalousie en simulant une négociation avec l'Autriche. Custine était grand parleur et se croyait propre à la diplomatie. Ne disait-il pas à Biron qu'il était homme à mettre tout en usage, politique et mouvements audacieux, pour imposer à ses ennemis[1] ? Il écrivit aussitôt à Wurmser « dans un style modéré » ; comme citoyen et comme ami de l'humanité, il souhaitait la fin d'une guerre qui désolait l'Europe. Wurmser lui répondit en termes vagues et lui envoya son aide de camp, le baron d'Ettinghausen. Les pourparlers n'aboutirent pas. L'empereur François défendait à ses généraux de s'engager dans des négociations qu'il regardait comme inutiles et insidieuses[2].

Quant aux Prussiens, ils s'efforcèrent de jouer Custine. Le général devait, d'après les instructions de Le Brun, s'informer adroitement s'il pourrait obtenir une suspension d'armes en livrant Mayence. Dans ses entretiens avec les officiers de Frédéric-Guillaume, il hasarda que le gouvernement de la République consentirait à céder la ville sous certaines conditions, et il déclarait à la femme du commissaire national Simon qu'on travaillait à la paix générale, que Mayence ferait un des articles principaux du traité, que la place, ainsi que Worms et Spire, serait nécessairement restituée aux ennemis[3].

[1] Custine à Biron, 14 nov. 1792 (A. G.).

[2] *Entretien de Custine avec Mandar, 1er mai 1793*, p. 4-7 ; Custine à Le Brun, 10 avril 1793 (A. E.) ; Sorel, III, 400-401 ; Ternaux, *Terreur*, VII, 83 ; Zeissberg, *Quellen zur Gesch. der deutschen Kaiserpol. Oest.*, 1882, I, 44-46.

[3] Déposition de Custine au tribunal révol. (*Mon.*, 21 août 1793) ; rapport de Simon, 13 août 1793 (A. E.).

Forts de ces aveux, les Prussiens cherchèrent à se rendre maîtres de Mayence par la ruse. Le 9 avril, on vit durant toute la journée leurs officiers parler aux vedettes françaises, leur montrer de l'argent, les engager à la désertion[1]. Le 12, un trompette remettait à d'Oyré deux lettres, l'une du capitaine Boos, commandant des deux compagnies de chasseurs du 96e régiment d'infanterie, l'autre du major de Zastrow, aide de camp de Frédéric-Guillaume. Boos annonçait qu'il était chargé par le général Custine de s'aboucher avec d'Oyré ; Zastrow ajoutait que le roi de Prusse autorisait l'entrevue à condition qu'elle aurait pour témoins deux officiers prussiens, Zastrow et le major de Kleist. Le Conseil de guerre décida que d'Oyré irait au rendez-vous avec Dazincourt, Kléber, et le commissaire de la Convention nationale Reubell : ce dernier avait exprimé le désir d'assister à la conférence, et la présence d'un représentant du peuple était indispensable, puisqu'il s'agirait probablement du salut de la République.

La conférence eut lieu le 12 avril, en avant de Hechtsheim, à quelque distance des vignes. Boos dit d'abord, assez bas et comme en balbutiant, qu'il apportait de mauvaises nouvelles. « Parlez tout haut, lui répliqua Reubell, il faut que tout le monde entende. » — « Paris, reprit Boos, est en insurrection, la Convention nationale a été dissoute, Dumouriez a proclamé le Dauphin et marche sur Paris pour rétablir l'ordre. » Reubell et ses compagnons se récrièrent. Mais Zastrow tira de sa poche un *Moniteur* et assura que Boos ne mentait pas. « Quelle est, dit d'Oyré à Boos, la mission que vous avez reçue du général Custine ? » — « Le général, répondit Boos,

[1] *Journal* de Damas (A. G.).

n'a pas assez de troupes pour combattre l'ennemi ; il désire être rejoint par la garnison de Mayence et vous invite à rendre la place. » — « Avez-vous des pouvoirs ? » — « Non. » — « Et vous nous appelez ici pour conférer avec vous ! Vous avez eu raison de ne pas entrer à Mayence, je vous aurais fait arrêter. » Reubell prit la parole. « Nous avons des lois qui règlent notre conduite en cas de siège, et mon devoir est d'en requérir l'exécution. Mais, si l'on veut ouvrir une négociation générale, je suis prêt à conférer avec le roi de Prusse, j'ai confiance en sa loyauté ; je me rendrai dans l'endroit qu'il m'indiquera. » — « Pour moi, ajouta d'Oyré, je suis soldat et je dois obéir à la loi ; je défendrai la ville autant que je pourrai ; j'ai une brave garnison et j'espère qu'elle saura, par sa valeur, mériter l'estime des ennemis. » On se sépara, mais Boos eut le temps de couler un billet dans la main de d'Oyré.

Ce billet, daté du 9 avril, et signé de Custine, était ainsi conçu : « Vous pourrez ajouter foi à ce qu'on vous dira de ma part. J'ai le besoin le plus pressant de renforcer l'armée par la garnison de Mayence. Tâchez de prendre vos mesures pour une capitulation honorable le mieux que vous pourrez. L'Alsace est en danger. Il s'en faut cependant que j'aie perdu l'espoir de faire repentir l'ennemi de ses entreprises, pourvu que vous me joigniez à temps. L'on m'enlève des troupes pour réparer les pertes de Dumouriez. »

D'Oyré remit le billet au Conseil de guerre. On reconnut que la signature du général était fausse et trop allongée. Custine lui-même, lorsqu'il fut informé de l'incident, protesta de toutes ses forces, jura qu'il ignorait l'existence de Boos et qu'il n'avait chargé d'aucune mission ce *vil scélérat*. Il ne serait jamais assez lâche, mandait-il aux commissaires, pour désirer, moins encore pour solliciter l'évacuation d'une ville devant laquelle l'infanterie allemande devait trouver son tombeau. Mais il savait que Boos était prisonnier de guerre, et il devinait que cet homme, originaire du pays de Trèves, agissait pour le compte des Prussiens. Comme disait Haussmann, la conduite de Boos était un acte de trahison. Custine se plaignit à Brunswick. Cette « machination » venait sans doute de ces intrigants dont les cabales avaient précipité l'Europe dans la guerre la plus désastreuse ; mais le duc avait horreur de l'imposture ; il ne refuserait pas de comprendre Boos dans le prochain échange de prisonniers et de l'envoyer aux avant-postes français sous bonne et sûre garde. « Je ne laisserai pas, ajoutait Custine, ignorer à l'Europe une intrigue dont le but serait de déshonorer le caractère que je crois avoir développé depuis le commencement de la Révolution et de cette guerre[1] ! »

Boos resta dans le camp prussien. Mais les assiégeants ne se découragèrent pas. Reubell avait fait quelques ouvertures. Ne pouvait-on négocier de nouveau ? Le 13 avril, le major de Zastrow priait Reubell de s'aboucher

[1] *Journal du siège*; Récit imprimé et « mis sous les yeux de l'armée » (A. G.); Custine aux commissaires, 4 mai, et à Brunswick, 5 mai 1793 (*Mon.*, 14 mai); Haussmann au Comité, 3 mai (A. N. DXLII, 4) ; Procès de Custine, dépos. de Kléber (*Mon.*, 29 août 1793) et de Reubell (22 août). La lettre de Boos était en effet forgée. Cf. l'aveu du chef d'escadron Wedel, aide-de-camp de Kalkreuth. (Czettritz, 77 « man hatte durch einen desertirten Adjutanten des Generals Custine dem Kommandanten von Mainz einen fingirten Brief zugeschickt, worin Custine der Garnison räth, Mainz unter Bedingungen eines freien Abzugs zu übergeben, weil man nach Dumouriez' Uebergang die Armee auf eignen Grenzen nöthiger brauche. ») Custine avait donc raison de dire devant ses juges : « C'est un tour des Prussiens ; ils sont les rédacteurs du billet. »

à Oppenheim avec Kalkreuth. Reubell partit, accompagné de Le Dieudeville et de Beaupuy. Ce dernier, plus exalté que jamais et résolu de montrer à Kalkreuth un vrai jacobin, s'était, dit-il, boutonné de la tête aux pieds dans une anglaise nationale : « les trois couleurs n'étaient pas oubliées, les boutons à la République, les cheveux très courts, la grande moustache, le chapeau de travers, la froideur d'un quaker. Oh ! ma foi aussi, tous ces officiers, tous ces crachats l'entouraient, et, à chaque pas qu'il faisait, la gueule béante, ils paraissaient tout ébahis. » Reubell fut poli. Le Dieudeville se confondit en révérences et en courbettes. Beaupuy, indigné de cette platitude, demeura roide et jamais ne se tint si droit[1].

L'entrevue fut curieuse. Un petit homme, secrétaire de Frédéric-Guillaume, assis au fond de la chambre, mettait par écrit tout ce qui se disait. « C'est une précaution dont je crois devoir user, remarqua le général prussien, car le *Moniteur* a, l'an dernier, reproduit très infidèlement mon entretien avec Galbaud[2]. » Mais ni Kalkreuth ni Reubell n'avaient rien à proposer, et la conférence ne fut qu'une conversation sans importance politique. Reubell parla des conditions de la paix future et Kalkreuth répondit qu'il ne pouvait être question que de Mayence.

Durant le cours de l'entretien, Kalkreuth offrit à Beaupuy deux numéros du *Moniteur*. Le brave colonel s'en saisit avidement. Le Prussien s'étonne. « Oh ! général, dit Beaupuy, c'est que j'aime ma patrie ! C'est que, depuis treize jours, j'en suis séparé ! Tout mon cœur est à elle ; toutes mes pensées lui appartiennent. Je suis républicain, et les républicains n'ont d'autre intérêt que

[1] *Beaupuy* (Bussière et Legouis, p. 67) et ms. de la guerre.

[2] Cf. *Retraite de Brunswick*, 189-193, et la rectification de Kalkreuth (*Minerva*, VI, 162-179).

l'intérêt public, d'autre but que la prospérité de la patrie. Jugez par suite des sentiments que m'inspire la vue de ce journal. — Ce journal, repartit Kalkreuth, vous apprendra les malheurs de la France. Les jacobins la trahissent. Ce sont des agitateurs, de faux patriotes, des hommes sans état et sans fortune qui veulent pêcher en eau trouble et qui ne désirent la subversion de toutes choses que pour s'enrichir eux-mêmes. — Quelle erreur, général ! Ces sans-culottes, ces jacobins que vous méprisez, ressemblent aux gueux de la Hollande qui triomphèrent du duc d'Albe. Vous en voyez trois devant vous et qui s'enorgueillissent de l'être, quoiqu'ils aient chacun cinq à six cent mille francs de biens fonds[1]. — Mais est-il permis en France, à l'heure actuelle, d'avoir plus de cent mille francs de biens ? — Oui, général. — Et où mêne votre Révolution ? Nous aussi, en Allemagne, nous avons des lois ; nous aussi, nous sommes libres ; nous aussi, nous sommes égaux. — Comment, général, avec vos crachats et vos cordons ! » A ce moment, le secrétaire demanda la permission de lire l'adresse de Dumouriez à son armée, et Beaupuy ne put contenir son indignation. « Le traître ! Le scélérat ! Le f.... gueux ! Mais n'importe, malgré tous nos revers, malgré la lâcheté des rois unis contre un peuple généreux qui ne veut que le maintien de ses droits... — Comment, interrompit Kalkreuth, vous insultez le roi mon maître ! Vous êtes le premier Français qui ait tenu de semblables propos en ma présence. — Général, dit Reubell, le colonel Beaupuy s'est cru au milieu des siens. — Oui, s'écrie Beaupuy, et je me suis bien trompé ! » Le bouillant républicain n'insista pas ; il

[1] « Comme je mentais ! » dit Beaupuy à cet endroit de son mémoire.

craignit de compromettre Reubell; s'il avait été seul, racontait-il plus tard, il eût soutenu son opinion, au risque de perdre la tête ou d'être conduit à Spandau.

Au retour, Beaupuy fut grondé par d'Oyré. « Vous avez, lui dit le général, commis une grave imprudence. — Je vous avais prévenu, répondit Beaupuy, et je ne crois pas que vous m'envoyiez une autre fois en ambassade. » Mais Dubayet, Meusnier, Merlin félicitèrent le colonel. « Voilà, répétait Merlin, voilà un républicain[1] ! »

Un court récit de la conférence d'Oppenheim fut imprimé et distribué parmi les soldats. Le Conseil de guerre annonçait aux troupes la défection de Dumouriez; mais, ajoutait-il, la France était ainsi débarrassée de son *écume*, et la Convention déployait le plus grand caractère; la garnison sentirait que le salut de la patrie dépendait de la fierté de sa contenance. « Il faut, écrivait le chef du génie Gaudin, considérer Mayence comme le *palladium* de la France. Si nos armées sont malheureuses, les pertes qu'elles auront essuyées peuvent être compensées et réparées par l'échange de la place. Si elles sont heureuses, c'est de Mayence que partiront nos forces pour faire respecter, honorer et chérir une Constitution qui, lorsqu'elle sera ce qu'elle doit être, fera le bonheur de la génération présente ! »

Huit jours plus tard, les commissaires de la Convention lisaient au Conseil de guerre deux lettres, l'une du

[1] Bussière et Legouis, *Beaupuy*, 66-70. Le capitaine Mangin, Mayençais qui avait, comme Eickemeyer, passé de l'Electeur au service de la République française, semble avoir accompagné Reubell à Oppenheim; il rapporta à son retour ce que les Prussiens lui avaient dit : « la Convention était dissoute et le Dauphin proclamé roi ; Dumouriez marchait sur Paris ; la garnison de Mayence ne devait pas se battre pour des gens qui n'existaient plus. » (*Mém.* de Decaen.)

commandant d'artillerie Corbeau, chargé d'affaires à Mannheim, l'autre, du major prussien de Kleist. Le commandant Corbeau priait les représentants de se rendre à Oppenheim pour y négocier la reddition de Mayence ; le major Kleist informait Reubell qu'il était prêt à le recevoir aux avant-postes. Le Conseil, indigné, déclara derechef qu'il n'avait ni le pouvoir ni la volonté de traiter sans des ordres supérieurs, et les commissaires de la Convention rejetèrent l'entrevue. C'était Corbeau qui, soit sur le conseil de Custine, soit plutôt de son propre mouvement et sur les instances des bannis mayençais, avait proposé de nouveaux pourparlers Merlin et Reubell lui mandèrent sèchement qu'il ferait bien de rentrer en France ; sa mission prenait fin, puisque le commissaire de l'Électeur palatin avait quitté Mayence ; d'ailleurs il n'avait aucun droit de « s'ingérer dans les négociations relatives soit à la reddition dont il n'était pas question, soit à l'intérêt général de la République dont Monsieur Corbeau n'était nullement chargé ». Corbeau, tout penaud, confus de s'être tant avancé, gagna Strasbourg et fut mis aussitôt en état d'arrestation [1].

Mais ce ne fut pas la dernière tentative des Prussiens.

[1] *Darst.*, 918-919 ; *Belag.*, 200 ; Merlin et Reubell à Corbeau, 20 avril 1793 ; Haussmann au Comité, 3 mai (A. N., DXLII, 4) ; Rec., Aulard, IV, 17 ; Gaudin, *Journal du siège*, 20 avril (A. G.). Antoine-Pierre-Laurent Corbeau de Saint-Albin, né le 24 février 1750, à Saint-Albin, dans le Dauphiné, successivement aspirant (17 sept. 1768), élève (6 juillet 1770), lieutenant en second surnuméraire 1er nov. 1774), lieutenant en second (9 mai 1778), lieutenant en premier d'ouvriers (9 juin 1779), lieutenant en premier au régiment de Metz (7 nov. 1782), capitaine par commission (11 juin 1786), capitaine en second (29 août 1789), capitaine-commandant (25 juillet 1791), avait remplacé à Mannheim l'adjudant-général Lafond et s'intitulait lieutenant-colonel au 5e régiment d'artillerie. Biron, qui le nomme un « patriote très

Le 28 avril, un paysan apportait un paquet de correspondances à la femme de Georges Böhmer. On assurait la dame qu'elle aurait sa grâce ainsi que son mari, si certaines missives étaient remises à leur adresse. Il y avait des lettres pour Merlin, d'Oyré, Dubayet et les principaux officiers. Toutes, dit un membre du Conseil de guerre, « étaient d'une perfidie atroce et leurs auteurs croyaient trouver des traîtres comme eux ». On décida de passer à l'ordre du jour [1].

Une suprême intrigue se noua vers la fin du mois de mai. Le 21, le commissaire du pouvoir exécutif Simon reçut une lettre d'un déporté mayençais, joaillier de l'Électeur, Clausius, qui lui proposait une entrevue aux avant-postes prussiens, tout près de Marienborn. Simon alla le surlendemain au rendez-vous avec Steinmetz, aide-de-camp de Schaal. Mais, au lieu de Clausius, c'était Kalkreuth qui l'attendait, et le général ne s'entretint avec Simon que de choses indifférentes, comme de l'élévation de Bouchotte au ministère de la guerre et du départ de Custine pour la Flandre. Le jour suivant, 24 mai, Simon revint au même endroit et y trouva

prononcé », assure, le 21 octobre 1792, que le capitaine Corbeau est « sous tous les rapports d'une grande utilité à la garnison de Neufbrisach et au général d'Harambure », qu'il « a beaucoup d'influence sur le club », et, le 11 février 1793, on lisait, à la Société de Mayence, un discours de Corbeau sur les désavantages de la royauté (Nau, V, 577). Mais une note anonyme le caractérise ainsi : « C'est une espèce d'original, qui a la manie de se croire seul capable de faire le bien ; il est impudent et sans moyens; je le crois méchant et même dangereux. » On l'avait envoyé dans le Midi, à l'époque de la réunion du Comtat. Replacé chef de bataillon, le 13 pluviôse an III, puis destitué par arrêté du Directoire, le 29 floréal an V, et admis à la retraite, le 19 thermidor an VIII, il mourut le 6 octobre 1813. Il avait adopté le fameux Rousselin, qui prit le nom de R. C. de Saint-Albin.

[1] Gaudin ; *Journal du siège*. D'Oyré proposa d'expulser Böhmer, qui ne s'était pas assuré du porteur ; mais on objecta que « ce serait livrer Böhmer à une perte certaine ».

Clausius, accompagné du comte de Voss. « Le roi de Prusse, dit le joaillier, fait des préparatifs immenses ; le siège sera terrible ; ne pourrait-on prévenir tant d'horreurs et s'arranger à l'amiable ? — La loi est précise, répondit Simon, et nous ne pouvons nous en écarter ; plus les Français sont libres, plus ils sont esclaves de la loi ; tant qu'il nous restera des moyens de défense, nous ne saurons entrer en négociation. » Puis, se tournant vers le comte de Voss, « toutefois, si la nation française avait des raisons politiques qui la déterminent à rendre Mayence et à rappeler la garnison, sa volonté devrait se manifester à nous par une voie légale et officielle ; je vous propose donc, de nous permettre, à Reubell et à moi, d'aller à Paris pour connaître sur cet objet l'intention des représentants du peuple ; nous jurons de regagner ensuite notre poste à Mayence. — M. Reubell, répliqua le comte de Voss, a déjà fait cette proposition, et Sa Majesté prussienne l'a refusée. — Mais, dit Simon, pourquoi ne fixez-vous pas aux avant-postes, ou sur la frontière un endroit où se tiendrait une sorte de congrès ? Nous pourrions, de là, communiquer avec la métropole. » Voss déclara qu'il ferait son rapport au roi, et la conférence prit fin [1].

[1] Rapport de Simon, 13 août (A. E.) ; Gaudin ; Czettritz, 162. « Après la capitulation, ajoute Simon, j'ai vu Clausius, qui m'a dit que le roi avait trouvé mes propositions très justes ; qu'il avait choisi Reubell et moi pour ouvrir une conférence à Spire, lieu du Congrès, d'où nous aurions pu envoyer librement des courriers à Paris et en recevoir les réponses ; que le duc de Saxe-Weimar, Kalkreuth et autres avaient été de cet avis, et avaient même conçu l'espérance de jeter à Spire les fondements d'une paix générale ; mais Heymann avait tout gâté et poussé le roi à faire incessamment bombarder la ville. » Cf. sur Clausius *Die Belag. von 1793*, par Bockenheimer, p. 43. Il ne faut pas le confondre avec Christophe-Henri Clausius, jacobin et municipal de Worms, envoyé par Bobenheim à la Convention rhénane, emprisonné après le siège, et qui devint inspecteur des forêts (*Die Franz. am Rheinstrome*, III, 62, et Remling, II, 40).

CHAPITRE III

LA SORTIE DE MOSBACH

Expédition du 10 avril. — Meusnier à Kostheim. — Schaal et Dubayet. — Enlèvement d'une redoute hessoise. — Panique. — Causes de l'insuccès.

Au milieu des conférences se poursuivaient les hostilités, et commençaient les sorties qui devaient, non seulement aguerrir la garnison, mais ravitailler la place de fourrages et de viande.

La première de ces sorties eut lieu dans la nuit du 10 au 11 avril. Le Conseil de guerre avait décidé, sur la proposition d'Aubert-Dubayet et des conventionnels, qu'elle serait entreprise sur la rive droite du Rhin, contre Mosbach et Biebrich. Les troupes partiraient toutes de Kastel et formeraient trois colonnes, l'une, commandée par Schaal, l'autre, par Dubayet, la troisième, par Meusnier. Ce dernier devait, avec 2,000 hommes de la garnison de Kastel et de l'artillerie, s'emparer de Kostheim et diriger une fausse attaque contre Hochheim. Schaal était chargé d'emporter la redoute construite par les Hessois derrière la tour de Mosbach et qu'on nommait la redoute de gauche. Dubayet, marchant entre le Rhin et le pied de l'escarpement, protégé d'ailleurs par les batteries de l'île Saint-Pierre, avait mission de s'avancer jusqu'au moulin de Biebrich, puis de remonter le ruisseau du Salzbach et de traverser le vallon pour atteindre Mosbach et tourner deux redoutes hessoises qu'on appelait redoutes de la droite et du centre. Les assiégés coupaient ainsi l'armée d'investissement de ses magasins de Mosbach et de Biebrich qui seraient aussitôt évacués sur Mayence, et peut-être, en poussant sur Hochheim, gagneraient-ils assez de terrain pour capturer également les abondants dépôts de Flörsheim et de Rüsselheim.

La diversion de Meusnier réussit en partie. Les pionniers, armés de pioches et de haches, pratiquèrent une brèche dans l'enceinte de Kostheim, et les chasseurs ainsi que les grenadiers de Beaupuy pénétrèrent dans le village. Le poste qui le gardait, fut mis en fuite. Mais pendant que les Français s'abandonnaient au pillage, trois compagnies du régiment prussien de Crousatz rentrèrent dans Kostheim et tirèrent sur l'assaillant par les croisées et les soupiraux des caves. Beaupuy fit pointer une pièce contre les maisons d'où partait la fusillade la plus vive; mais il craignit d'être pris en flanc et opéra sa retraite sur Kastel au milieu des boulets et des obus; il ramenait du vin, des provisions de tout genre, et cent vingt-cinq vaches.

L'expédition de Schaal et de Dubayet fut moins heureuse. Les deux colonnes avaient quitté Kastel à onze heures du soir en bon ordre et dans un profond silence. Celle de Dubayet eut d'abord quelque succès. Elle avait suivi les instructions du général : ne pas lâcher un coup de fusil et foncer la baïonnette en avant. Elle surprit le moulin de Biebrich, puis passa le Salzbach et remontant la rive droite du ruisseau, arriva sans être aperçue jusqu'à la hauteur de Mosbach. Mais un chasseur prussien qui faisait faction à l'un des ponts du Salzbach, entend du bruit, décharge son arme au hasard et tue un homme dans les rangs de l'avant-garde. Aussitôt la panique se répand dans la colonne de Dubayet; ceux de la queue tirent sur ceux du centre, ceux du centre sur ceux qui sont en tête. Dubayet, ses aides-de-camp et les officiers les plus vigoureux s'efforcent inutilement d'arrêter la confusion. Volontaires et grenadiers, épouvantés, ne cessent de se fusiller les uns les autres, et l'artillerie de l'île Saint-Pierre qui canonne Biebrich pour faciliter l'attaque, ne fait qu'augmenter leur terreur. On dut repasser le Salzbach et rallier la colonne à l'abri d'un escarpement.

La colonne de Schaal eut la même fortune. Cinq compagnies de grenadiers, que commandait Vidalot-Dusirat, formaient son avant-garde. Elles arrivent devant la redoute hessoise, la tournent par la gorge et s'y jettent avec une telle impétuosité qu'elles ne déplacent presque pas les chevaux de frise. Tous les hommes qui gardent l'ouvrage sont tués ou pris. Un grenadier, entrant dans le poste, saisit la lampe sur la table et la lève en disant à ses camarades qui le suivent : « Je fais mon devoir, faites le vôtre. » Mais bientôt le camp de Mosbach, réveillé par la fusillade, est en mouvement. Le régiment hessois des grenadiers de la garde marche vers la redoute et ses pièces tirent à mitraille sur les compagnies de Vidalot-Dusirat. Le reste des grenadiers, aux ordres de Klingler, ne paraît pas. Vidalot-Dusirat, furieux, jurant de dénoncer Klingler et de le traduire devant la cour martiale, abandonne la position conquise. Déjà le désordre se met dans la colonne de Schaal; elle recule, se disperse de tous côtés. Schaal tente vainement de la rallier. Ses soldats, étourdis de frayeur, tirant à l'aventure, font feu sur lui ; il dut tourner bride et après avoir crevé son cheval dans un ravin, demeurer à pied jusqu'à la fin de l'action. Pareille mésaventure advint à Kléber ; il fut désarçonné ; ses trois ordonnances ne purent le joindre à travers la nuit. Il n'y avait pas dans la colonne un seul homme monté pour porter les ordres. Néanmoins Schaal et Kléber coururent au secours de Vidalot-Dusirat avec les deux bataillons du 57e régiment que le colonel Chevalier avait reformés à grand'peine. Mais le premier bataillon hessois des grenadiers de la garde entrait, tambour battant et la baïonnette au bout du fusil, dans la redoute. Le régiment des dragons de la garde le suivait au galop. Schaal commanda la retraite.

Dans le même instant, Dubayet, renonçant à son projet de tourner Mosbach et certain qu'il ne pourrait « persuader le soldat », donnait à sa colonne l'ordre de regagner Mayence. Sa cavalerie, conduite par Dazincourt, les quatre pièces de son artillerie volante, le canon de l'île Saint-Pierre qui redoubla son feu, arrêtèrent toute poursuite.

Le plan de Dubayet était trop vaste, trop largement conçu pour être exécuté par des troupes inexpérimentées et novices. « Le défaut d'instruction du plus grand nombre, disait Beaupuy, la lâcheté de quelques-uns, l'ignorance des officiers ont fait échouer l'entreprise. » Il eût fallu, comme l'avait proposé Kléber, différer de plusieurs jours l'expédition et la mieux préparer, envoyer à l'avance sur le terrain les officiers qui devaient mener les principales attaques, les charger de reconnaître avec soin pendant le jour la direction qu'ils prendraient dans la nuit. Il eût fallu donner aux colonnes des gens hardis et instruits qui les auraient guidées en marchant sur leur flanc. Il eût fallu exercer deux ou trois jours avant la sortie ces hommes qui ne surent, dans l'obscurité, ni se former, ni garder le silence, ni résister à la tentation de tirer des coups de fusil. Enfin, les ordres ne furent expédiés qu'à quatre heures du soir, et l'artillerie, le train, les ambulances arrivèrent trop tard sur le lieu du combat. On avait laissé les canonniers en arrière pour que le bruit de leurs pièces ne trahît pas la marche des colonnes, mais ils n'entrèrent en ligne qu'à trois heures du matin. Les chevaux manquèrent pour enlever les tentes du camp hessois et les canons qu'il fallut enclouer avec des baguettes. Les soldats durent traîner leurs camarades blessés [1].

[1] Ditfurth, *Die Hessen*, 261-271 ; Strantz, 218-219 ; Czettritz, 264 ; *Skizz. Beschreib ; Darst.*, 897-898 ; Verine, Damas, Beaupuy, Decaen, Gaudin, général X***, d'Oyré. Cette expédition coûtait aux Français 45 morts et 209 blessés, « la plupart, dit le *Journal du siège*, par suite de la funeste terreur qui a fait avorter l'expédition la mieux concertée, dont le début était du plus favorable augure et dont le succès aurait eu probablement une influence décidée sur la conservation de Mayence ou au moins sur la durée de sa défense ».

CHAPITRE IV

KLÉBER ET MARIGNY

La légion des Francs. — Marigny. — Kléber. — Engagements à Zahlbach, à Bretzenheim, à Mombach, à Sainte-Croix.

L'insuccès de l'expédition du 10 avril ou, comme on la nomma, de l'expédition de Mosbach, ne découragea pas les assiégés, et sur la rive gauche comme sur la rive droite du Rhin, ils firent à tout instant de petites sorties qui ne décidaient rien, mais qui coûtaient du monde aux alliés.

Sur la rive gauche, un corps de volontaires se hasardait dans la plaine et allait quotidiennement harceler, et, comme on disait, fatiguer, tourmenter les assiégeants, à Sainte-Croix, à Bretzenheim, à Zahlbach et jusque dans Mombach. Ce corps, qu'on appelait *volontaires de siège*, forma d'abord plusieurs compagnies indépendantes. Mais d'Oyré reconnut bientôt la nécessité de le mettre sous les ordres d'un seul chef. On le baptisa du nom de *légion des Francs;* on le composa de quatre cents fantassins et d'un escadron de chasseurs qui furent pris parmi les hommes de bonne volonté de toutes les troupes à cheval ; on lui donna Marigny pour commandant.

Ce Marigny, capitaine au 10e régiment de chasseurs à cheval, est digne de notre souvenir. Un boulet l'emporta le 5 décembre 1793, dans la guerre de Vendée, à Durtal, au sortir d'Angers. Mais, s'il eût vécu, il serait devenu l'un de nos plus brillants entraîneurs de cavalerie. Il avait l'extérieur du commandement : de grands yeux, une belle figure quoique un peu fatiguée, une taille avantageuse. Audacieux, ardent, animé d'un esprit d'entreprise et de ressources qui le jetait toujours en avant, il ne passa pas un jour sans mener au feu sa légion des Francs. C'était, dit Merlin, le plus intrépide de tous les hommes. Tantôt il attaquait ouvertement les avant-postes et risquait de téméraires incursions dans les villages qu'ils occupaient, tantôt il leur tendait des pièges. Il avait obtenu de d'Oyré deux petites pièces d'artillerie, et, pour les servir, des gens vigoureux et lestes. Un canonnier portait la pièce et un autre l'affût, les ustensiles, les munitions. Presque toujours, les chasseurs à cheval allaient provoquer l'ennemi qu'ils attiraient dans l'embuscade où se cachaient les artilleurs appuyés par quelques pelotons d'infanterie. Après chaque rencontre, pour que l'adversaire ne connût jamais leur perte, les Francs avaient soin d'enlever leurs morts et leurs blessés[1].

A sa haute mine, à sa hardiesse, à ses talents militaires, Marigny joignait le tact, la connaissance des hommes, l'art de commander. Il a, écrit d'Oyré, « parfaitement répondu à ma bonne opinion, tant par sa bravoure et son activité infatigable que par son intelligence dans le choix de ses officiers ». Il sut discipliner forte-

[1] Decaen.

ment sa légion, la mettre peu à peu en haleine, l'endurcir à la peine, la rompre, la styler si bien, lui donner un air si martial, une attitude si ferme, qu'elle força l'admiration unanime des assiégeants. Prussiens et Saxons virent avec surprise la légion des Francs dispersée dans un village où elle comptait se reposer de ses fatigues, se former et reprendre sa marche dix minutes après l'appel, sans proférer une plainte, sans faire entendre un murmure. Ils virent les officiers partager le bivouac de leurs soldats et subir les plus durs reproches de Marigny avec cette contenance qui « rend un silencieux hommage aux talents d'un esprit supérieur[1] ».

[1] D'Oyré, *Mém.*, 8 et 9 ; *Journal du siège*; Beauchamp, *Guerres de la Vendée*, II, 91 ; Savary, II, 344, 360, 365-366, 374, etc. ; et *Mon.*, 12 déc. 1793 ; Decaen ; Czettritz, 255 ; Jean Fortuné Bouin de Marigny était né le 6 mai 1766, à Châtellerault, où son père était conseiller du roi et président à l'Election. Elève pensionnaire à l'Ecole militaire de Vendôme, sous-lieutenant au régiment des chasseurs à cheval des Cévennes, le 26 février 1788, réformé le 6 mars suivant, sous-lieutenant aux chasseurs à cheval de Bretagne, le 30 sept. 1788, lieutenant, le 17 janvier 1792, capitaine, le 1er sept. 1792, nommé, au siège de Mayence, chef d'escadron (1er mai 1793) et chef de brigade (30 juin) par le Conseil de guerre, il se signala dans la guerre de Vendée et reçut, des représentants, le brevet provisoire de général de brigade (3e jour du 2e mois de l'an II). « Ce brave général, a dit de lui Mme de La Rochejacquelein, fut le seul qui parut vouloir agir loyalement avec nous. » On conte qu'un Vendéen, Richard-Duplessis, grièvement blessé et emporté par son cheval dans les rangs des bleus, dit à Marigny : « Je viens de tuer un des tiens, je suis à demi mort, achève-moi », et que Marigny, touché de son courage, lui donna son mouchoir pour bander ses plaies, en ajoutant : « Va dire à La Rochejacquelein que tu es libre et que les Républicains traitent ainsi ceux qui sont braves comme toi » ; La Rochejacquelein fit rendre aussitôt à Marigny deux cavaliers qu'il venait de prendre. La valeur du chevaleresque officier était proverbiale ; elle égalait celle de Bloss ; lorsque Bloss périt, Canclaux écrivait au représentant Gillet : « La poursuite des rebelles nous a coûté ce pauvre Bloss, échappé tant de fois aux dangers, Bloss qui, seul, valait un bataillon par son audace, par son

Kléber secondait Marigny. Lorsque la légion des Francs tentait une expédition sérieuse, il envoyait, pour la soutenir, de petits détachements du camp retranché. Si l'entreprise exigeait un renfort considérable, il la dirigeait en personne. C'est au siège de Mayence qu'a débuté le plus glorieux des enfants de Strasbourg, ce Kléber qui, selon le mot de Bonaparte, grandissait de quelques coudées au milieu de la mitraille. Dès le mois d'avril 1793, sa crinière de lion, sa taille athlétique, son tempérament robuste, sa bonhomie mêlée de finesse, l'ascendant qu'il exerce sur son entourage, le sang-froid qu'il allie à la fougue, sa vive et pénétrante intelligence, son génie guerrier qui s'excite et s'enflamme au fort du danger, toutes ces qualités physiques et morales qui font de Kléber le type accompli de l'Alsacien français, le mettent au premier plan et attirent les regards. Les grenadiers du Calvados qu'il emploie aux travaux de terrassement ne se plaignent pas des fatigues qu'il leur impose; ils l'aiment, ils l'admirent, ils vantent sa justice et son activité. Les officiers de la garnison sentent qu'une âme vigoureuse gouverne ce corps vigoureux et reconnaissent en lui l'étoffe d'un grand capitaine. Un d'eux regrette qu'il n'ait pas conduit l'expédition de Mosbach ni la sortie de Marienborn. « Je ne sais que lui, dit-il à deux reprises, qui fût capable de régler la marche et les mouvements de tant de corps différents. » Les ennemis dressaient son horoscope et le jugeaient destiné à s'élever très haut. Kléber, écrit un Saxon qui s'entretint avec lui, « est un homme de grands

intrépidité, par l'exemple, et que je regrette infiniment. Puisse Marigny, son émule, être préservé du même sort ! » Le 25 décembre, Merlin fit décréter que le père de Marigny conserverait le cheval que montait son fils au siège d'Angers (*Mon.*, 26 décembre 1793).

talents militaires, qui s'entend à son métier et qui jouera certainement un rôle[1] ».

Il s'était déjà tiré de la foule. Adjudant-major du 4e des volontaires du Haut-Rhin, puis lieutenant-colonel en second, il menait et entraînait le bataillon commandé en chef par l'ignorant Dumoulin. Chargé, pendant l'hiver de 1792, de surveiller la rive gauche du Rhin de Mayence à Nieder-Ingelheim, il avait, d'abord à Budenheim, puis à Mombach, déployé dans cette tâche une prudence et une énergie qui lui valurent les éloges de Custine. Il demandait avec instance des pièces françaises au lieu des pièces mayençaises qu'il ne pouvait employer à cause de leurs roues pourries et de leur mécanisme absurde. Il méditait un coup de main sur le poste d'Ellfeld et s'engageait, grâce à des espions dont il était sûr, à tromper la vigilance des ennemis. On dit même qu'il avait créé une compagnie de bateliers et comme une petite marine qu'il cacha dans une anse, et qu'une nuit il passa le Rhin, enleva les sentinelles, fit prisonniers quelques Prussiens qui dansaient à l'auberge, et s'excusa galamment auprès des dames d'avoir troublé la fête[2].

Reubell, son compatriote, et Merlin se prirent d'amitié pour le vaillant officier. Ils le promurent, le 6 avril, au grade d'adjudant-général chef de brigade, et, de concert avec d'Oyré, le chargèrent de la défense des ouvrages extérieurs de Mayence. Kléber avait sous ses ordres neuf

[1] Reynaud, *Merlin*, I, 194-195 ; *Mém.*, du général X***; Czettritz, 259 et 274. (Ce dernier ajoute que Kléber avait sur lui de belles cartes du pays.)

[2] Pajol, *Kléber*, 1877, p. 13-20 ; Reynaud, *Merlin*, I, 194 ; Decaen ; il semble avoir été membre du club de Mayence ; le *Verzeichniss* indique, du moins, parmi les clubistes *Kleber*, *französ. Volont.*

bataillons d'infanterie et cent cavaliers. Il établit son quartier général au fort Sainte-Elisabeth, dont il se réserva le commandement particulier, et pour mieux encourager ses troupes et gagner leur confiance, il logea sous une tente. Il fit nommer dans les autres forts des officiers de son choix. Trois capitaines de grenadiers, résolus et pleins d'ardeur, Dubreton, Sainte-Suzanne, de Nattes jeune, défendirent, le premier, le fort Saint-Charles ; le deuxième, le fort Saint-Philippe ; le troisième, le fort Saint-Joseph. Le Hauptstein eut pour gouverneur d'abord Dumoulin, puis Marcillac, lieutenant-colonel du 2e bataillon de l'Ain. Le Gartenfeld, qui formait la droite du camp retranché, fut confié à Nicéville. Mais Kléber ne se bornait pas à donner des ordres. Durant tout le siège, il ne cessa, avec Marigny, Boisgérard et Merlin, de concerter des plans, et, comme il disait, d'après les découvertes qu'il faisait et les conjectures qu'il tirait, de proposer des projets et de prendre des mesures pour frapper des coups d'éclat et entreprendre des escalades sans échelles [1].

Dès le 6 avril, il se portait avec un gros détachement sur Mombach, poussait jusqu'à Budenheim et rentrait à la pointe du jour avec un troupeau de cent vingt vaches. Il employa le reste du mois à ramasser du fourrage dans les villages de Zahlbach et de Bretzenheim, à la barbe des assiégeants. Le 17 et le 20, les volontaires, qu'il animait de son ardeur, faisaient le coup de fusil avec les avant-postes prussiens et les refoulaient sur le chemin de Mombach. Le 22, ils attaquaient les tirailleurs qui gardaient Bretzenheim et les mettaient en fuite. Le 24, le 25, le 26, après quelques volées de canon

[1] Reynaud, *Merlin*, II, 77; Decaen.

et une vive mousqueterie, ils regagnaient Mayence avec plusieurs chariots de paille, de foin et de vin [1].

Durant le mois qui suivit, Kléber, Marigny, la légion des Francs ne cessèrent d'attaquer ce Bretzenheim où, selon le mot d'une gazette, il y avait tous les jours quelque choc [2]. Le 5 mai, ils essayaient d'enlever un piquet d'avertissement, posté sur un tertre et composé de trente fusiliers et de vingt chasseurs. La surprise réussit. Les assiégeants, trompés dans l'obscurité par des Alsaciens qui parlaient allemand, tendirent la main à leurs ennemis et les aidèrent à monter. Mais bientôt leur erreur se dissipa. Ils s'enfuirent. Maîtres du terrain, les Francs démolirent une chapelle où les chasseurs prussiens avaient coutume de s'embusquer, et brûlèrent l'église de Bretzenheim qui leur servait d'observatoire [3].

Le surlendemain, 7 mai, nouvelle sortie. Malgré des coups de canon et d'obusier, les assiégés élevèrent des retranchements à Zahlbach. Mais, dans la nuit, le prince Louis-Ferdinand se jetait à l'improviste sur la flèche construite à la fourche du ravin, culbutait les parapets, repoussait le bivouac jusqu'aux palissades du camp retranché, et, sous les boulets de la place, rasait les ouvrages commencés [4].

Kléber, Marigny, Boisgérard ne se rebutèrent pas. Le 8 mai, tout était réparé. Les terrassements de la flèche s'élevaient de nouveau sur la hauteur de Zahlbach et sous la protection des batteries qui les garnissaient, la légion des Francs tentait d'enlever derechef le piquet de

[1] *Journal du siège;* Gaudin; Duncker, 245-249.

[2] *Le Batave*, n° 117 (Francfort, 1er juin).

[3] Duncker, 254; Czettritz, 85; *Darst.*, 934; *Belag.*, 203; *Journal du siège.*

[4] Duncker, 255; Czettritz, 87, *Darst.*, 935; *Belag.*, 204; Laukhard, 366; Gaudin; *Journal du siège.*

Bretzenheim. Elle débouchait de tous côtés par les chemins creux, tirait des coups de fusil, déchargeait les canons de son artillerie volante, puis se repliait en hâte à l'abri de ses redoutes. Les Prussiens durent barricader les rues de Bretzenheim avec des charrettes et autres obstacles, défendre la gauche du village par un retranchement qui fut muni de deux pièces, et appuyer le piquet par la brigade du général Manstein[1].

A Mombach, comme à Bretzenheim, Français et Allemands étaient aux prises. Là aussi, durant ce glorieux mois de mai, la guerre faisait ses ravages : elle bouleversait les jardins anglais qu'avaient plantés les chanoines de Mayence; la verdure des boulingrins était détruite par les bivouacs; les sentiers des labyrinthes se transformaient en larges routes; sur les tertres où croissaient encore quelques arbustes, se dressaient des canons, et dans des kiosques à demi renversés s'établissaient les corps de garde. Le 18 mai, par une belle et hardie manœuvre qui menaçait d'envelopper les hussards de Wurmser et les forçait de se sauver au galop, la légion des Francs râflait tout le bétail qu'elle trouvait dans Mombach. Le 25, elle chassait les avant-postes prussiens du bois et du bourg et s'emparait d'une pièce de quatre, placée à la pointe de la forêt, entre Mombach et Gonsenheim ; cette sortie, dirigée par Kléber, fut, dit Gaudin, « très bien conduite et eut un succès complet[2] ».

Cette guerilla se poursuivit encore dans le mois de juin, heureusement et avec vigueur. Le 4, la légion des

[1] Expéditions du 9, du 10, du 12, du 15, du 18, du 24, du 29, du 30. (Duncker, 258, 261, 264, 266 ; Czettritz, 88-89 ; Gaudin.)

[2] Czettritz, 161, 164 ; *Darst.*, 944 ; *Belag.*, 211 ; Vérine, Gaudin, *Journal du siège*, Rougemaître ; Droz, *Essai sur l'art d'être heureux*, édit. de 1857, p. 167.

Francs traversait le ravin de Zahlbach et, sous les ordres de Merlin, attaquait Bretzenheim. Le commissaire eut son cheval tué pendant qu'il mettait pied à terre pour pointer une pièce d'artillerie légère [1].

Le 9, la légion faisait semblant de fuir devant les chevau-légers du régiment saxon de Courlande qu'elle nommait *hussards rouges* à cause de leur habillement, et les attirait sous la mitraille de deux canons masqués dans les seigles. Ces Saxons étaient très bien montés, et Merlin avait dit à Marigny : « Tu ne m'as pas encore enlevé un de ces gaillards-là ; il faut qu'ils paient ma monture. » Marigny promit de lui remplacer la bête qu'il avait perdue, et il tint sa parole dans cette journée du 9 juin. La légion des Francs avait pris six à sept chevaux ; elle offrit le plus beau à Merlin et refusa toute récompense [2].

Le lendemain, 10, autre expédition. A onze heures du soir, les Francs, conduits par Kléber et Marigny, attaquaient Sainte-Croix, qui servait de poste aux Impériaux. L'opération, écrit Gaudin dans son journal, eut tout le succès qu'on désirait. On ne tira pas un coup de fusil et ne perdit pas un seul homme. La garde fut égorgée ou mise en fuite. 150 ouvriers, commandés par le capitaine du génie Chevalot, livrèrent aux flammes l'église du village. Les gens du pays y avaient entassé leurs récoltes. A la vue du feu qui dévorait l'édifice, ils levaient les bras au ciel et s'étonnaient de la destruction impunie d'un sanctuaire où il y avait une image de la Vierge qui faisait depuis longtemps des miracles. Mais

[1] Duncker, 270-273 ; Czettritz, 171 ; Gaudin, *Journal du siège*.

[2] *Id.*; Czettritz, 172 ; Gaudin (son journal cesse vers cette époque) ; Schaab, 361.

cette fois, dit un Prussien, « l'image fut passive et ne sauva ni l'église ni elle-même[1] ».

Jusqu'à la fin du mois de juin, la légion des Francs fut agissante. Le 15, au matin, elle assaillait à l'improviste le piquet de Mombach. Le 24, au soir, elle se jetait sur Bretzenheim, pénétrait jusqu'au milieu du village, et reculait sous le feu des chasseurs qui tuaient à diverses reprises les chevaux de ses canons. Le 30, elle se portait de nouveau vers la forêt de Mombach[2].

[1] Czettritz, 173 ; *Darst.*, 948 ; *Belag.*, 218 ; *Preuss. Augenzeuge*, 277-278 ; Gaudin ; *Journal du siège*.

[2] Czettritz, 174, 179, 182 ; Dohna, II, 336 ; Gaudin ; *Journal du siège*.

CHAPITRE V

KOSTHEIM ET LES ILES

I. Kostheim. — Combats du mois d'avril. — Journée du 3 mai. — Héroïsme de Beaupuy. — Assauts du 8 mai. — Les grenadiers. — Travaux de Kostheim. — II. Expédition de Jordy à la Gustavsbourg. — Meusnier et le colonel Würtz. — L'île Kopf et la Bürgerau. — Escarmouches meurtrières.

I. L'*Iliade-Kleber*, tel est le nom sous lequel Merlin de Thionville désigne, dans une note, cette suite de brillantes escarmouches que le chef de brigade Kleber dirigeait sur la rive gauche du Rhin. Sur la rive droite du fleuve la garnison française avait également son Iliade. Là aussi, comme dit un poète allemand, « sur des monceaux de cendres et de cadavres, les libres Francs scellaient leur serment par leur mort ». Là aussi se formait un corps de *volontaires du siège*, qu'on nommait les chasseurs de Kastel, et cette légion, toujours en mouvement, toujours alerte et prompte à l'attaque, aussi redoutable aux assiégeants que la légion de Marigny, abordait tantôt Kostheim, tantôt les îles du Rhin ; elle se logeait dans les îles ; grâce à des ouvrages avancés et à des fortifications de campagne, elle se maintenait à Kostheim, refoulait des assauts réitérés et poussait jusqu'à la Briqueterie, à portée du fusil ennemi [1].

Il faut retracer par le menu ces opérations de la rive droite. Ce fut dans la nuit du 20 au 21 avril, que Meusnier voulut derechef, avec un bataillon de chasseurs et un bataillon de grenadiers, expulser de Kostheim les assiégeants. Son plan manqua. Les chasseurs se laissèrent entraîner par leur ardeur; ils n'attendirent pas le signal du départ, se trompèrent de chemin et marchèrent droit à la Briqueterie qu'ils emportèrent d'emblée. Les grenadiers, entendant une fusillade fort nourrie, se crurent découverts et n'osèrent avancer sur Kostheim. Le jour commençait à poindre. Meusnier craignit de montrer aux ennemis le petit nombre de ses troupes et regagna Kastel [2].

Une semaine plus tard, dans la nuit du 29 au 30 avril, il poussait de nouveau jusqu'à la Briqueterie et s'établissait à Kostheim sans coup férir. Mais l'imprudence de ses troupes détruisit le village. On leur avait donné des tourteaux et des fascines goudronnées pour éclairer la grande rue et empêcher que les colonnes qui venaient par des points différents, ne fissent feu les unes sur les autres. Des soldats s'amusèrent à brûler deux ou trois maisons. Bientôt la grande rue fut en flammes. Meusnier,

[1] Klein, 563; *Mém.* de d'Oyré, 8. Ce fut le 1er mai que le Conseil de guerre adopta l'organisation, proposée par Meusnier, d'un bataillon d'infanterie légère, qui ferait le service de la rive droite du Rhin, sous le nom de 10e bataillon. Un détachement du 7e bataillon de chasseurs forma le noyau de ce corps, qui compta bientôt 6 à 700 hommes. Il avait, dit le *Journal du siège*, un excellent esprit et il servit parfaitement. Son chef était le capitaine Tyrant, qui reçut, le 5 mai, le grade de chef de bataillon.

[2] *Journal du siège*, Beaupuy, Damas, Vérine.

apercevant du fort de la République une clarté considérable, dépêche aussitôt Damas à Kostheim. L'aide-de-camp accourt, gronde les troupes, leur reproche d'agir contre les ordres du général : il faut, dit-il, défendre le village, il faut donc le conserver intact, il faut garder les maisons pour s'abriter contre le feu des ennemis, il faut ôter aux batteries prussiennes tout moyen de découvrir les rues et de les enfiler. Mais il était trop tard ; grossi par le vent qui soufflait avec violence, l'incendie avait fait de si grands progrès qu'on ne pouvait plus l'arrêter. Les maisons étaient toutes en bois, elles touchaient les unes aux autres ; au bout de quelques heures, Kostheim, ce Kostheim si riche, si hospitalier, naguère la joie et la parure de la contrée [1], n'offrait qu'un amas de décombres. Mais les deux partis allaient se disputer avec fureur ce monceau de ruines. C'est, disait Beaupuy, « la pomme de discorde entre les Prussiens et nous. Ce malheureux bourg est placé de manière qu'il ne peut être occupé ni par eux ni par nous ; aussi vient-il d'avoir une fin bien tragique [1] ».

Meusnier avait, après l'embrasement de Kostheim, replié ses troupes dans leurs retranchements du fort de Mars et de Kastel. Il revint bientôt à la charge. Le 30 avril, il soumettait à Aubert-Dubayet un grand plan de sortie. « C'est à mon tour à proposer, lui écrivait-il, et je m'attends bien que tu recevras mon invitation aussi galamment que j'ai reçu la tienne le 10 de ce mois. » 6,000 hommes de la garnison se porteraient au moulin de l'Electeur pour prendre à revers les batteries ennemies ; deux bataillons feraient une démonstration sur Biebrich pour « tenir le camp du centre comme l'âne de Buridan

[1] Manso, I, 267 ; cf. *Mainz nach der Wiedereinnahme*, 72.

entre les deux bottes de foin » ; pendant ce temps Meusnier attaquerait Kostheim et la Briqueterie. Dubayet jugeait le projet séduisant ; mais il objecta l'ignorance, l'indiscipline, la faiblesse d'une partie de la garnison [1]. Meusnier, fâché, mais non découragé, abandonna son dessein sur la Briqueterie et se contenta de l'attaque de Kostheim. Cette fois, et contre sa coutume, il avertit d'Oyré et lui demanda, outre des renforts, la permission d'assaillir Kostheim dans la journée du 2 mai. Le général en chef répondit qu'on ne pouvait dégarnir ni le camp retranché ni Weisenau, que Meusnier ne devait point s'obstiner à reprendre Kostheim et qu'il ferait mieux de veiller à la sûreté du fort de Mars et de Kastel. Mais déjà, sans attendre la réponse de d'Oyré, Meusnier avait attaqué Kostheim. « Mon cher général, répliquait-il en un billet ironique, il est trop tard de me prier de ne poursuivre aucune entreprise sur Kostheim ; j'en suis maître depuis cinq heures du soir, sans qu'il en ait coûté un cheveu à la République. » Il n'ajoutait pas que de graves désordres s'étaient produits dans le village, que ses soldats prenaient à discrétion le vin des caves, qu'ils invitaient les tirailleurs prussiens à boire avec eux et, comme dit le *Journal du siège*, qu'ils se livraient aux derniers excès de l'ivrognerie [2].

Mais le roi de Prusse vint le lendemain visiter son armée. On voulut lui donner le spectacle d'un assaut. Dans la matinée du 3 mai, à neuf heures, le bataillon des grenadiers de Borch et deux bataillons de Crousatz s'emparèrent de Kostheim. Les Français n'avaient que

[1] *Mém.*, de Beaupuy.

[2] *Journal du siège; Journal* de Damas ; Meusnier à Dubayet, 30 avril, et à d'Oyré, 2 mai ; d'Oyré à Meusnier, 2 mai (A. G.) ; *Darst.*, 930-931 ; Gaudin, « nos troupes se soûlaient ».

deux pièces de 4; l'une fut démontée; l'autre, menée dans un chemin rempli de fumier, ne put être débourbée. Mais, accablé par le feu violent de l'artillerie de Kastel, le régiment de Borch quitta Kostheim au bout d'une heure [1]. Aussitôt 1,500 Français, commandés par Schaal, se portèrent sur le village et, après une lutte meurtrière, rejetèrent l'arrière-garde prussienne sur la Briqueterie. Beaupuy montra dans cette action la plus héroïque valeur. Il était entré le premier dans Kostheim avec quelques grenadiers, parmi les décombres, à travers des palissades et des pieux de bois que la flamme achevait de consumer, et brandissant son sabre, il poussait son cheval vers une troupe de Prussiens qui s'adossaient au Mein et faisaient mine de résister. Beaupuy met pied à terre, s'avance vers eux et « comme s'il avait été à la tête d'une armée », leur ordonne de déposer les armes. *Rendez-vous!* leur criait-il, et déjà plusieurs renversaient leur fusil. Mais Beaupuy, entraîné par son ardeur, avait laissé ses grenadiers derrière lui. Des Prussiens, se glissant parmi les ruines, l'environnent soudain. L'un lui enlève son sabre; un autre, sa montre; un autre, son chapeau et un mouchoir qui rattachait son épaulette; un quatrième le larde d'une baïonnette; à quelques pas, un officier les anime de la voix et du geste. Furieux, écumant de rage, Beaupuy fond tête baissée sur les assaillants, se fait jour au milieu d'eux à coups de pied et à coups de poing, « en vrai sans-culotte », et se jette sur l'officier. Le Prussien veut le frapper de son épée; Beaupuy empoigne l'arme et, à force de vigueur et d'adresse, l'arrache des mains de l'adversaire. Pendant ce temps les grenadiers accourent; l'un abat celui qui menaçait

[1] Il perdit en morts, blessés et prisonniers, 161 hommes dont 3 officiers.

Beaupuy de sa baïonnette ; un autre reprend le sabre du vaillant colonel ; les Prussiens s'enfuient vers la Briqueterie. « N'avons-nous pas, disait Beaupuy, renouvelé les combats singuliers des anciens [1] ? »

Cinq jours après, le 8 mai, Kostheim était reconquis par quatre bataillons, et pendant que des pionniers se hâtaient de détruire les ouvrages, une colonne s'avançait jusque dans le boyau de communication près du fort de la République et pourchassait les grenadiers. Beaupuy se porte au devant de ses hommes. Ils lui disent que l'ennemi les poursuit. « Eh bien, répond-il, est-ce une raison pour fuir? Ne pouvez-vous envisager ces habits bleus que de loin? Allons, rentrez, rentrez! Soyez donc républicains! Faites face à des esclaves! » Personne ne l'écoute, et peu s'en faut que la cohue des fuyards ne le renverse et ne le foule aux pieds. Il dégaine, et accompagné de Coligny, capitaine des chasseurs républicains, et de cinq ou six autres, il marche à la rencontre de la colonne prussienne, et, levant son chapeau sur la pointe de son épée, il crie : *Vive la nation!* Mais déjà les batteries de Kastel jouaient vigoureusement. La colonne recule sur Kostheim et bientôt, sous la protection de leur artillerie, les Français reviennent au combat. Un bataillon de fédérés parisiens, drapeau en tête, une partie des chasseurs républicains, cinquante tirailleurs de bonne volonté s'élancent vers Kostheim et s'emparent du village à la baïonnette. Les grenadiers les suivent ; mais soudain, au lieu de seconder l'attaque, ils prennent de nouveau la fuite. Vainement Meusnier leur ordonne de rejoindre la

[1] Cf. le *Journal du siège* et le récit curieux, quoique un peu confus, de Beaupuy. Le colonel fut nommé, le 3 mai, chef de brigade, par le Conseil de guerre. Voir aussi Strantz, 223-225 ; *Darst.*, 932, et Gaudin.

colonne d'assaut, vainement les fédérés leur envoient successivement trois ordonnances pour leur demander secours. Enfin, à un quatrième appel des fédérés qui conjurent leurs frères d'armes de ne pas les lâcher en pleine victoire, les grenadiers s'enhardissent, rebroussent chemin et rentrent dans Kostheim. Les Prussiens qui n'avaient jamais montré autant d'acharnement [1], sont rejetés jusqu'à la Briqueterie. Mais la conduite des grenadiers avait irrité Meusnier. « Combien infâmes, disait-il dans un ordre du jour, sont ceux qui fuient au seul aspect des ennemis ! Débarrassez-vous de ces faux frères ! Le meurtre d'un lâche est un acte légitime ! » Beaupuy, non moins indigné, se contentait de vouer les couards au mépris du brave : « C'est en vain qu'on cherche à les rallier ; les officiers doivent se dispenser de prendre ce soin, qui sert de prétexte à ceux qui voudraient quitter leur poste. Laissons ces j... f... dans la honte et l'opprobre, et nous, amis, périssons glorieusement, s'il le faut, pour le salut de notre patrie [2] ! »

Ces vigoureuses exhortations ne corrigèrent pas les grenadiers. Dans la nuit du 30 au 31 mai, ils refusèrent encore de marcher. Beaupuy mena les plus poltrons à la prison de Mayence et Meusnier fit un rapport au Conseil de guerre. Les régiments de grenadiers furent dissous, et le 6 juin, les compagnies rentrèrent dans leurs bataillons. « Tout le monde, écrivait Beaupuy, convient que cette organisation est vicieuse ; chaque compagnie y portait un esprit particulier ; l'esprit général, l'esprit utile à la République ne pouvait s'y trouver. »

Maître incontesté de Kostheim, Meusnier y fit de

[1] *Journal du siège*. Il perdit cette fois encore 237 hommes tués, blessés ou prisonniers. *Darst.*, 938 ; *Belag.*, 205 ; Strantz, 230.

[2] Beaupuy et ordre du 8 mai 1793 (A. G.).

grands travaux de défense. Une muraille qui enveloppait le village, fut crénelée dès le 4 mai, et un chemin couvert communiqua de la porte dite de Francfort aux avant-postes établis à la Chapelle. Un petit bastion s'éleva près du Mein, à la tête du bourg. Un autre fut construit dans la plaine, en avant de Kostheim, pour battre la Briqueterie et arrêter les sorties de l'adversaire. Quotidiennement, une canonnade effroyable s'échangeait entre Français et Allemands. A certains jours, comme le 10 et le 13 mai, toutes les batteries de Schönfeld criblaient Kostheim de bombes et d'obus ; elles tiraient sur tous ceux qu'elles découvraient dans les champs ou dans une rue du village ; elles envoyaient un boulet de 27 sur un seul homme : Kostheim, rapporte un officier prussien, servait jour et nuit de cible et comme d'exercice à nos artilleurs. Il n'y avait un peu de relâche que le dimanche, et les avant-postes républicains étaient si près de l'ennemi qu'ils l'entendaient prier Dieu et chanter des cantiques. Saint-Sauveur avait été nommé commandant de Kostheim. « Meusnier, dit Beaupuy, désirait y placer un brave homme sur lequel il pût compter. Pouvais-je lui en offrir un meilleur ! Mais quel commandement, mon pauvre Saint-Sauveur ! Des ruines, des cendres, des obus, des boulets à tous les quarts d'heure de la journée, et à quatre cents toises du camp prussien ! Voilà son empire et voilà ses roses [1] ! »

II. Ce n'était pas seulement sur Kostheim que Meusnier dirigeait les forces de son génie et de sa fiévreuse activité. Il attaquait en même temps avec une incroyable hardiesse les îles du Rhin, et, avoue un Allemand,

[1] Beaupuy ; Damas ; *Journal du siège* ; Strantz, 232.

il tenait incessamment en haleine nos pauvres soldats.

Dans la nuit du 27 au 28 avril, il fit passer le Mein à soixante grenadiers et à soixante chasseurs. Le brave Jordy conduisait l'expédition. Il avait ordre de s'emparer des deux batteries qui garnissaient la redoute saxonne sur la rive gauche du fleuve. Durant une heure au moins, au clair de lune, les bateaux restèrent engravés, sans pouvoir démarrer. Heureusement l'ennemi ne les aperçut pas ; il était absorbé par le travail de ses propres retranchements et par le feu continuel des batteries françaises ; on aurait cru, dit un officier, que nos coups de canon l'avaient surpris et endormi. Enfin, entre une et deux heures du matin, les bateaux s'éloignèrent de terre ; mais, de nouveau, près de l'autre rive, ils s'engravèrent. Les soldats, impatients, sautèrent dans l'eau jusqu'à hauteur du genou et, au lieu de s'amuser à répondre aux balles qui pleuvaient sur eux, foncèrent à l'arme blanche en criant *tue, tue!* Ils emportèrent la redoute, tuèrent ou prirent les hommes qui la gardaient, et s'emparèrent des deux batteries. Ils emmenèrent de la première une pièce de 4 et deux obusiers longs ; ils enclouèrent dans la seconde six pièces de gros calibre. Damas disait que le génie de la liberté qui préside aux succès des républicains, avait conduit cette opération. Mais d'Oyré n'avait pas été prévenu de l'entreprise ; il déclara que, si Meusnier l'avait averti, il aurait envoyé trois cents hommes à l'embouchure du Mein pour raser les batteries et emmener les pièces enclouées, ou du moins pour les jeter dans le Rhin avec leurs affûts et leurs approvisionnements [1].

[1] *Journal du siège ;* Beaupuy ; Damas ; Vérine ; *Mon.*, 21 mai ; Minutoli, 223 ; Czettritz, 84 ; *Darst.*, 928 et 930 (les canons encloués purent servir encore).

Sans écouter le général en chef, Meusnier poursuivit son plan. Non seulement il voulait se saisir de Hochheim et de toute la rive droite du Mein, mais il avait résolu de se loger dans la Gustavsbourg [1].

Il fallait d'abord prendre pied dans les îles, dans l'île Kopf, la Bürgerau et la Bleiau ou Ile Longue.

Pendant la nuit du 20 au 21 mai, Meusnier envoya dans l'île Kopf des travailleurs soutenus par soixante chasseurs. L'île était inoccupée : un officier du génie se hâta d'y tracer un retranchement et les ouvriers allèrent si vite en besogne qu'ils étaient à couvert au point du jour. Dès que d'Oyré fut informé de l'expédition, il se rendit à Kastel et tança Meusnier. Pourquoi faire un pareil établissement ? Etait-il certain de s'y maintenir ? Que d'hommes lui coûterait cette nouvelle tentative ! « Je ne puis, conclut d'Oyré, vous fournir des secours ; Kastel n'a déjà que trop affaibli la garnison de Mayence. » Meusnier s'efforça de radoucir d'Oyré ; il assura qu'il se bornerait à faire des fascines et à raser l'île, afin que l'ennemi ne pût élever des batteries contre le pont et les moulins.

Mais quelques instants plus tard, il demandait à d'Oyré un piquet de 200 grenadiers destiné à s'emparer de la Bleiau qu'un canal très étroit séparait de l'île Kopf. D'Oyré envoya le piquet commandé par Würtz, lieutenant-colonel du 4e bataillon du Haut-Rhin. Meusnier donna ses instructions à Würtz et il remontait le Rhin lorsqu'il s'aperçut que les grenadiers avaient regagné la rive. Il rebroussa chemin : Würtz prenait terre parce qu'une voie d'eau s'était déclarée. Meusnier lui ordonna de se rembarquer. Puis, tandis que le piquet le suivait

[1] Mot de Merlin à un officier saxon (Czettritz, 257).

en deux bateaux et abordait à l'Ile Longue, l'intrépide général, passant à la hauteur de Weisenau, vint, sur un yacht bastingué qui portait trente hommes et deux pièces chargées à mitraille, croiser dans le chenal entre le continent et la Bleiau, pour appeler sur lui seul l'attention des ennemis. Bientôt, en effet, sur la rive, à sa gauche, les Prussiens, cachés dans des masures, engagèrent un feu de file très nourri. Meusnier et ses compagnons, grenadiers, chasseurs, canonniers, ripostèrent avec autant de vivacité que de sang-froid. Mais les bateliers mayençais qui conduisaient le yacht, furent tellement épouvantés qu'ils refusèrent d'aller plus avant. Vainement Meusnier les somma de continuer leur route pour attirer l'adversaire hors de son embuscade et le battre à découvert. Le yacht resta trois quarts d'heure en panne. Quelques hommes furent tués ; d'autres, en plus grand nombre, blessés ; le reste de l'équipage succombait à la fatigue. Enfin, Meusnier consentit à la retraite. Les matelots se dissimulèrent sur la rive de la Bleiau à l'abri des rebords du bâtiment, et le traînèrent avec lenteur jusqu'à l'île Kopf. Meusnier comptait au moins que le lieutenant-colonel Würtz aurait, pendant l'action, occupé la Bleiau avec son piquet. Mais à l'instant où il revenait à l'île Kopf, au milieu des coups de fusil et sous une grêle de boulets et d'obus, il voyait avec colère les grenadiers se jeter en foule dans des bateaux et s'éloigner à force de rames. Würtz avait pris peur parce qu'une colonne prussienne s'était montrée sur la rive opposée, et, malgré les ordres formels de Meusnier, et les protestations de ses officiers, il avait, comme disait le général, prescrit la retraite ou plutôt la fuite, sans avoir rencontré un seul ennemi !

Meusnier exigea que Würtz fût cassé. « Je déclare,

écrivait-il à d'Oyré, cet homme aussi indigne qu'incapable de mener jamais aucune troupe, et j'userais du droit confié aux généraux des armées de la République, en le destituant sur-le-champ, si j'avais l'honneur de commander l'armée bloquée à Mayence et à Kastel ; je requiers le général en chef d'exercer cet acte de justice et de faire un exemple que les circonstances rendent de plus en plus nécessaire. » D'Oyré refusa de destituer Würtz. Meusnier porta plainte devant le Conseil de guerre ; le Conseil renvoya le commandant devant une cour martiale. Plus indigné que jamais, Meusnier prononça de sa propre autorité la destitution de Würtz et la fit proclamer à la parade.

Il n'agissait plus que suivant ses idées personnelles. Il conserva le piquet de grenadiers que d'Oyré lui avait prêté ; et « la garnison de Mayence, comme dit le *Journal du siège*, se trouva encore chargée de la garde d'une île dont la possession n'était d'aucun intérêt pour la conservation de la place ». Il resta dans l'île Kopf dont il acheva les retranchements ; il y mit des canons, deux pièces de 12, deux pièces de 4 et un obusier ; il battait ainsi la pointe de la Bleiau et réduisait au silence une batterie d'artillerie volante que les Prussiens avaient établie sur la rive gauche du Rhin, à mi-côte, au bas de Weisenau.

Mais il ne renonçait pas au dessein de conquérir la Longue île. Deux fois il échoua ; la première, parce que ses gens furent aperçus avant d'aborder ; la seconde, à cause du clair de lune. Il résolut d'occuper la Bürgerau. Une tentative qu'il fit le 31 mai, manqua par la lenteur et la mauvaise volonté des bateliers mayençais. Mais dans la soirée du lendemain, ses troupes passèrent de l'île Kopf dans la Bürgerau. Les bateaux qui les portaient, ne purent remonter le Mein dont les eaux étaient trop basses ; ils durent longer l'île Kopf et cheminer entre cette île et la Bleiau ; ils n'essuyèrent pas un coup de fusil ! A peine les soldats étaient-ils dans la Bürgerau qu'un feu violent, parti de la Gustavsbourg, les accueillit. Effrayés et ne connaissant pas le terrain, ils se retirèrent en désordre ; les uns se précipitèrent dans les bateaux ; les autres franchirent à pied le canal qui les séparait de l'île Kopf [1].

L'audacieux Meusnier ne se rebuta pas. Le 3 juin, un détachement de chasseurs s'emparait de la Bürgerau. On commençait aussitôt à s'y retrancher, sous le feu roulant de Gustavsbourg, car les Français, dit un des assiégeants, savent se terrer, comme les anciens Romains ; on y mettait du canon ; on s'y installait à l'abri des buissons ; on jetait un pont sur radeaux entre l'île Kopf et la Bürgerau. Mais ce pont était si dangereux que les soldats hésitaient à le traverser et le nommaient le *pont des morts* ; Meusnier le tendit de voiles pour rassurer les imaginations alarmées [2].

C'est ainsi que Meusnier faisait la guerre des îles. Tous les jours, d'un bord à l'autre du Mein, les plus habiles tireurs des deux partis, cachés derrière les broussailles et les saules, échangeaient des balles. Tous les jours le canon ne cessait de tonner. Tous les jours des blessés étaient transportés à Mayence, et des morts jetés dans le Rhin. Les Français qualifiaient d'extravagance et de folie l'entreprise de Meusnier. Les

[1] *Journal du siège ;* Damas ; Vérine ; Meusnier à d'Oyré, 21 mai (A. G.).

[2] *Preuss. Augenzeuge*, 288-289 ; Laukhard, III, 379 (les soldats nommaient *Mordgrube* un endroit dangereux de la rive droite, en face de la Bürgerau) ; *Mon.*, 22 juin ; *Mém.* de Decaen ; discours de Dubayet (7 août 1793).

membres du Conseil de guerre jugeaient que le général comptait pour rien la vie de ses soldats. « Ces établissements des îles, écrit le 28 mai le chef du génie Gaudin, donnent trop d'extension à notre ligne défensive, la garnison de Kastel est sur les dents », et on lit dans le *Journal du siège* à la date du 3 juin : « Les attaques non interrompues de l'ennemi, les pertes de toute espèce, les maladies, les travaux qu'exigent les différents services, augmentent tous les jours la fatigue ; les postes sont souvent surpris par le sommeil, malgré le bruit de l'artillerie[1]. »

[1] *Belag.*, 215-216, « ein wahrer Unsinn » ; Gaudin ; *Journal du siège*.

CHAPITRE VI

LA SURPRISE DE MARIENBORN

Grande sortie. — Projet d'enlèvement. — Instruction de Marigny. — Fausses attaques. — Les guides de la colonne. — Le mot d'ordre. — Les moissonneurs. — Combat dans le village. — Retraite des Français. — Pendaison de Lutz. — Mesures de précaution.

Depuis le commencement du mois de mai, d'Oyré projetait d'opérer durant la nuit une grande sortie contre le camp des assiégeants. Il ne se dissimulait pas les risques de l'entreprise. L'expédition de Mosbach avait montré que l'obscurité favorise chez des troupes neuves et inexpérimentées la débandade et la panique. Mais pouvait-on faire une pareille irruption en plein jour, sous le feu des batteries, devant une cavalerie supérieure [1] ?

Restait à déterminer le point d'attaque. Sur la proposition de Merlin, le Conseil de guerre décida que la sortie serait dirigée contre Marienborn. On comptait percer jusqu'au quartier-général, enlever des otages de marque, Kalkreuth et le prince Louis-Ferdinand que les

[1] D'Oyré, *Mémoire*, p. 9.

Français prenaient pour le fils de Frédéric-Guillaume, ou du moins mettre le désordre dans les lignes ennemies[1].

Trois colonnes devaient quitter la place dans la nuit du 30 au 31 mai. La colonne chargée de l'attaque principale était commandée par Marigny ; elle se composait de 1,100 fantassins et de 100 chasseurs à cheval, ainsi que d'une réserve de 300 grenadiers. Elle avait ordre de marcher sur Marienborn, d'emporter les batteries que l'assiégeant avait établies en avant du village, et d'enclouer leurs canons, de s'emparer aussi vite que possible des deux maisons isolées qu'on regardait comme le quartier-général, de prendre ou de tuer Kalkreuth, mais de respecter la vie du prince de Prusse, de jeter partout des matières combustibles pour répandre la confusion dans le camp prussien et paralyser la résistance, puis de se retirer avec ses prisonniers. L'instruction de Marigny disait que son premier devoir était de porter autant de promptitude dans la retraite que dans l'attaque : tout aurait lieu de la manière la plus subite.

Deux colonnes soutenaient Marigny : l'une de 1,500 hommes ; l'autre, de 1,800. La première, conduite par le général Schaal, devrait tirer sur tout ce qui viendrait soit de Weisenau, soit de Marienborn, et protéger la retraite de Marigny. La seconde, que menaient Dubayet et Kléber, se rangerait en bataille sur le plateau de Bretzenheim ; elle serait suivie de quatre escadrons de cavalerie et de chasseurs commandés par Dazincourt.

A minuit, sur tous les points, s'exécuteraient de fausses attaques. Les troupes de Weisenau feraient un

[1] Gaudin (cf. *Mon.* du 28 octobre 1793) ; *Preuss. Augenzeuge*, 275, 276.

violent feu de mousqueterie. Meusnier se porterait sur la Briqueterie au dessus de Kostheim et sur le moulin de l'Electeur en avant de Biebrich. Le lieutenant-colonel Barbier [1] ferait tirer de l'île Saint-Pierre et de l'île Saint-Jean force coups de canon sur le village et le moulin de Mosbach. Toutes ces démonstrations devaient « fixer l'attention », et, comme disait d'Oyré, « captiver l'irrésolution » des ennemis qui n'oseraient se prêter secours les uns aux autres.

A onze heures du soir, Marigny sortait du camp retranché et se dirigeait sur Marienborn par d'étroits sentiers qui serpentaient à travers les champs. Il savait le mot d'ordre que les rondes prussiennes avaient coutume de crier à haute voix et que les espions avaient aisément découvert. Il avait de bons guides : six clubistes, leur colonel, l'hôtelier du *Roi d'Angleterre*, Rieffel, et deux hommes d'Oberolm, le maire Henri Schreiber et le greffier Lutz, qui connaissaient tous les chemins et les détours dans la campagne. Un heureux hasard favorisa la marche sinueuse de la colonne. Le quartier-général prussien avait prescrit la veille aux paysans du voisinage de couper les blés pendant la nuit. Les Français furent pris

[1] Barbier (Pierre), né le 11 mai 1759, près d'Orléans, était le fils d'un meunier. Il devint ingénieur-géographe et architecte-expert, exerça dix ans aux environs de Paris, puis à Fumay. On le trouve successivement capitaine au 26e bataillon d'infanterie légère (ci-devant légion du Centre) du 31 mai 1792 au 4 vendémiaire an II, chef du 5e bataillon des Ardennes du 4 vendém. an II au 21 ventôse de la même année (le Conseil de guerre de Mayence lui avait donné ce grade dès le 2 avril), puis adjudant-général, chef de brigade ; il fut réformé en l'an V et compris en l'an VI dans l'organisation de l'armée de Mayence. Morlot le jugeait « excellent commandant de place », et Canclaux, un « très brave officier, connu lors de la défense de Mayence ». Mais le représentant Gillet le trouvait « peu instruit comme militaire », et Caffarelli, « inepte et sans malice, incapable de bien remplir les fonctions d'adjudant-général ».

pour des moissonneurs qui s'en allaient après avoir achevé leur travail. Ils passèrent sans obstacle au milieu des patrouilles de cavalerie et à minuit, ils étaient aux abords de Marienborn. Mais ils tirèrent trop tôt. Les sentinelles donnèrent l'alerte, et les Prussiens, criant de tous côtés « l'ennemi est là », *Der Feind ist da!* eurent le temps de se jeter sur leurs armes. Les canonniers coururent à leurs pièces. Bientôt arrivèrent les hussards saxons, puis les cuirassiers que commandait le duc de Saxe-Weimar, puis les régiments d'infanterie Wegner et Thadden, conduits par le prince Louis-Ferdinand. Une lutte confuse, désordonnée, s'engagea dans le village ; les Français, battant le tambour et poussant une formidable clameur de *Vive la nation*, forçaient l'entrée de toutes les maisons où ils voyaient de la lumière et soupçonnaient la présence d'un général; les balles, dit un témoin, bruissaient à travers l'air et pleuvaient dru comme grêle. Des grenadiers s'étaient emparés d'une batterie et avaient encloué les canons. Mais d'autres, pleins de mauvais vouloir, refusèrent obstinément d'attaquer une seconde batterie, fermée à la gorge par une palissade. Elle n'était gardée que par une dizaine d'hommes ; elle manquait de munitions ; un léger effort suffisait pour l'enlever. Les grenadiers n'osèrent emporter la barrière. Un sous-lieutenant du 4e régiment, le brave Pascal[1], employa vainement pour les entraîner, les reproches et les encouragements, les menaces et les caresses. Il ne trouva que cinq hommes décidés à le suivre.

La réserve aurait dû soutenir Marigny. Mais celui qui

[1] Le Conseil de guerre le nomma capitaine le lendemain. Le capitaine Targe, « très connu par sa bravoure et son zèle », et qui « s'était particulièrement distingué à l'expédition où il avait été blessé », fut fait chef de bataillon.

la commandait, un officier du 36e régiment, du nom d'Albert, tomba de cheval ; sa chute le rendit incapable d'agir, et personne n'était désigné pour le remplacer. Des ordonnances allèrent demander à Schaal un peu de renfort ; aucune ne le rencontra[1]. Au bout d'une heure et demie, Marigny, sûr de n'être pas secouru et voyant le jour près de poindre, donna le signal de la retraite. Ses soldats tuèrent dans les écuries les chevaux qu'ils ne pouvaient emmener, et laissèrent là les cercles goudronnés et les fagots de bouleaux couverts de poix qui devaient mettre le feu au village. Si les Prussiens avaient eu plus de résolution ou s'il s'était trouvé, en ce désordre, un homme vigoureux qui prît le commandement et fît les dispositions nécessaires, Marigny ne serait pas rentré dans la place.

Durant la poursuite, les Prussiens saisirent un fuyard qui se cachait au milieu des épis. C'était un des guides de la colonne d'attaque, le greffier Lutz. Malade, nullement ingambe, dévoré de vermine, effrayé par la fusillade, il s'était tapi dans les blés. Il ne voulait rien avouer. Quatre-vingts coups de fouet lui arrachèrent la vérité. Il confessa qu'on l'avait régalé sous une tente devant la ville, que les Français ne visaient qu'à s'emparer du général Kalkreuth et du prince Louis-Ferdinand, et que leur but manqué, ils s'étaient retirés incontinent. Le 3 juin, sur un tertre, près de Marienborn, au bas de la maison de la Chaussée, il fut pendu, la tête tournée vers Mayence et coiffée d'un bonnet rouge. Mais les Prussiens n'oublièrent pas la leçon. Ils tracè-

[1] Decaen, envoyé à Marienborn par Kléber, vit les troupes en pleine retraite ; il chercha le général Schaal ; « je fus bien étonné, dit-il, de le trouver réfugié sous un petit pont qui traversait la route, et il parut fort surpris que je l'eusse déniché dans cet endroit ».

rent devant le quartier-général un grand fossé derrière lequel campèrent deux bataillons, et les soldats couchèrent tout habillés, prêts à marcher au premier signal. Une redoute fut construite pour enfiler le vallon par où les Français étaient venus. Les rondes et les patrouilles donnèrent désormais le mot d'ordre à voix basse. Frédéric-Guillaume avait permis depuis le 7 avril tant aux assiégés qu'aux émigrés mayençais d'envoyer des lettres ouvertes soit en France, soit dans la ville ; toute communication fut dorénavant interdite entre les deux camps ; « cette privation, remarque le *Journal du siège*, prouvait le mécontentement qu'inspirait au roi l'expédition de la nuit précédente, et la garnison la regarda comme un éloge ».

Telle fut la surprise de Marienborn. Elle n'eut pas les résultats qu'on espérait, et d'Oyré, découragé par cette nouvelle épreuve, renonça dès lors à ces lointaines et infructueuses expéditions de nuit où, comme disait Gaudin, se produisent « des malentendus et quiproquos inévitables ». Mais elle reste un des beaux faits d'armes du siège de Mayence. « Les cheveux me dressent à la tête, s'écriait le chancelier Albini ; si de pareilles choses sont possibles, Dieu sait ce qu'il y aura encore ! » Gœthe vit avec admiration les petits et chétifs sans-culottes, tous vêtus de guenilles, qui gisaient sur le champ de bataille à côté des cuirassiers de Weimar à la taille gigantesque et au brillant uniforme. L'assiégeant perdait, entre autres officiers, le major La Viere et le chef d'escadron de Voss, aide-de-camp de Kalkreuth. Le général prussien ne s'était sauvé qu'à grand'peine. Il allait se coucher lorsqu'il entendit les balles siffler à sa fenêtre. Il sortit aussitôt, sans se déconcerter, se mit rapidement en selle, et, par une porte de jardin, gagna la campagne. Déjà, Schreiber d'Oberolm tenait son cheval par la bride. Sans un hussard de Wurmser qui frappa Schreiber d'un coup de pointe, Kalkreuth était mort ou prisonnier. « Il n'y a pas d'exemple dans l'histoire, disait-il quelques jours plus tard, qu'un ennemi ait pu passer à travers tant de postes et de retranchements[1]. »

[1] Instructions du 30 mai 1793 ; *Journal du siège* (A. G.) ; *Mon.*, 13 et 17 juin ; 1er et 17 juillet ; *Journal de la Montagne*, 25 juin ; Gaudin ; d'Oyré, *Mém.*, 10 ; dépos. de Dubayet au procès de Custine (*Mon.*, 22 août) ; *Darst.*, 944 ; *Belag.*, 212-213 ; *Dohna*, II, 250-252 ; Laukhard, III, 371-373 ; *Preuss. Augenzeuge*, 269-275 ; Gœthe, 240-243 ; Gaudy, 152-153 ; [Czettritz] 166-171 ; Schaab, 359 ; von Süssmilch, *Gesch. des 2 sächs. Husaren-regiments*, 1882, p. 19-20 ; Bockenheimer, *Die Belag. von 1793*, 30-34 (rapport du pasteur de Bretzenheim Faulhaber) ; Reitzenstein, *Quellen zur deutschen Kriegsgesch. von 1793*, 1858, p. 37-39. Selon le *Journal du siège*, Marigny avait eu 45 blessés et 33 morts ou prisonniers.

CHAPITRE VII

MEUSNIER ET DUBAYET

Mort de Meusnier. — Son rôle dans la défense. — Dubayet. — Évacuation des îles. — Abandon de Kostheim.

L'affaire du 31 mai termine la première période du siège, la période des sorties[1], et quelques jours plus tard mourait l'ardent et fougueux Meusnier, le plus entreprenant des défenseurs de Mayence, le plus porté aux attaques aventureuses. Le 5 juin, à trois heures et demie du matin, les Prussiens avaient ouvert sur Kastel, Kostheim et les îles une canonnade violente, intense, infernale[2], la plus grande à laquelle Beaupuy eût assisté, et, au dire des vieux officiers, une des plus affreuses qu'on

[1] On voulut tenter, dans la nuit du 9 au 10 juin, une entreprise sur Biebrich, pour enlever une nouvelle batterie élevée au-dessus de la terrasse du château ; mais dans le court trajet de Mayence à l'île Saint-Pierre les bateaux firent eau de toutes parts et l'on n'osa pas risquer la descente (*Journal du siège*, Beaupuy, Gaudin).

[2] Rien, écrit Rougemaître, n'est comparable au feu de file que faisaient les canons de l'ennemi ; et on disait le lendemain que des pêcheurs avaient pris, à l'embouchure du Mein, une énorme quantité de poissons morts par la commotion de l'air (Gaudin).

eût jamais entendues. L'horizon était en flammes. De toutes parts volaient des projectiles. Les soldats ne savaient où se fourrer. « Tout cela, écrit Beaupuy, se réduit à un vain bruit ; une femme tuée dans sa maison, deux hommes morts et quatre ou cinq blessés. » Meusnier avait passé la nuit dans les îles et, comme dit Decaen, dans ses ilots de prédilection ; inquiet de ce feu terrible, ignorant où déboucheraient les colonnes ennemies, il revint à Kastel pour donner des ordres. Pendant la traversée, il reçut dans la jambe droite, un peu au-dessous de la rotule, un biscaïen qui lui fracassa le genou et resta dans la plaie. On le pansa, on retira le biscaïen qui pesait plus d'une demi-livre, mais la gravité de la blessure, le mauvais tempérament de Meusnier, son sang vicié faisaient pressentir à son entourage un fatal dénouement. On le transporta le 7 juin à Mayence, dans la prévôté de la cathédrale ; huit hommes soutenaient la litière ; seize grenadiers, la baïonnette au canon, formaient la haie ; un grand nombre d'officiers tristes, silencieux, accompagnaient leur général. Le 13 juin, Meusnier expira dans d'horribles douleurs. « Je fus témoin de son courage, dit Beaupuy, et je vis un héros pour la première fois ; lui seul était serein, lui seul ne versait pas de larmes. » On l'enterra le lendemain à Kastel, dans le bastion du centre, avec les honneurs militaires. Des soldats de ligne et des volontaires portaient le corps. Des officiers tenaient les pans du drap mortuaire. Venaient ensuite Merlin et Reubell, les commissaires du pouvoir exécutif, les généraux, les membres de la Convention rhéno-germanique, de l'administration générale et de la municipalité, les clubistes. Dubayet fit l'éloge du mort et proclama son apothéose : « Meusnier, disait-il, joignait au génie le plus audacieux un courage qui ne connaissait jamais le danger. » La cérémonie fut imposante et interrompit la guerre pour quelques heures. Dès qu'il avait su la blessure de Meusnier, le général Schönfeld lui avait envoyé des oranges et des citrons pour soulager ses souffrances ; il ordonna de ne tirer qu'à poudre durant les obsèques, et la pompe funèbre ne fut pas un instant troublée par l'ennemi [1].

La mort de Meusnier excita des regrets unanimes. « Quel malheur affreux ! » s'écriait Merlin. Le général, reconnaît d'Oyré, « réunissait à une grande réputation parmi les savants la valeur la plus froide et une activité infatigable. » La République, disait Beauharnais, « perd un brave soldat, et la science un homme éclairé ». Trente ans plus tard, Gouvion Saint-Cyr assure que cette mort hâta la capitulation ; qu'elle fut une grande perte non seulement pour la garnison et l'armée du Rhin, mais pour la France ; que Meusnier aurait montré, s'il avait vécu plus longtemps, tout le parti que l'art de la guerre peut tirer des sciences exactes ; qu'il aurait égalé Bonaparte et que les troupes auraient vu deux génies de même trempe à leur tête [2].

[1] *Journal du siège ;* Beaupuy, Damas, Decaen, Gaudin, *Mon.*, 28 juin ; *Darst.*, 947 et 951 ; *Belag.*, 217, 218, 220 ; Schaab, 361-362. Il est faux que le roi de Prusse se soit écrié « Meusnier m'a fait bien du mal, mais le monde perd un grand homme ». Les cendres de Meusnier furent recueillies et rapportées à Paris par Vérine, puis déposées solennellement à Tours, le 1er vendémiaire an X. On les découvrit, mêlées à quelques os calcinés, dans les combles de la mairie de Tours, en 1887. Elles ont été placées sous le piédestal du buste de Meusnier érigé, le 29 juillet 1888, à Tours, sur la place Victoire. Les bustes de Brutus, de J.-J. Rousseau et de Franklin, portés à la cérémonie funèbre de l'an X, ont été retrouvés par l'archiviste d'Indre-et-Loire, M. Ch. de Grandmaison, et placés par lui dans la salle publique des archives.

[2] D'Oyré, *Observ.* ; Beauharnais au Comité, 21 juin 1793 (A. G.), Saint-Cyr, *Mém.*, I, 271, note ; Czettritz, 250 « allgemein bedauert ».

L'histoire, aujourd'hui mieux instruite, dira que l'ambitieux Meusnier voulut supplanter d'Oyré et que, s'il a jeté sur le siège de Mayence un éclat héroïque, il nuisit peut-être aux opérations par des sorties stériles et meurtrières. Il devait, suivant les ordres précis et réitérés du général en chef, achever les travaux de Kastel et du fort de Mars. Peu à peu, malgré d'Oyré, sans lui demander conseil, sans le prévenir jamais, il étendit la défense dont il était chargé ; il borda de retranchements la rive droite du Mein près de l'embouchure du fleuve ; il couronna d'ouvrages la tête des flaques en arrière de Kostheim ; enfin il occupa Kostheim [1]. Ce village était presque intenable pour les deux partis : les Français ne pouvaient y demeurer parce qu'ils étaient sous le canon de Hochheim, et les Prussiens n'osaient y rester parce qu'ils débouchaient de ce poste dans une plaine rase sous le feu du fort de Mars et de Kastel. Meusnier désira s'y maintenir, mais il dut se loger dans des ruines, créneler les maisons qui subsistaient encore, construire un ouvrage en avant du bourg et à portée de pistolet des ennemis ; il dut dresser des batteries sur la rive droite du Mein et inquiéter les batteries prussiennes sur la rive gauche ; il dut établir à la tête des flaques une ligne de retranchements et une communication en crémaillère; il dut, une fois à la tête des flaques, s'emparer des îles de l'embouchure du Mein, y mettre des postes, y remuer la terre, y faire des fortifications. Sans doute, ces entreprises multipliées aguerrirent la garnison, mais, comme dit d'Oyré, retirait-on de ces écoles de danger un si grand avantage ? Les troupes de Meusnier étaient harassées, et que de fois elles plièrent sous le

[1] Cf. ci-dessus, p. 203-209.

choc des Prussiens ! Que de fois elles se cachèrent dans les caves de Kostheim[1] ! Avec quelle répugnance elles se portaient aux îles du Mein où elles se bornaient à se coller au parapet et à se garer des bombes et des obus ! Et c'est ainsi que les forces françaises se disséminèrent; les travaux furent insuffisants sur plusieurs points; jusqu'au dernier moment la rive droite du Rhin absorba près de la moitié de la garnison active. La résistance eût été plus longue, plus efficace, si Meusnier se fût contenté de poursuivre l'œuvre commencée pendant l'hiver par Clémencet et Gay-Vernon. Une fois entièrement armés, vers la fin d'avril ou le milieu de mai, et mis à l'abri de toute insulte, Kastel et le fort de Mars n'auraient eu besoin que d'une garnison de mille à douze cents hommes qu'on eût relevée par quart tous les jours de distribution. Le terrain en avant de Kastel était complètement découvert; le service de la garde n'offrait donc aucune difficulté. Il suffisait de placer pendant le jour des sentinelles aux saillants des bastions et pendant la nuit de mettre des bivouacs dans les demi-lunes, d'envoyer des patrouilles volantes, d'établir un poste sur la gauche au bord du Rhin et de tenir le reste de la garnison prêt à marcher. N'était-ce pas épargner une foule d'hommes que Meusnier fit tuer en pure perte ? N'était-ce pas rendre à la défense de la place un grand nombre de travailleurs et d'outils ? N'était-ce pas renforcer le camp retranché qui porta tout le poids de l'attaque[2] ?

Telles furent les objections de d'Oyré au système de Meusnier. On doit les reproduire et les approuver. Mais si l'on se rappelle la science de Meusnier, sa belle

[1] Hoyer, *Neues milit. Magazin*, IV, 2, p. 47.
[2] D'Oyré, *Observations additionnelles* (A. G.).

ardeur, son intrépidité, l'admiration qu'il inspirait aux officiers des deux partis, on regrettera peut-être qu'il n'ait pas eu, dès le début du siège, le commandement supérieur. Quels que soient ses défauts, un téméraire Meusnier vaut parfois mieux qu'un sage d'Oyré pour animer et entraîner les troupes. Maître absolu des opérations, disposant de tous les moyens, sûr d'être constamment appuyé par les commissaires, Meusnier eût donné sans doute à la défense une impulsion plus vigoureuse, et à force d'audace, de ténacité, de prodigieuse activité, refoulé l'assiégeant. Il reste une des gloires des premières armées républicaines. Bien peu des jeunes chefs de 1792 et de 1793 ont eu l'âme plus ferme et le caractère mieux trempé. Bien peu ont déployé la même énergie, la même vaillance obstinée. « J'attends une nouvelle attaque, disait-il une fois à ses soldats ; la canonnade qui précède toujours, n'est qu'un vain bruit ; le nombre d'hommes blessés par le feu est extrêmement petit », et il ajoutait : « Quand l'ennemi approche, vos baïonnettes sont dans vos mains pour l'immoler ! » On le voyait monter et marcher sur le sommet des retranchements à des instants où ceux mêmes qui s'abritaient dans les fossés ne se croyaient pas à couvert. En plein jour, à quelque heure que ce fût, sans se soucier des boulets qui pleuvaient autour de sa barque, il se rendait aux îles du Rhin. Il agissait ainsi, rapporte un des assiégés, non par témérité, mais par calcul, pour encourager ses soldats et leur prouver qu'on peut impunément s'exposer au danger le plus manifeste [1].

Dubayet remplaça Meusnier et prit le commandement

[1] Meusnier, ordre du 8 mai 1793 (A. G.) ; *Mém.*, de Decaen.

de Kastel et des postes de la rive droite. Il voulut paraître aussi hardi que son prédécesseur et pratiquer, comme lui, ce système de défense agressive que goûtaient les représentants. Plusieurs officiers, et de ses intimes amis, lui conseillaient d'évacuer Kostheim et de n'y mettre qu'un poste d'observation. Dubayet déclara qu'il resterait à Kostheim et dans les îles[1].

D'Oyré l'approuva d'abord. Pouvait-on sans danger s'enfermer aussitôt dans Kastel qui n'était pas en meilleur état qu'au commencement du blocus et dans ce fort de Mars que Meusnier avait, pour ainsi dire, laissé dans l'oubli ? N'était-ce pas avouer sa faiblesse ? N'était-ce pas provoquer l'adversaire à porter de grands efforts sur la rive droite ? N'était-ce pas décourager la garnison qui ne lâcherait pas sans regret ces postes avancés si chèrement conquis[2] ?

Mais, sur la proposition de d'Oyré, le Conseil de guerre arrêta que Dubayet ne conserverait les îles que provisoirement, qu'il ferait un dispositif pour les abandonner « sans y compromettre du monde par une vaine résistance », qu'il profiterait pour les évacuer de la première crue du Rhin, qu'il enverrait à Mayence la grosse artillerie que Meusnier y avait « cumulée mal à propos », et qu'il achèverait sans retard à Kastel et au fort de Mars les travaux de défense. Cet arrêté, qu'on peut regarder comme un vote de blâme contre Meusnier, fut pris dans la journée du 5 juin. On savait à peine depuis quelques heures la blessure mortelle du jeune général, et sur-le-champ, et comme avec une secrète satisfaction, le Con-

[1] *Mém.* du général X***.

[2] D'Oyré, *Comparaison des défenses* (de Mayence en 1793 et en 1689; manuscrit des archives de la guerre).

seil se hâtait de condamner un système qu'il jugeait aventureux et funeste[1].

Les instructions de d'Oyré furent bientôt exécutées. Kostheim et les îles du Mein, dit le *Journal du siège* à la date du 21 juin, « deviennent l'égout des boulets, des bombes, des obus, et la communication de ces postes avec Kastel et le fort de Mars est presque impraticable pendant le jour ». Dès la première crue du Rhin, le 29 juin, après avoir fait couper durant plusieurs nuits les taillis dont l'adversaire aurait pu se couvrir pour élever des batteries contre le pont et les moulins, Dubayet évacua les îles. Puis, une semaine plus tard, il abandonnait ce Kostheim auquel Meusnier et Beaupuy avaient attaché leur nom. Mais le village ne fut pas cédé sans résistance. Dans la nuit du 7 au 8 juillet, toutes les batteries de la rive droite avaient ouvert une canonnade épouvantable qui dépassait en intensité celle du 5 juin[2]. On ne cessa pas un instant de voir en l'air dix grenades au moins. A une heure du matin, deux colonnes d'assaut attaquaient et tournaient Kostheim. Les Français se défendirent, de leur propre aveu, sans ordre et au hasard, en cherchant à battre en retraite sur le fort de la République. Après une heure d'un combat opiniâtre, 150 d'entre eux se rendirent prisonniers; le reste se fit jour à travers les assaillants ou se jeta dans le Mein. D'Oyré était venu de sa personne à Kastel; Dubayet lui proposa de rentrer dans le village; il refusa : on devait, disait-il, se borner à garder avec les plus grandes précautions le fort de la République, et, si ce poste était attaqué, replier la garnison sous la protection du fort de Mars.

[1] *Journal du siège.*
[2] Cf. ci-dessus, p. 222.

Mais il était évident que les Prussiens se contenteraient d'observer la rive droite et ne feraient plus que parader devant Kastel. Pouvaient-ils entreprendre deux sièges à la fois? La prise de Mayence n'entraînait-elle pas la chute de Kastel? Tous leurs efforts se portaient alors contre la rive gauche, et Kalkreuth s'était assez approché pour tenir Mayence sous son canon [1].

[1] D'Oyré, *Mém.*, 12; Vériné : *Journal du siège*; Rougemaître (« les obus étaient si nombreux qu'ils s'entrechoquaient en l'air ») ; Bleibtreu, 174 ; Dohna, III, 76-89 ; Strantz, 239; Czettritz, 244 ; *Darst.*, 1002 ; cf. dans Ditfurth, 293-304, le minutieux récit du combat où se distinguèrent les Hessois et le capitaine Wiederhold ; voir aussi le rapport de Wiederhold dans la *Neue Bellona*, 1805, 2, p. 158-194, et *Mon.* du 22 juillet 1793.

CHAPITRE VIII

LE BOMBARDEMENT

I. Les brûlots. — La batterie flottante. — II. Les ingénieurs prussiens et les émigrés du génie français. — Plans d'attaque. — III. L'arrière parallèle. — La flèche des gabions. — La première parallèle. — IV. Le capitaine Lefaivre. — Prise de Weisenau. — V. Enlèvement de la redoute de Zahlbach. — VI. La flèche du fort Charles et la flèche du fort Welche. — VII. Bombardement de la ville.

I. Au milieu des travaux du siège, Kalkreuth avait essayé de faire sauter, au moyen de brûlots et d'une batterie flottante, le pont qui reliait Mayence et Kastel.

Il échoua. Trois brûlots furent lancés sur le Rhin dans la nuit du 16 au 17 juin. Attachés à la file, le premier remorquant le deuxième qui remorquait le troisième, ils devaient fracasser le pont et l'incendier. Mais la mèche extérieure du dernier brûlot fut maladroitement allumée. Au lieu de se porter aussitôt dans le deuxième bateau, la flamme, lèchant le bord du troisième, consuma les cordes qui l'amarraient et le détacha ; il alla, tout embrasé, s'enfoncer dans l'eau à la hauteur de la Favorite sans avoir fait aucun effet ni produit aucune explosion. Restaient les deux autres bateaux : le deuxième était le principal agent de destruction, et le feu avait gagné à l'extérieur de son bordage des chapelets de tourteaux goudronnés et des paquets d'étoupes. Mais les bateliers du Rhin accoururent ; dès que les deux brûlots furent à la hauteur du fort de Mars, ils les accostèrent, les éteignirent et les poussèrent vers la rive de Kastel après avoir fait ouvrir le pont du Rhin pour leur laisser passage[1].

La batterie flottante eut le même sort. Le colonel hollandais Widenbruck l'avait construite à Ginsheim. Elle se composait de deux bateaux accolés l'un à l'autre ; des coffres en charpente, remplis de fumier tassé, formaient ses parapets ; une compagnie de fusiliers de Legat y était installée. Mais le 29 juin, un boulet parti de Kastel brisa le câble auquel la batterie était attachée. Elle démarra, tourna sur elle-même, et cessant d'obéir au gouvernail, s'en alla doucement à la dérive vers Mayence. A la vue de ce « cheval de Troie aquatique », les Français, croyant à quelque œuvre infernale, couraient le long du Rhin et criaient : « Prenez garde à la mitraille ! » Toutes leurs pièces tiraient sur le monstre. Enfin, entraînée par le courant, la machine vint échouer près de Kastel sur une plage inondée par le Mein. Les fusiliers de Legat avaient précipité les canons dans le fleuve ; quelques-uns s'échappèrent sur une chaloupe ; les autres, deux officiers et soixante-seize soldats, indiquèrent par signes qu'ils se rendaient. Beaupuy leur jura qu'ils auraient la vie sauve et leur fit jeter une passerelle. Ses grenadiers poussaient des cris de mort et brandissaient leurs baïonnettes. « Le premier coup, dit Beaupuy, traversera mon corps. » A cet instant arrivait Merlin

[1] *Journal du siège.*

de Thionville. Il déclara, le sabre au poing, qu'il fallait venger les Français tués la veille à Weisenau et ne pas accorder de quartier. Déjà il s'avançait sur la passerelle. Soudain, pendant qu'il gesticule et s'agite, la planche fléchit sous son poids, et il tombe à l'eau. Mais les Prussiens le repêchent et le transportent dans leur batterie. Il se sèche, s'apaise, remercie avec émotion ceux qu'il menaçait naguère, et promet de les bien traiter. Tous sortent de la machine et, au fur et à mesure qu'ils descendent, Beaupuy, dans l'eau jusqu'à la ceinture, leur serre la main, leur souhaite la bienvenue, leur assure qu'ils n'ont rien à craindre et, en un mauvais allemand qui les fait sourire, leur adresse une petite exhortation destinée à leur inspirer la haine des despotes et des aristocrates. « Voilà, dit-il naïvement dans son *Journal*, des circonstances où l'on est bien éloquent, et où l'on peut frapper ferme et avec fruit tous ces hommes grossiers ; jamais je ne les ai négligées ; j'ai rempli bien religieusement mon serment d'apostolat toutes les fois que l'occasion s'est présentée » ; et il ajoute, en vrai Français, que si les Allemands ne sont pas faits pour être libres, quelques grains du moins finiront par germer dans les âmes [1].

II Kalkreuth n'avait jamais eu confiance dans la batterie flottante et les brûlots. Mais il avait hésité longtemps sur le point d'attaque. Les émigrés français de l'ancien corps royal du génie, entre autres, le lieutenant-colonel

[1] *Journal du siège;* Beaupuy; Gœthe, 248-249; Minutoli, *Remin.*, 264-268; *Mon.*, 14 et 27 juillet. Les Prussiens furent renvoyés le lendemain, chacun avec une miche de pain blanc. On les rendait presque toujours ; « toute réflexion faite, leur disaient les soldats français, nous n'avons pas besoin de pensionnaires ». (*Mon.*, 9 mai 1793.)

Turpin, proposaient de porter le grand coup contre le Gartenfeld et le bastion Raymondi, le long du Rhin ; on y rencontrait, disaient-ils, bien moins d'ouvrages, et le front d'attaque étant plus étroit, le travail serait plus rapide. Les ingénieurs allemands, et à leur tête le chef du corps des mineurs, le colonel von der Lahr[1], voulaient diriger le principal effort contre la citadelle. Deux partis se formèrent : le parti français ou de la *basse attaque* et le parti allemand ou de la *haute attaque*. Le roi de Prusse et le duc de Brunswick s'étaient ralliés au parti français qui comptait des hommes habiles et expérimentés dans leur art. Ils firent même venir de Hollande à Budenheim de grosses chaloupes canonnières. Ces chaloupes, employées naguère à la défense du Texel et portant chacune deux pièces de 24, devaient bombarder l'île Saint-Pierre et détruire les moulins de Mayence ; mais elles n'avaient ni rames ni voiles, et lorsqu'on les manœuvra, elles ne purent remonter le courant ; on les transporta par terre à Laubenheim derrière la ligne d'investissement, pour les mieux ajuster, et l'on n'en fit aucun usage.

Enfin, une conférence décisive des ingénieurs et des officiers de l'état-major se tint au château de Biebrich en présence du roi de Prusse et des généraux Kalkreuth et Kleist. Frédéric-Guillaume déclara que le Gartenfeld lui paraissait le meilleur point d'attaque et que les chaloupes canonnières rendraient évidemment de grands services. Les ingénieurs français, notamment Turpin, approuvèrent le roi. Les ingénieurs allemands ne défendirent leur opinion qu'avec timidité. Mais Kleist prit hautement le parti du génie prussien. Il était mû par

[1] Cf. sur von den Lahr, Strantz, 237, qui le qualifie de « genial im Fache der Minen ».

son esprit naturel d'opposition et piqué contre les émigrés qui lui faisaient mystère de leurs plans. Dans un discours plein de vigueur, il affirma que la *haute attaque* était plus simple et plus aisée que la « basse attaque »[1]. Le côté que Turpin et les Français proposaient d'assaillir, ne ressemblait-il pas à une courtine dont le Hauptstein et l'île Saint-Pierre formaient les bastions? Le Hauptstein ne dominait-il pas tout le terrain d'alentour et la pente qui s'abaissait vers le Gartenfeld jusqu'au moulin de Hardt? L'île Saint-Pierre ne balayait-elle pas du feu de ses canons toute la rive gauche du Rhin? L'assiégeant irait-il s'enfourner entre le Hauptstein et l'île Saint-Pierre? Irait-il, au prix d'efforts répétés et meurtriers, chasser l'assiégé de l'île Saint-Pierre et de l'île Saint-Jean qui se soutenaient l'une l'autre et se reliaient par un pont volant? Puis, se tournant contre le Hauptstein, irait-il emporter la redoute que les Français avaient tracée sur la hauteur de Hardt? Et le Hauptstein conquis à force de temps et de travail, ne rencontrait-il pas ce Gartenfeld presque impraticable, avec son sol humide, ses nombreuses rigoles et son double fossé? La *haute attaque* avait au contraire de très grands avantages: elle était *une*, nullement incohérente et décousue; elle appuyait ses deux ailes au Rhin et au Wildbach; elle établissait les dépôts de l'armée à moins longue distance et rendait ses communications plus sûres; elle offrait la chance de tenter contre l'enveloppe un heureux assaut ou du moins d'enlever sans trop de peine ses courtines, à cause de leur faible élévation. Tels furent les arguments que le général de Kleist exposa dans cette conférence de Biebrich, et quelques jours plus tard le

[1] Gaudy, 156-164.

roi ordonnait d'entreprendre la *haute attaque* entre Zahlbach et Weisenau.

III. Dans la nuit du 16 au 17 juin, Kalkreuth fit ouvrir une parallèle à la sape simple dans le fond du vallon, au bas de la chaussée de Marienborn, à quatre cents toises de la palissade du camp retranché. Les Autrichiens entreprirent ce travail, et ceux qui les aperçurent dans l'obscurité, habillés de gris, portant de grises fascines sur le dos et cheminant en silence sans autre bruit que celui des pioches et des pelles qui s'entrechoquaient de temps en temps, crurent voir un défilé de fantômes. A peine commençaient-ils la tranchée qu'une fusillade éclatait, vive, intense, inexpliquée, et qui, selon le mot d'un officier saxon, déshonore toute l'Allemagne.

Decaen faisait sa ronde. Beurmann [1], qui surveillait la chaussée de Marienborn, vint lui rapporter que les sentinelles entendaient du bruit. Decaen s'avance avec Beurmann ; il perçoit distinctement un cliquetis d'outils ; il conjecture que des travailleurs veulent couper la route et ouvrir la tranchée ; il court avertir Kléber. Le tiers des bataillons du camp retranché était toujours prêt à marcher au premier ordre. Kléber commande à Decaen de prendre avec lui ceux qui sont le plus près du quartier-général, de partir à leur tête et d'attaquer sans nul retard les pionniers ; il lui promet de le suivre et de lui prêter main-forte. Decaen se trouvait à six ou sept cents toises de l'assiégeant ; il attaque vigoureusement et refoule les premiers postes qu'il rencontre ; il répand l'alarme dans les troupes qui devaient soutenir les travailleurs ; elles reculent dans le plus grand désordre, elles tirent les

[1] Cf. ci-dessus, p. 164.

unes sur les autres. elles s'entretuent. La panique est indicible ; on jette les fascines, les outils, les fusils ; on regagne le camp au cri de *sauve qui peut !* « Beelzébuth, rapporte un officier autrichien, faisait des siennes. » Voilà Decaen maître de la tranchée, et ce qu'il voit à la lueur naissante du jour, les blés saccagés, les cadavres qui jonchent le terrain, les blessés qui gémissent, lui retracent suffisamment la scène de trouble et de confusion qui vient de se produire. Bientôt arrive Kléber avec la réserve ; il ordonne de combler la tranchée et prend ses mesures pour repousser un retour offensif des assiégeants. Les Français, ardents, exultant de joie, ramassent tout l'attirail laissé par l'ennemi ; ils comblent la tranchée, ils y ensevelissent les morts et s'amusent à les placer par escouades, en mettant les officiers après une quantité déterminée de soldats ; enfin, malgré quelques coups de canon que leur envoie l'adversaire, ils se servent des gabions et saucissons abandonnés, au nombre de quatre cents, pour construire à la sape volante, sous la conduite de Gaudin et de Boisgérard, une double flèche qu'ils nomment aussitôt la *flèche des gabions.* « S'opposer à l'ouverture de la tranchée, dit un témoin, la combler avec les morts de l'ennemi, et construire une flèche avec ses gabions sous un feu meurtrier, est certainement une belle opération : Kléber la dirigea [1]. »

Le roi de Prusse, irrité, commanda d'ouvrir la parallèle dans la nuit suivante. Cette fois l'entreprise fut menée, non plus par le général de Borch qui manquait d'énergie et de présence d'esprit, mais par le général de Kleist.

[1] D'Oyré, *Mém.*, 10; Vérine; Decaen; *Mém.* du général X***, Gœthe, 246-247; Bleibtreu, 165; *Darst.*, 949 ; *Belag.*, 220 ; Laukhard, III, 378; Czettritz, 175; Gaudy, 271; Keim, *Gesch. des vierten grossherzogl. hess. Inf. reg.* (*Prinz Karl, n° 118*), 1879, p. 22.

Pendant la nuit du 18 au 19 juin, 5,680 travailleurs se portèrent sur une grande ligne marquée par des feux et des lanternes, de Weisenau à Bretzenheim par Sainte-Croix. Quatre bataillons couvraient leur front, et dix autres bataillons, leurs derrières. Une parallèle longue de 9,400 pas, une redoute à son aile gauche, trois communications, trois batteries, chacune de trois mortiers et d'un obusier, tel fut l'ouvrage de la nuit. « Nous avons les honneurs de la tranchée, disait Beaupuy, c'est prodigieux le travail qu'ils ont fait [1] ! »

L'assiégeant poursuivit sans relâche ce travail prodigieux. La parallèle qu'on nommait l'arrière-parallèle, se trouvait à une grande distance de la place, et le feu de ses batteries était sans effet. « Quelle folie, s'écriait d'Oyré, de s'établir si loin ! » et Gaudin jugeait que l'entreprise démontrait beaucoup de timidité. Mais, dans la nuit du 24 au 25 juin, 2,000 pionniers commencèrent la première parallèle à 800 pas des palissades de la forteresse. On ne l'acheva que très lentement et avec une extrême difficulté. A chaque moment il fallait se garer des boulets qui venaient de Mayence et prendre les armes pour écarter les patrouilles françaises qui tiraient de tous côtés. Des pluies violentes, continuelles remplirent les tranchées d'eau et de fange. Jamais les assiégeants n'essuyèrent de fatigues plus cruelles. « On avait, dit l'un d'eux, de la boue au-dessus des mollets ; pendant quinze jours, nous eûmes le temps le plus abominable mêlé de pluie et de froid comme en octobre ; je tombais de lassitude ; j'étais crotté jusqu'aux oreilles et fait comme un démon. Nos gens, mouillés, transpercés, avaient l'air méconnaissable ; ils travaillaient de même

[1] Gaudy, 273; Duncker, 279 : *Darst.*, 949 ; *Belag.*, 221 ; Beaupuy.

que des bêtes de somme, et, la nuit, ne fermaient pas l'œil. Que de choses endure un pauvre soldat à six kreuzer ! Ah ! freluquets des villes, je vous souhaite une heure de tranchée ! Quelle figure vous feriez, vous qu'un souffle de vent envoie dans la tombe ! » Le prince Louis-Ferdinand visitait les travaux ; il dit aux officiers : « Messieurs, mieux vaut dix fois livrer bataille ; vous êtes à tout instant en danger de mort, et cela, pendant vingt-quatre heures, jusqu'à ce que vos camarades vous aient relevés et relayés : y a-t-il une bataille qui dure si longtemps [1] ? »

Mais bientôt la tranchée fut si profonde et le parapet si élevé qu'un homme à cheval n'avait rien à craindre du canon de l'assiégé et que deux voitures pouvaient traverser le boyau sans se gêner, ni s'embarrasser. Enfin, le 4 juillet, quinze batteries, comprenant soixante-quatre pièces, garnirent la parallèle et engagèrent un feu terrible contre le fort Saint-Charles et le fort Sainte-Elisabeth. Déjà, depuis le 21 juin, les travailleurs français, accablés par une pluie de bombes et d'obus, avaient dû remettre à la nuit leur ouvrage du jour. Les troupes couchaient dans les souterrains, et l'on s'était servi du bois de leurs baraques pour faire des blindages aux forts et aux retranchements. Kléber avait abandonné sa tente pour se loger, avec son état-major, dans une casemate du fort Saint-Philippe. Il tenta d'arrêter les progrès de l'assiégeant par des attaques multipliées, soit pendant la nuit, soit durant le jour où les Francs de Marigny, favorisés par la hauteur du blé, se glissaient près des tranchées. « Les braves républicains, écrivait-on des bords du Mein

[1] Gaudy, 276 ; Dohna, II, 345 et III, 69-70 ; Bleibtreu, 166-168 ; Czettritz, 177 et 259.

au *Moniteur*, quoique serrés de près, ne négligent aucune des ressources de la guerre; stratagèmes, surprises, espionnage, force, rien n'est oublié pour soustraire Mayence au despotisme. » Mais déjà les Prussiens dépassaient par leurs parallèles les ouvrages avancés de la place et les écrasaient de leur artillerie. Ils ne tardèrent pas à se rendre maîtres des flèches de Weisenau et de Zahlbach [1].

VI. Le village pittoresque de Weisenau, qui s'élève sur un mamelon au-dessus de la rive gauche du Rhin, n'avait pas encore essuyé de sérieux assauts. Pris, repris, livré aux flammes par les tirailleurs des deux partis [2], il était resté dans les mains des Français. On y fit des travaux de fortification. On dressa d'abord un épaulement qui flanqua la barrière en avant du village. Puis, dans la nuit du 16 avril, des ouvrages furent construits sur la hauteur, à droite de Weisenau. Enfin, le 27 du même mois, on entreprit d'élever, à la droite de ces retranchements, une flèche ouverte à la gorge, mais pourvue d'un contrefossé palissadé et qui, selon le mot de Gaudin, avait un tracé et un relief imposants. Vainement, soit des redoutes, qui faisaient face à Weisenau, soit de l'autre rive du Rhin, l'ennemi tira sur les travailleurs. La flèche s'acheva, et bientôt une deuxième fut commencée en arrière pour assurer la communication de la première et protéger la retraite des troupes. Vidalot-Dusirat avait d'abord commandé le poste et il sut profiter des irrégu-

[1] Gaudin ; Decaen ; d'Oyré, 11 ; *Journal du siège ; Mon.*, des 9 et 11 juillet 1793 ; Czettritz, 180 ; Schaab, 362.

[2] 14, 15, 16 avril ; ce dernier jour, dit Rougemaître, fut le tombeau de Weisenau ; cf. *Darst.*, 913-915 ; Duncker, 240-242 ; Gaudin ; *Journal du siège.*

larités du terrain. On le remplaça le 11 juin par le capitaine des grenadiers Lefaivre, un de ces vieux troupiers de la monarchie, que la Révolution faisait officiers dans les bataillons de volontaires et dont l'éclatante bravoure contrastait si vivement avec l'inexpérience et la mollesse de leurs soldats[1].

Lefaivre, aidé du lieutenant Seguin qu'il prit pour second, opéra d'heureuses sorties, et força l'admiration des ennemis. « Comment, disait un officier saxon, a-t-il pu tenir Weisenau avec si peu de monde ? » Dans la nuit du 16 au 17 juin, le hardi capitaine enlevait un poste de trente hommes et empêchait les assiégeants de commencer leurs travaux de tranchée sur la hauteur de Weisenau. Dans la nuit du 18 au 19, il s'emparait de trois à quatre cents fascines. Dans la nuit du 24 au 25, il entrait dans les crochets de communication, perçait jusqu'à la première batterie, enclouait quatre canons, tuait six artilleurs et blessait dix-huit hommes[2]. Mais, dit d'Oyré, « le succès fut incomplet parce que les colonnes

[1] (Gaudin). Ce Lefaivre avait servi douze ans sous la monarchie, puis s'était retiré à Chaux-les-Port, dans la Haute-Saône, où il cultivait ses champs. Il avait commandé la garde nationale de sa commune, lorsqu'en 1792 l'appela le danger de la patrie. Il abandonna sa femme et quatre enfants en bas-âge pour s'inscrire dans le 2e bataillon de la Haute-Saône. Il eut un cheval tué sous lui à l'attaque de Spire. On le retrouve en Vendée adjudant-général et chef de brigade. Une chute de cheval le força de se rendre aux eaux de Bourbonne. Dénoncé par un commissaire des guerres et emprisonné, il se justifia. Sigisbert Hugo, entre autres témoins, attesta qu'il n'avait reçu de Lefaivre que des ordres dictés par l'amour de la patrie (*Lefaivre à la Convention*, 27 brum. an III). « Qu'ai-je fait, disait Lefaivre, pour être incarcéré ? Est-ce pour avoir défendu vigoureusement le poste de Weisenau ? Est-ce pour avoir été chargé, au moins vingt fois, d'aller forcer les redoutes de l'ennemi, enlever ses pièces de canon, détruire ses travaux, ensuite revenir à mon poste ? »

[2] Czettritz, 179.

d'attaque ne firent pas toutes entièrement leur devoir. »

Kalkreuth jugea qu'il était temps de prendre Weisenau pour donner à l'aile droite de sa première parallèle un ferme appui. Quatre bataillons autrichiens, commandés par le colonel comte de Heister, eurent ordre d'entreprendre et de couvrir l'assaut. L'instruction de Heister portait qu'on ne devait ni tirer, ni piller, ni faire de prisonniers : tout serait passé au fil de l'épée. Dans la nuit du 27 juin, à dix heures et demie, pendant que, sur un autre point, Lefaivre tentait avec une partie de sa garnison d'enlever une batterie, les Autrichiens sortaient de la tranchée et s'approchaient de la flèche de Weisenau. Les uns répondirent aux *qui vive* qu'ils étaient François et appartenaient à tel ou tel bataillon ; les autres se hissèrent par les meurtrières. En un instant l'ouvrage fut tourné et emporté par la gorge. Le poste surpris n'opposa qu'une très faible résistance, et de la ville on l'entendit crier grâce. Lefaivre accourut au bruit, et, dans le dessein d'encourager sa troupe, il fit battre la marche et chanter le *Çà ira.* Mais les Impériaux l'accueillirent par quelques salves vigoureuses et poussèrent de grands cris : « *cavalerie ! en avant ! chargez !* » tant pour appeler à leur aide les hussards de Wurmser que pour effrayer l'ennemi. Les hussards arrivèrent au galop et dispersèrent les républicains. Quatre d'entre eux se jetèrent sur Lefaivre. Le capitaine se dégagea de leur étreinte, rallia ses gens, se mit à leur tête, et, de concert avec Seguin, leur ordonna de reprendre la flèche ; personne ne voulut marcher [1].

[1] *Journal du siège ;* d'Oyré, 11 ; Vérine ; Gaudy, 275 ; Bleibtreu, 170 ; Duncker, 279 ; Czettritz, 179-180 ; *Darst.*, 991 ; *Belag.*, 227 ; Schaab, 368 ; Dohna, II, 337-340. Le brave Seguin fut fait capitaine le 30 juin.

D'Oyré avait résolu qu'on tâcherait de réoccuper au moins une fois chaque poste enlevé par l'assiégeant. Le surlendemain, en plein jour, à onze heures du matin, l'héroïque Marigny attaquait la redoute avec sa légion des Francs. Un feu très vif l'obligea de reculer, et il laissa sur la place une vingtaine d'hommes tant tués que blessés. Les batteries prussiennes s'établirent à Weisenau et canonnèrent les deux rives du Rhin ; là, elles brûlaient la ville ; ici, elles rendaient le fort de Mars intenable. Déjà, des tirailleurs, sortant du village, essayaient de rejeter les avant-postes français dans les décombres de la Favorite[1].

V. Après Weisenau, tombèrent Zahlbach et la flèche des gabions. Les fortifications élevées sur la hauteur de Zahlbach étaient de simples ouvrages, ouverts à la gorge, sans liaison entre eux, sans fermeture, ni palissade, et hors de la protection du camp retranché. Mais les ennemis reconnaissent qu'elles « arrêtèrent efficacement la marche du siège », et la flèche du milieu leur parut aussi forte, aussi considérable que celle de Weisenau. Trois pièces, l'une, de 16, l'autre, de 12, la troisième, de 8, garnissaient la redoute la plus avancée. Le 22 juin, Merlin s'y rendit avec Rieffel et les clubistes armés de pelles et de pioches ; tout le jour et jusqu'au lendemain à la nuit, les patriotes travaillèrent à l'agrandissement de la batterie et la mirent en état de recevoir des blindages ; aussi l'ouvrage fut-il nommé dès lors redoute de Merlin ou des clubistes[2].

Mais dans la nuit du 5 au 6 juillet, trois bataillons

[1] Vérine, Decaen, *Journal du siège*, Rougemaître.

[2] Gaudy, 151 ; Dohna, III, 71 ; Schaab, 365 ; Gaudin ; Rougemaître.

prussiens, commandés par le général de Manstein [1], s'emparèrent de la redoute de Zahlbach et de la flèche des gabions. « Nos gens, avoue d'Oyré, les abandonnèrent sans résistance, malgré les efforts de Lefaivre et de Seguin. » Un instant, trois compagnies du bataillon de Schladen, égarées par un de leurs guides et trompées par l'obscurité, se trouvèrent sans le savoir sur le glacis du fort Saint-Philippe. Elles arrachèrent les palissades, gravirent l'escarpe de l'avant-fossé, pénétrèrent derrière le parapet, égorgèrent tout ce qui résistait. Des émigrés français criaient déjà « *La ville est à nous!* » On les refoula, grâce, dit d'Oyré, à la bonne contenance d'une partie des troupes et surtout à la fermeté et au sang-froid des chefs. Deux de leurs officiers furent tués ; un troisième fut fait prisonnier avec soixante-dix soldats, la plupart blessés ; quelques-uns s'étaient cachés sous les tentes [2].

D'Oyré renonça sans regret à la flèche des gabions ; elle manquait d'appui, et sa communication devenait de plus en plus impraticable. Mais il tenta de reprendre la flèche de Zahlbach. Durant deux jours, assiégeants et assiégés se disputèrent cet ouvrage avec opiniâtreté. Emporté par Kléber, ressaisi par le général-major de Kleist et par l'aide-de-camp Gaudy, il fut reconquis dans l'après-midi du 7 juillet, par Merlin de

[1] Il devait cette mission à son cousin, l'aide-de-camp du roi, mais il n'était nullement propre à l'exécuter avec succès (Gaudy, 277).

[2] *Journal du siège*; Rapport de d'Oyré, 10 juillet (papiers de Merlin) ; Gaudin ; Rougemaître ; *Darst.*, 1000 ; *Belag.*, 235 ; Dohna, III, 71 ; Gaudy, 277 ; Czettritz, 242, *Mainz nach der Wiedereinnahme*, 76. Les échelles que l'ennemi avait laissées, dit d'Oyré, annonçaient le projet d'insulter le camp retranché et même un des forts. En réalité, le général Manstein avait fait prendre des échelles à ses troupes parce qu'il croyait que le principal ouvrage de la redoute de Zahlbach était fermé à la gorge par un fossé profond.

Thionville. Le représentant était venu à la légion des Francs : « Trente hommes de bonne volonté ! » Trente hommes se présentèrent aussitôt. Merlin, Marigny, Kléber et ses deux adjoints, Decaen et Levasseur, se mirent à la tête de cette poignée de braves, et avec une incroyable audace, ils se portèrent vivement sur la redoute. Cinq ou six périrent, Levasseur reçut une blessure grave, et l'ouvrage fut enlevé. Mais bientôt, accablés par un grand feu de mousqueterie et d'artillerie, les Français abandonnaient définitivement et sans retour la hauteur de Zahlbach [1].

VI. Kalkreuth profita de ce succès. Dans la nuit du 11 au 12 juillet, ses travailleurs, débouchant en divers endroits par des zig-zags en sape volante, ouvraient la deuxième parallèle. Mais deux flèches nouvelles, construites par d'Oyré, l'une à gauche et sur la ligne capitale du fort Saint-Charles, l'autre en avant du fort Welche, arrêtèrent soudain la marche des pionniers. Étonnés, troublés, les Prussiens hésitèrent. Ce système de contre-approches, dit l'un d'eux, témoignait d'un véritable génie [2].

Il fallait, coûte que coûte, se saisir des deux ouvrages. Pendant trois nuits la flèche du fort Saint-Charles fut prise et reprise par les deux partis, qui déployaient dans leur attaque une égale fureur. Le 15 juillet, après une longue et violente fusillade, elle demeurait aux mains des Prussiens. D'Oyré, craignant avec raison que l'ennemi ne pût s'étendre jusqu'au chemin couvert, ordonna de réoccuper la flèche dans la nuit même. Les troupes du camp

[1] Vérine ; Decaen ; Gaudy, 278-279 ; Dohna, III, 74-75 ; Bleibtreu, 173 ; Czettritz, 243 ; *Darst.*, 1001.

[2] Gaudy, 282.

retranché étaient exténuées de lassitude; il chargea de l'expédition un détachement de 400 hommes tirés de la garnison de Kastel. Mais les piquets refusèrent de passer le Rhin, et lorsque, sur une énergique sommation de Dubayet, ils eurent traversé le pont et marché vers le fort Saint-Charles, ils manquèrent dans les ténèbres le lieu du rendez-vous et ne se réunirent qu'à la pointe du jour. Pouvait-on attaquer à découvert avec des gens qui montraient si peu de bon vouloir[1] ?

Les Prussiens gardèrent la flèche du fort Saint-Charles et la rasèrent. Restait celle du fort Welche. D'Oyré l'avait reliée au fort Saint-Charles par une contre-approche où il y avait chaque nuit un bataillon de soutien. Le 15 et le 16 juillet, les Prussiens assaillirent l'ouvrage et furent repoussés. Mais le 17, le prince Louis-Ferdinand se mettait à la tête de trois bataillons, deux bataillons de Manstein et un bataillon de Wegner, qu'il animait de sa bouillante ardeur, et la flèche, rapidement enlevée, était aussitôt rasée par trois cents ouvriers. Le prince avait sauté le premier, avec l'émigré Sombreuil, dans le retranchement. *Çà n'ira pas*, criait-il aux Français qui chantaient le *Çà ira*. Un républicain tira sur lui à brûle-pourpoint. D'un coup d'épée, Sombreuil releva le fusil; la balle qui devait frapper Louis-Ferdinand en plein cœur, traversa le bord de son chapeau et lui roussit le visage. Presque au même moment, un biscaien atteignait le prince au flanc droit, mais sans toucher ni un os ni une artère. Louis-Ferdinand, soutenu par Nassau-Siegen, se fit panser et refusa de quitter le lieu de l'action. « Nassau, dit-il, vous informerez le roi que j'ai fait tout ce que j'ai pu, mais que pour l'instant

[1] *Journal du siège.*

je ne suis bon à rien et que je le prie de m'envoyer à Mannheim, chez la belle madame de Contades. » Quatre jours auparavant, le valeureux prince avait retiré de la mêlée et emporté sur ses épaules un soldat autrichien blessé. On le nomma général major, et toute l'armée des alliés, depuis les aides de camp du roi jusqu'au simple mousquetaire, ne parla plus qu'avec admiration de ce jeune héros qui ne connaissait pas le danger et qui ne tremblait jamais, alors que chacun tremblait pour lui. « Ce n'est pas seulement, s'écriait un officier autrichien, un homme de jolie figure et de façons aimables, c'est un intrépide soldat. » Et les journaux allemands répétèrent que l'esprit du grand Frédéric reposait sur son petit-neveu [1].

L'entreprise avait coûté beaucoup de braves gens, mais « le but était rempli, dit un des assiégeants, et il avait une telle importance qu'on devait regarder les victimes comme réservées à ce destin par le sort d'une triste nécessité, et non comme sacrifiées [2]. » Kalkreuth fit aussitôt achever la deuxième parallèle et installer de nouvelles batteries. Un feu écrasant s'ouvrit sur les forts qui tous étaient vus ou enfilés. Trois jours suffirent pour rendre le fort Saint-Charles intenable, pour raser la plus grande partie du fort Welche, pour faire des forts Saint-Philippe et Sainte-Elisabeth un amas de ruines. Le fort Saint-Charles était si bouleversé que son commandant,

[1] Vérine; Duncker (Saint-Cyr, I, 289-291); Minutoli, *Remin.*, 241-242; *Revolutions-Almanach von 1794*, 284-285; Bleibtreu, 178; Dohna, III, 97-98; *Preuss. Augenzeuge*, 251; Bailleu, *Prinz Louis-Ferdinand*. 1885, p. 32. Déjà, le 19 mai, le prince, qui était avec les flanqueurs, n'avait dû son salut qu'à la résistance d'un lieutenant de cuirassiers de Weimar, qui se défendit assez longtemps pour lui donner le temps de se retirer (*Journal du siège*).

[2] Dohna, III, 97.

le capitaine Dubreton, redoutait chaque nuit un assaut victorieux des Prussiens. L'état du fort Saint-Philippe n'inspirait pas d'aussi vives inquiétudes ; mais les assiégeants avaient éteint tous les feux de ses canons et tellement rapproché leurs batteries qu'on pouvait, avec des fusils de rempart et même des fusils ordinaires, atteindre très facilement leurs travailleurs, lorsqu'ils se montraient au-dessus de la tranchée, et leurs artilleurs, dès qu'ils apparaissaient aux embrasures. Kléber, craignant de trop exposer ceux qui venaient lui faire des rapports ou recevoir ses ordres, transféra son quartier-général du fort Saint-Philippe au fort Saint-Joseph[1]. Mais il prévoyait avec d'Oyré que les ennemis seraient bientôt maîtres du fort Saint-Charles ou qu'ils perceraient par un des points de l'immense ligne du camp retranché. Or, il ne disposait que de 6,000 combattants. Que pourrait-il avec si peu de monde contre un effort impétueux de l'assiégeant[2] ?

VII. Le feu des assiégeants sévissait en même temps sur Mayence. Dès le 18 juin, les premiers obus tombaient dans la ville, et l'on devait transporter les magasins de la citadelle dans des caves et sous la voûte d'une porte éloignée. Le 23, les douze apôtres de Würzbourg lançaient, en vingt-quatre heures, 800 boulets sur Mayence. Le 26, une bombe, éclatant dans la cour du quartier général, tuait raide le vieux de Blou et blessait à mort le chef du génie Gaudin. Le 27, l'église Notre-

[1] Decaen.

[2] Le 19 juin, Schaal avait passé une revue, et déduction faite des travailleurs, de l'artillerie et du génie, des infirmiers, etc., il avait trouvé que la force active de la garnison comprenait 13,300 hommes, dont 7,000 étaient à Kastel et dans les îles de Saint-Pierre et de Saint-Jean (*Journal du siège*).

Dame s'écroulait avec fracas, et l'on voyait les flammes qui la dévoraient, se refléter dans le Rhin. Le 28, le feu consumait trois tours de la cathédrale et la bibliothèque pleine de manuscrits et d'incunables. Le 29, la prévôté, qu'on nommait un petit paradis d'architecture, était réduite en cendres. Le 30, brûlaient, avec un approvisionnement considérable de grains, les maisons de Dalberg et d'Ingelheim, les plus spacieuses de la cité. Le même jour flambait l'église des Franciscains, que les républicains avaient transformée en hôpital : d'Oyré fit porter les malades au Château et informa verbalement Kalkreuth que des blessés, prussiens et français, occupaient le palais électoral et qu'il désespérait de les sauver en cas d'incendie; le Château fut épargné, à la prière de Frédéric-Charles d'Erthal[1]. Mais les projectiles ne cessaient de pleuvoir sur le reste de la ville, même sur les quartiers les plus distants du front d'attaque; ils détruisaient, le 2 juillet, le théâtre; le 3, l'église Saint-Alban; le 8, la boulangerie de la citadelle; le 13, la maison d'arrêt et la douane. Un armistice eut lieu le 14, de dix

[1] Un Allemand a fait le tableau du château électoral devenu hôpital français. « Aux fenêtres de la façade étaient suspendus des vêtements et du linge ; sur les balcons, où les gras et gais chanoines venaient respirer l'air pur, apparaissaient de pâles convalescents, enveloppés de bandages et de manteaux; la boue couvrait les parquets lambrissés des magnifiques salles de gala. Mais l'hôpital était merveilleusement tenu. La propreté y régnait. L'air y circulait par des ventilateurs adaptés aux fenêtres. On y voyait quatre rangées de lits dans les salles, et, à côté de chaque lit, un pupitre où le malade serrait ses affaires, lisait, écrivait. Les nouveaux noms des salles contrastaient singulièrement avec les anciens : salle des fiévreux, salle de la nation, de l'égalité, du civisme, du patriotisme. On faisait les opérations dans la salle à manger de l'Electeur, et plusieurs Français les subirent avec un sang-froid stoïque. Un Provençal dut se laisser amputer le bras : « Que diable faites-vous là, s'écriait-il ; en Provence, on f... un emplâtre dessus, et tout est dit. » *Mainzer nach der Wiedereinnahme*, 59-61.)

heures du matin à une heure de l'après-midi. Pendant que les Allemands « victorisaient » et célébraient par une triple salve la prise de Condé, les Français, réunis sur l'esplanade du Château, devant l'autel de la patrie sur lequel flottait le pavillon tricolore, juraient de vaincre ou de mourir ; d'Oyré exhortait ses soldats à bien mériter de la patrie; Dubayet présentait à l'autel le nouveau-né d'un grenadier; Merlin assurait, pour raviver les courages, que Custine serait sous huit jours dans Mayence et, à l'avance, il invitait les officiers au banquet qui fêterait la délivrance de la place; chaque homme recevait, comme gratification, trois onces de viande de cheval. Mais, à peine cette trêve de trois heures avait-elle expiré, que le bombardement recommençait. Le 16 juillet, le laboratoire d'artifices sautait en l'air avec un bruit épouvantable, et cinq jours plus tard, l'église des Dominicains, abîmée par les bombes, ensevelissait huit volontaires sous ses ruines [1].

Le siège, dans sa deuxième période, offrait donc aux populations du voisinage un terrible et saisissant spectacle. Quotidiennement, le beau monde de Francfort allait se promener au camp de Hochheim; on s'y rendait en partie de plaisir et comme pour regarder un feu de joie; on dansait, on buvait gaiement, et, à la vue de Mayence bombardé, plus d'un s'écriait que la ville méritait son destin : la voilà en jouissance de sa liberté [2] ! De Mannheim et de Heidelberg, des magistrats, des notables, des dames de haut parage, venaient admi-

[1] *Journal du siège; Darst.*, 990-1011 ; *Belag.*, 228-243 ; Gœthe, 253-256 ; Bleibtreu, 168-170 ; Czettritz, 182, 247, 248 ; Nollet, *Jordy*, 11.

[2] *Mainz im dem Genusse der Freiheit* est le titre d'un pamphlet de l'époque.

rer l'embrasement de la malheureuse cité et en savourer l'horreur grandiose. *O schön! O prächtig!* que c'est beau! que c'est magnifique! Tels étaient les cris que poussaient des centaines de spectateurs chez qui la curiosité étouffait la pitié. Une immense clameur s'éleva de cette foule naïvement cruelle dans la nuit du 28 juin, où s'enflamma la cathédrale : la lueur rougeâtre de l'incendie se répandait au loin; il faisait clair comme en plein jour, et à une lieue de Mayence, on lisait aisément une gazette ou une lettre. Mais c'était la flèche de Weisenau qui recevait le plus de visiteurs. Les dimanches, après la messe, les villageois en leurs plus beaux habits, leur paroissien sous le bras, et le chapeau à la main, se pressaient dans la redoute, jasant, folâtrant, s'exclamant à tous propos. Par instants, des boulets, partis de la place, sifflaient au-dessus de leurs têtes. Mais, dès que la sentinelle qui allait et venait sur le parapet, avait vu la flamme du canon, elle criait : « Baissez-vous! » aussitôt les paysans se jetaient à genoux ou la face contre terre, sans sonner mot; puis, le péril passé, ils se relevaient, riant, jacassant derechef, se gaussant les uns des autres, pour se prosterner une fois encore, selon l'expression de Gœthe, devant un nouveau boulet et adorer cette dangereuse et sainte apparition, cet être divin au vol rapide et au bruissement mystérieux. Le grand poète assistait au siège; lui aussi, de la hauteur de Marienborn, tout en scandant les hexamètres de son *Reineke Fuchs*, il contemplait le « pittoresque malheur », et les bombes qui montaient, puis tombaient dans la nuit étoilée, lui semblaient si bien rivaliser avec les lumières du ciel, qu'on ne pouvait, à certains moments, distinguer les unes des autres. D'autres fois, après avoir ramassé des ossements dans le cimetière de Weisenau, il grimpait l'escalier d'une maison en ruines et, se dissimulant au coin d'une fenêtre, il embrassait du regard le Rhin, le Mein, Kastel, le pont de bateaux et la ville, les clochers écroulés, les toits béants, les colonnes de fumée et les jets de flammes qui s'élançaient dans les airs [1].

La ville offrait, après la reddition, le plus triste aspect. « Voilà donc, s'écriait Gœthe, abîmé et réduit en pièces ce que tant de siècles avaient réussi à élever ! C'est ici, dans la plus belle situation du monde, qu'affluaient les richesses des provinces ! C'est ici que la religion s'efforçait d'affermir et d'augmenter ce que possédaient ses serviteurs ! » Jean de Müller parcourut les rues de Mayence à l'heure de midi, où l'on ne rencontre personne. « Je passai, dit-il, entre les palais consumés de Dalberg et d'Ingelheim, comme entre des tombeaux ; puis je descendis à l'église des Franciscains et je sentis l'odeur des Français ensevelis tout vifs sous les ruines ; je vis les livres des Dominicains déchirés, à moitié brûlés sous les gravois ; je vis la prévôté du Chapitre, si souvent admirée comme un chef-d'œuvre du goût et belle encore dans ses débris ; l'affreux spectacle de l'église Notre-Dame, la cathédrale couverte et entourée de décombres, et de là, en plongeant au loin le regard, les restes de l'incendie. J'en eus assez. Lorsque la lune se leva, je me rendis à la Favorite : un amas de ruines, de ruines en poussière, et quelques corniches et architraves m'indiquaient la place de ce château que j'avais vu si brillant pour Artois et Frédéric-Guillaume, de ce château, l'orgueil de la cour et le jardin du public ! Je rentrai,

[1] Strantz, 237 ; Gaudy, 286 ; *Friedenspräliminarien*, III, 406-407 ; Gœthe, 252 ; Manso, 267 ; Bockenheimer, *Die Belag., von 1793*, 47 (lettre de Bibra).

comme au sortir d'un sermon sur l'Ecclésiaste. Durant ces quatre jours, je n'ai pas rencontré un homme qui fût gai [1]. »

Et pourtant, le désastre n'était pas aussi grand qu'on le pensait. A la vue des énormes colonnes de fumée et de flammes qui s'élevaient au-dessus de la ville, les alliés s'imaginaient que tout Mayence brûlait et que la quantité de morts et de blessés serait infinie. Mais, comme toujours, l'incendie causa moins de ravages qu'on ne l'aurait cru, et les victimes ne furent qu'en petit nombre. « Un bombardement, raconte Decaen, est une chose effrayante; pendant les premiers jours surtout, il imprime une terreur inouïe; néanmoins, on se familiarise en quelque sorte avec lui, et l'effroi dont on est d'abord consterné, ne tarde pas à se dissiper. » Comme à Lille, les habitants s'accoutumèrent bientôt au feu roulant des canons et des mortiers; ils voyaient venir les bombes, et plusieurs, dans leur témérité, les poussaient du pied ou de la main hors des maisons. Ils reconnaissaient les boulets rouges, ou, comme on disait, les globes incendiaires, les couvraient de toile mouillée, puis les jetaient dans la rue. Dès que tombait un projectile, des hommes, des femmes mêmes se hâtaient vaillamment de le ramasser, non sans rire ni plaisanter; dès qu'éclatait le feu, tous les gens du quartier accouraient pour l'éteindre. On se blasait sur le danger. Les assiégeants, eux aussi, ne redoutaient plus ces canonnades dont la terre tremblait. Les femmes qui portaient le dîner à leurs maris dans les tranchées,

[1] Gœthe, 263 ; Jean de Müller, *Sämmtl. Werke*, XXXI, 78-79 ; cf. *Preuss. Augenzeuge*, 436 et 439 ; *Jammerreise nach Mainz im Augustmonat, 1793*, p. 22-23 (petit écrit sec et insignifiant, qui renferme la liste des édifices brûlés et à demi-brûlés).

dédaignaient de prendre le chemin de communication et, pour ne pas faire un détour, s'engageaient à travers champs, sans crainte du péril, et, dit-on, sans le moindre accident[1].

[1] Manso, I, 267 ; Dohna, III, 96 ; Gœthe, 267 ; *Mainz nach der Wiedereinnahme*, 35-37 ; Decaen ; Rougemaître ; *Preuss. Augenzeuge*, 436-438 (il n'y eut pas plus de vingt bourgeois tués ou blessés ; *Darst.*, 997-1000 ; *Belag.*, 229 ; *Politisches Journal*, 1793, II, 791 ; Klein, 569 (l'administration générale avait engagé soixante hommes chargés spécialement d'éteindre les incendies) ; Gaudy, 276.

CHAPITRE IX

LA CAPITULATION

I. Symptômes de prochaine reddition. — Les bouches à feu. — Diminution des vivres et des fourrages. — Défaut de médicaments. — Découragement de la garnison. — II. Les conventionnels. — Premiers pourparlers. — Conditions de Kalkreuth. — Lettres de d'Oyré en faveur des patriotes. — Entrevue de Marienborn. — Capitulation. — Sortie de la garnison. — Les clubistes. — III. Le siège. — Héroïsme. — Générosité — Rapports entre Prussiens et Français. — IV. Décret de la Convention. — Montaut et Soubrany. — Colère du roi de Prusse. — V. Les Mayençais à Sarrelouis et à Metz. — Merlin à la tribune de la Convention et aux Jacobins. — VI. Exécution de Custine.

I. Dès que d'Oyré sut que la flèche du fort Welche était aux mains des Prussiens, il résolut de la reprendre. Mais les chefs du génie assurèrent au Conseil de guerre dans la séance du 17 juillet que l'adversaire était trop près, qu'il avait la supériorité des moyens, que la flèche serait reconquise et le poste qui la défendait, inévitablement perdu. Le Conseil de guerre arrêta qu'on garderait la défensive sur tous les points du camp retranché. Néanmoins, la canonnade de l'assiégeant devint si vive, si furieuse que les chefs du génie proposèrent, dans la séance du lendemain, d'abandonner les lignes qui reliaient les forts. D'Oyré combattit cette opinion, et le Conseil la rejeta. Mais les chefs du génie insistèrent; ils remontrèrent à d'Oyré, dans un entretien particulier, l'extrémité de la situation; ils déclarèrent même qu'il serait utile d'évacuer le camp retranché et de faire sauter les forts Saint-Charles et Saint-Philippe. Au moins, ajoutaient-ils, devait-on renoncer au fort Saint-Charles; les boulets et les bombes le labouraient en tous sens; et plusieurs fois sa poudrière avait été menacée. D'Oyré, convaincu qu'un pareil abandon compromettrait au plus haut point la sûreté du corps de place, refusa de porter la proposition devant le Conseil de guerre [1].

Mais, quelle que fût son énergie et sa fermeté d'âme, il s'avouait que les ressources de la défense s'épuisaient d'instant en instant et qu'il faudrait sous peu demander merci. L'artillerie française ne répondait plus avec vigueur à l'artillerie prussienne; la plupart des bouches à feu étaient tous les jours hors de service; on devait sans cesse les réparer et l'on n'obtenait qu'après un labeur dangereux et assidu une canonnade de quelques heures. Durant tout le siège, on avait, à la française, forcé les charges et tiré trop vite, tiré sans motif ni résultat, tiré précipitamment sur le moindre hussard qui paraissait dans le lointain. On transformait un canon en un fusil de chasse et l'on employait vingt-deux livres de poudre pour lancer le projectile d'une pièce de 24. Or, on avait deux sortes de pièces : les pièces mayençaises et les pièces françaises. Les pièces mayençaises de bronze ou de fer éclataient parce que leur fonte était sèche et ne pouvait tenir sous l'effort de ces charges démesurées. Les pièces françaises se rui-

[1] *Journal du siège;* d'Oyré, *Mém.*, 15.

naient, parce que leur fonte était molle et ne pouvait résister à la chaleur que produisait ce tir perpétuel[1].

Les farines diminuaient. Les moulins à bras, manœuvrés par des soldats que la fatigue épuisait et que les projectiles détournaient constamment de leur travail, ne rendaient plus que la moitié de la mouture habituelle. Les moulins du Rhin étaient souvent atteints par les boulets et les obus ; il fallait à tout moment les préserver de l'incendie et les faire réparer par des ouvriers qui ne s'acquittaient de cette tâche périlleuse qu'à contre-cœur et sous la menace des coups de sabre ; les meuniers s'échappaient ; les meules qui manquaient ne pouvaient être remplacées. D'Oyré calculait qu'il n'aurait de farines que jusqu'aux premiers jours du mois d'août. Il voulut un instant réduire la ration et ordonner une moindre extraction de son. Mais l'approvisionnement des salaisons était consommé depuis le 24 mai, et le soldat n'avait plus que du pain ; devait-on économiser sur la quantité ou sur la qualité[2] ?

Il ne restait plus de fourrages que jusqu'au 26 juillet. Vainement le commissaire-ordonnateur Blanchard avait fait des achats partiels. Vainement, dès le commencement du blocus, le Conseil de guerre avait prescrit d'abattre tous les chevaux qui n'appartenaient ni à la cavalerie ni à l'état-major. Vainement Kléber, Marigny, Meusnier avaient tenté de couper des fourrages verts pendant la nuit et sous le feu de l'assiégeant. On ne recueillit presque rien. Le déménagement des magasins causa de considérables déchets. L'incendie du laboratoire d'artifices gagna les meules de foin accumulées dans

[1] Rapport de Douay (A. G.).

[2] *Mém.* de d'Oyré, p. 12 ; *Mém.* de Decaen.

le camp de la porte Raimondi. Un membre du Conseil proposa de tuer tous les chevaux. Mais si les assiégeants voulaient forcer le camp retranché, ne faudrait-il pas de la cavalerie pour charger et pour rallier l'infanterie? Les chasseurs qui faisaient des patrouilles à Kastel, ne rendaient-ils pas d'indispensables services? Ne devait-on pas conserver jusqu'au bout des chevaux de trait pour le transport des malades et des blessés, pour le charroi des munitions, des bouches à feu, des bois et palissades? L'artillerie n'employait-elle pas journellement soixante voitures [1] ?

Les remèdes allaient manquer. Les pharmacies particulières aussi bien que celles des hôpitaux et des ambulances étaient vides. Plus d'objets de pansement, plus de miel, plus de médicaments et de drogues d'aucune sorte, plus de bouillon de viande, plus de bouillon au beurre ou à l'huile, mais de l'eau dans laquelle avaient bouilli des pruneaux et des raisins. Chaque jour croissait le nombre des malades, et s'augmentait, sous le soleil ardent de juillet, la gravité des blessures [2].

Enfin, la garnison n'avait plus cette valeur brillante qu'elle déployait naguère. Elle tenait encore avec fermeté derrière des retranchements, mais elle se plaignait tout haut d'être sans cesse exposée aux assauts de l'ennemi. Les soldats n'agissaient plus que mollement et perdaient toute énergie. Ils n'avaient marché qu'avec répugnance aux dernières sorties. « Si l'on nous attaque,

[1] D'Oyré, 13 ; *Journal du siège.*

[2] D'Oyré, 14 ; Decaen ; d'Ecquevilly, *Camp. du corps de Condé,* 1818, I, 98 ; dès le 9 juillet, la chaleur fut « presque insupportable, comme la pluie et le froid quelques jours auparavant et l'on ne peut s'imaginer combien désagréable était la poussière, qui nous importuna pendant trois semaines que régna la sécheresse ». (Bleibtreu, 174 et 179.)

disaient-ils, nous nous défendrons, mais nous n'irons plus en avant. » Ils savaient que, s'ils étaient blessés, ils n'auraient pas les soins nécessaires. Assujettis à un service continuel, abattus par les veilles, accablés par la chaleur écrasante de l'été, ils se lassaient et se décourageaient. Les plus intrépides d'entre eux avaient péri ou bien étaient hors de combat ; personne ne se présentait plus pour entrer dans la légion des Francs ou dans l'infanterie légère de Kastel. Les volontaires qui formaient plus des deux tiers de la garnison, se demandaient avec anxiété quel allait être leur sort. Ils s'étaient engagés pour mettre la frontière à l'abri de l'invasion, et si Custine ne les avait pas menés dans le cœur de l'Allemagne, ils auraient au 1er décembre 1792 revu leurs foyers ou trouvé du moins de sûrs et commodes quartiers d'hiver. Mais, si Mayence tenait trop longtemps, ne seraient-ils pas prisonniers de guerre et pour des années peut-être exilés de la patrie ? Ils n'avaient plus aucun espoir de délivrance. Ils ne recevaient pas la moindre nouvelle de France. Ils ignoraient même si la France existait encore. En vain, croyant qu'on se servirait de bouteilles pour leur envoyer des renseignements, les assiégés jetèrent des filets dans le Rhin. En vain, et par trois fois, ils tentèrent d'informer de leur situation la Convention et le Conseil exécutif ; la première fois, par un espion ; la deuxième fois, par un prêtre qui se rendit d'abord à Francfort, puis à Bâle ; la troisième, par une dame qui devait, avec un passeport prussien, gagner Francfort et ensuite la Suisse et la France ; aucun de ces émissaires ne remplit son office et l'on ne sut jamais ce qu'ils étaient devenus. De l'armée de la Moselle, de l'armée du Rhin, nul ne venait, nul ne cherchait à s'introduire dans Mayence. Un jour pourtant, le

19 mai, le bruit se répandit que Custine arrivait. Les alliés, tournant le dos à la place, faisaient une triple salve de mousqueterie et d'artillerie pour fêter une victoire de Cobourg sur Dampierre. On s'imagina qu'ils combattaient l'armée de secours. On se répétait qu'un chasseur à cheval avait percé les lignes pour apporter la nouvelle à d'Oyré. La joie brillait sur les visages. De tous côtés on s'abordait en se félicitant. La vérité fut bientôt connue : Marigny, entendant la canonnade, avait dépêché le chasseur au général en chef, et, sur le rapport verbal du cavalier, on avait cru que Custine attaquait les ennemis [1].

Du reste, l'allure des Prussiens qui traçaient, non pas une circonvallation, mais une contrevallation, ne démontrait-elle pas qu'ils ne craignaient aucunement d'être troublés dans les opérations du siège? N'était-il pas évident que Mayence ne pouvait compter sur les armées du dehors? On avait appris que les Autrichiens investissaient Valenciennes ; mais la République ne chercherait-elle pas à dégager Valenciennes avant de débloquer Mayence? Jusqu'au dernier instant, raconte un témoin oculaire, les soldats ne cessèrent de se dire : « Personne ne vient à notre aide! La Convention nous oublie! Il se passe en France des événements extraordinaires [2] ! »

[1] Gaudin.

[2] D'Oyré, 14-16 et *Compar. des défenses ; Journal du siège* (15 juillet 1793 ; *Mém.* de Schaal (A. G.); déposition de Merlin et de Schleginski au procès de Custine, 21 et 27 août 1793 ; *Mém.* de Decaen; Czettritz, 263 (*Die allzuermüdete Armee*) ; *Journal de la Montagne*, 3 août 1793 (lettre de Haguenau). Deux personnes sûres sortirent de la ville, au commencement du mois de juin, mais la situation n'était pas encore désespérée ; elles virent Beauharnais et lui donnèrent quelques détails sur l'état de la place et le courage de ses défenseurs ; Beauharnais jugea leur rapport très rassurant et les adressa au Co-

II. Tout faisait donc prévoir la chute de la place : les fatigues et la démoralisation des soldats, le manque prochain des fourrages, la diminution croissante des moutures, le nombre des malades et des blessés, la certitude que la ville ne pouvait être secourue. D'Oyré luttait, se débattait encore. Reubell et Merlin de Thionville vainquirent ses derniers scrupules. Merlin déclarait publiquement que Mayence ne se rendrait pas et, à la Custine, il menaçait de la potence quiconque parlerait de capitulation[1]. Mais n'avait-il pas dit en pleine Convention qu'il se repentait d'avoir épargné la vie de Louis XVI dans la journée du 10 août ? N'avait-il pas écrit à l'Assemblée que Capet était un *monstre*, un *nationicide* et que sa mort servirait d'exemple aux autres rois ? N'avait-il pas signé avec Reubell et Haussmann une lettre qui se terminait par ces mots : « C'est au nom de Louis Capet que les tyrans égorgent nos frères, et nous apprenons que Louis Capet vit encore[2] ! » Merlin et Reubell savaient que les Prussiens lisaient le *Moniteur*. Ils craignaient de subir le sort des représentants que Dumouriez avait livrés à Cobourg, et peut-être pis. « Il importe aux Allemands, disait alors un journaliste, de prendre ces oiseaux-là, et on ne les traitera pas très douce-

mité de Salut public auquel il envoya en même temps de la monnaie de siège en billon et en assignats (lettre du 8 juillet, *Mon.* du 12 et du 17 juillet 1793). Il est toutefois « étonnant, comme dit Simon, que pendant quatre mois les généraux des armées du Rhin et de la Moselle aient tellement négligé les moyens de faire parvenir à Mayence des nouvelles de leur existence. » (Rapport du 13 août 1793 (A. E.)

[1] Schaab, 383 et 390-391.

[2] *Mon.*, 6 déc. 1792 et 12 janvier 1793 ; cf. *Mainzer Zeitung*, 10 janvier 1793. (On ne trouve pas au *Moniteur* la deuxième phrase de la lettre où Merlin dit que l'Assemblée a tort de s'occuper d'un monstre qui, de sa prison, suscite à la nation de nombreux ennemis.)

ment[1]. » Ils eurent plusieurs entretiens avec d'Oyré et lui firent entendre qu'ils voulaient quitter la place par une capitulation honorable. Eux aussi, comme les volontaires, jugeaient qu'au lieu de sacrifier beaucoup d'hommes encore pour prolonger la défense de quelques jours et se voir traînés tous dans les prisons de l'Autriche, il valait mieux profiter de l'attitude imposante de la garnison et obtenir des assiégeants de bénignes conditions[2].

D'Oyré résolut d'entrer en pourparlers. Déjà, le 29 juin, il avait prié Kalkreuth de laisser sortir de Mayence les vieillards, les femmes et les enfants. Le général prussien avait répondu que pareille chose était contraire aux usages de la guerre et que son adversaire avait dans ses mains le moyen d'arracher les Mayençais à leur situation désastreuse. Le 18 juillet, d'Oyré demandait à Kalkreuth d'envoyer Reubell à l'état-major d'une des armées françaises ou mieux à Paris : il ne doutait pas que Mayence ne fût abandonnée à ses propres forces, mais il ignorait depuis quatre mois ce qui se passait en France, et il ne savait pas si la continuation de la résistance serait utile à son pays ; Reubell rapporterait des renseignements officiels sur lesquels il réglerait sa con-

[1] *Die Franzosen am Rheinstrome*, II, 241. Cf. Bleibtreu, 175 « Merlin est dans la place; il a, le premier, signé la condamnation de Louis XVI ».

[2] D'Oyré, 16 (« le sort des commissaires ») et *Réponse au discours de Montaut* (pap. de Merlin, 31 août 1793 « pouvait-on abandonner les commissaires au sort que leur préparaient les ennemis de la liberté ? »); Eickemeyer, *Denkw.*, 199 (« aus Furcht für ihre Person ») ; Gaudy, 283 (ils craignaient que « ihr Schicksal nicht das beste sein dürfte » ; *Mém.* de Decaen. On ne doit pas d'ailleurs oublier que les deux représentants, — bien que la Convention ait décrété de leur envoyer une lettre de félicitations (20 avril, *Mon.*, du 22), — n'étaient rentrés dans la place qu'à leur corps défendant.

duite; ce représentant du peuple français n'avait-il pas, dans deux entrevues, montré des principes de modération qui faisaient augurer favorablement du succès de sa mission ?

Kalkreuth refusa le passeport que d'Oyré demandait pour Reubell : une semblable négociation était contre toutes les règles de la guerre; une garnison assiégée ne devait jamais communiquer avec son armée, bien moins encore avec sa métropole.

Cette fois, d'Oyré n'hésita plus. Il reconnut, dans une autre lettre à Kalkreuth, que tout secours était une chimère. Mais, ajoutait-il, il saurait se défendre longtemps encore, il avait des vivres, et il ne rendrait Mayence que s'il obtenait les conditions les plus avantageuses, les plus honorables, les plus sûres que pût obtenir un assiégé. Kalkreuth répondit qu'il attendait les propositions de d'Oyré, et il joignit à sa lettre le texte de la capitulation de Condé; cette ville de Flandre s'était rendue le 10 juillet aux Autrichiens, et sa garnison avait été faite prisonnière de guerre.

D'Oyré se récria. La garnison de Mayence ne craignait pas le sort de la garnison de Condé. Elle n'éprouvait pas la dernière extrémité. Elle était encore en forces; elle avait des moyens de subsistance, et l'énergie qu'elle déployait ne méritait-elle pas l'estime de l'adversaire ? Il rédigea, de concert avec Reubell et Merlin, les articles de la capitulation : Mayence et Kastel seraient livrés au roi de Prusse dans leur état actuel, ainsi que les canons et les munitions; la garnison resterait dans la ville jusqu'au 5 août et sortirait avec les honneurs de la guerre; les révolutionnaires mayençais pourraient la suivre sans être inquiétés. Kalkreuth accorda tout, à l'exception de trois articles : 1° la garnison quitterait la place quarante-huit heures après l'échange des signatures ; 2° elle ne garderait pas les moyens de nuire à l'assiégeant ; 3° elle seule sortirait de Mayence, et la capitulation ne comprendrait que les Français.

La première de ces trois clauses fut adoptée par le Conseil de guerre. La deuxième parut vague, et l'on résolut de demander sur ce point les instructions précises du roi de Prusse. La troisième fut rejetée d'une voix unanime, parce qu'elle blessait l'honneur et la loyauté de la nation française. Merlin jura qu'il ne souscrirait jamais à cette condition infamante [1], et le Conseil déclara qu'il persisterait invariablement à demander que les révolutionnaires mayençais eussent la faculté de quitter la ville avec la garnison. D'Oyré répondit donc au général prussien qu'il serait facile de discuter les articles de la capitulation, excepté celui qui concernait les habitants de Mayence. Il plaida la cause des clubistes avec une éloquence chaleureuse et forte. Entraînés par des opinions séduisantes, fatigués d'une autorité variable et arbitraire, n'avaient-ils pas avidement saisi l'occasion de se livrer aux élans de la liberté ? Le roi de Prusse les traiterait-il avec rigueur parce qu'ils s'étaient permis des expressions déplacées contre sa personne ? Ignorait-il que la vengeance la plus digne d'un souverain est le mépris et l'oubli de pareilles offenses ? Ne retirait-il pas un avantage plus réel de l'éloignement des patriotes mayençais et de leur exil volontaire que des châtiments qu'il voudrait peut-être leur infliger ? Pour lui, d'Oyré, il refusait de se couvrir de honte et d'entacher la garnison qu'il commandait, en délaissant ces hommes qui n'avaient commis d'autre crime que d'adopter les prin-

[1] Papiers de Merlin, lettre du 20 juillet.

cipes de la Révolution française. Au besoin, pour sauver leur liberté, il sacrifierait la sienne. Qu'ils aient la permission de suivre la garnison, disait d'Oyré, et « je renonce à la satisfaction de revoir ma patrie, à la douceur de me retrouver dans mes foyers que la nature et l'amitié concourent à me rendre chers ! »

Cette énergique et noble lettre ne suffit pas à d'Oyré. Il écrivit directement au roi de Prusse, le pria de « se relâcher » de ce fatal article. Un vieux soldat ne signerait-il pas son déshonneur en acceptant une condition semblable ? La garnison ne ternirait-elle pas sa réputation en abandonnant des gens qui s'étaient attachés à sa cause ? Elle aimerait mieux, affirmait d'Oyré, lutter jusqu'à la dernière extrémité et ne pas rentrer en France que de « s'exposer à de justes reproches de lâcheté ! »

Le roi se laissa fléchir. Mais il refusa de négocier avec les membres de la Convention, et Kalkreuth déclara qu'il ne pouvait traiter qu'avec les officiers qui commandaient à Mayence les troupes françaises. Le Conseil de guerre décida que d'Oyré et Douay se rendraient au quartier-général prussien[1].

L'entrevue eut lieu le 22 juillet, au presbytère de Marienborn, dans ce même village où, dix mois auparavant, Eickemeyer venait apporter à Custine la soumission de Gymnich, et, le même jour, la capitulation fut rédigée, non sans difficultés.

Il s'agissait d'abord du destin des clubistes. D'Oyré avait insinué que la France saurait user de représailles et que les otages naguère menés en Alsace, auraient le traitement que recevraient les patriotes mayençais. On convint verbalement que les « révolutionnistes » seraient

[1] Cf. le *Mémoire* de d'Oyré, p. 21-35.

échangés contre ces otages, et, pour empêcher qu'ils ne fussent maltraités par les émigrés, un article de la capitulation interdit aux déportés et fugitifs de rentrer dans la ville, tant que les troupes françaises ne l'auraient pas entièrement évacuée[1].

Puis Kalkreuth discuta les autres articles de la capitulation. Il exigea que la garnison ne pût servir durant une année contre les armées des puissances coalisées, et d'Oyré n'éleva pas d'objection. Il exigea que la garnison ne pût emmener ni ses pièces de campagne ni ses caissons, et, après quelque opposition, d'Oyré consentit à céder toute son artillerie. Il exigea que la garnison mît bas les armes au sortir de la ville ; mais cette fois d'Oyré se révolta : il haussa le ton, menaça de rompre la conférence, demanda ses chevaux, assura qu'il allait retourner aussitôt à Mayence, rassembler la garnison, la consulter, et sûrement, disait-il, elle résisterait jusqu'au bout plutôt que de subir cette condition humiliante ; elle n'avait pas encore abandonné les ouvrages extérieurs de la place, et jamais elle ne voudrait rentrer désarmée dans sa patrie. Le débat fut très vif. Des estafettes ne cessaient de courir du presbytère à la tente royale. A deux reprises Kalkreuth vint conférer avec Lucchesini et prendre les instructions de Frédéric-Guillaume. Enfin, malgré son ministre, le roi céda ; la garnison put sortir de Mayence tambours battants, enseignes déployées, et emporter ses armes et ses bagages[2].

Pendant que se négociait la capitulation, les Mayençais se livraient à la joie. Le silence du canon et le va-et-vient des aides de camp leur faisaient pressentir la red-

[1] *Darst.*, 1014.
[2] Häusser, I, 472 ; *Belag*, 271 ; Czettritz, 250.

dition prochaine. Ils sortaient des caves où ils vivaient depuis un mois et, tout heureux de revoir la lumière, couraient dans les églises remercier Dieu de leur délivrance. D'autres se rendaient aux remparts. Des officiers prussiens galopaient déjà dans la plaine et après avoir adroitement évité les pièges à loups, s'avançaient sur le glacis, soit pour passer le temps et satisfaire leur curiosité, soit pour s'enquérir du sort de leurs amis. Plusieurs, et Gœthe avec eux, poussèrent jusqu'à la barrière qui fermait la première porte. « Qu'y a-t-il, leur demandèrent les assiégés, et que nous apportez-vous ? » On leur répondit que la place serait rendue le lendemain, et ils éclatèrent en applaudissements et en cris d'allégresse. A ce moment arrivait le célèbre anatomiste Sömmerring, qui voulait revoir sa maison abandonnée depuis quelques mois, revoir surtout sa bibliothèque et ses chères collections. Avant qu'on puisse le retenir, il enjambe la barrière, entre aussitôt dans la ville, et sans dire mot aux amis qui le rencontrent et le prennent pour un fantôme, il atteint sa maison et, à sa grande joie, retrouve tout intact : « Je quitte la politique, écrivait-il cinq jours après, et me retire dans mon museum[1]. »

Mais la capitulation n'était pas signée. D'Oyré avait dû la soumettre au Conseil de guerre, et le 23 juillet, à onze heures du matin, Kalkreuth attendait encore sa réponse définitive. Le Conseil discuta très longuement les conditions posées par le général prussien. Quelques membres repoussaient avec beaucoup de vivacité l'article qui défendait à la garnison de servir durant un an contre les alliés. « Je me soumets à cet article, disait Dubayet,

[1] Schaab, 384; Gœthe, 256; Forsters Briefw. mit Sömmerring, 633-635.

tant que les ennemis resteront sur leur territoire ; mais s'ils envahissent le sol de la République, je servirai contre eux, au risque d'être pendu[1]. »

Une question plus grave, plus brûlante encore, était celle des clubistes. Le Conseil de guerre jugeait que d'Oyré n'avait pas assez fait. On résolut de s'adresser derechef à Kalkreuth et d'obtenir de nouvelles conditions en faveur des patriotes. D'Oyré écrivit au général que plusieurs habitants du pays, craignant qu'un plus long séjour ne leur devînt funeste, désiraient gagner la France ; il demandait que ces personnes pussent se rendre à Oppenheim avec femmes et enfants, domestiques et effets ; d'Oppenheim, elles iraient, sous l'escorte d'un détachement prussien, aux avant-postes de l'armée du Rhin, où elles seraient échangées au même moment contre les otages mayençais. Kalkreuth accepta la proposition ; il répondit que les patriotes pourraient se rendre dès le lendemain à Oppenheim, sous condition qu'ils lui fussent remis, et il promettait de les protéger et d'en avoir soin. Les commissaires de la Convention, Merlin et Reubell, requirent aussitôt les corps administratifs d'Alsace de transférer les otages mayençais sans nul retard et sans la moindre négligence, « promptement, décemment et commodément » aux avant-postes de l'armée du Rhin. Mais les clubistes ne croyaient pas aux promesses de Kalkreuth. Ils se rappelaient le sort des patriotes de Worms, le cruel traitement qu'avaient essuyé Arensberger, Blau et Scheuer, la pendaison de Lutz. Ne voyaient-ils pas du haut des remparts la foule des émigrés qui se pressait aux portes et les menaçait de sa vengeance ? Au lieu de se remettre à la sauve-

[1] *Mémoire* de Schaal (A. G.).

garde des Prussiens jusqu'à l'échange des otages, la plupart aimèrent mieux s'échapper de Mayence sous l'uniforme français en se mêlant aux volontaires nationaux [1].

Enfin, le 23 juillet à midi, Schaal apportait à Kalkreuth la signature du général en chef. Mais la garnison devait sortir en deux colonnes, et le Conseil de guerre désirait que chaque division eût au moins deux canons avec elle. D'Oyré demandait donc au roi de Prusse une dernière faveur, celle de laisser à ses braves artilleurs deux pièces de 4 et deux caissons. Frédéric-Guillaume donna les deux pièces et les deux caissons au général pour lui témoigner son estime. « Voilà deux pièces, disait le comte de Deux-Ponts, qui pourraient bien faire guillotiner d'Oyré [2]. »

Le même jour, les Prussiens prenaient possession de Kastel et des ouvrages extérieurs. Le lendemain, 24 juillet, dans l'après-midi, la première colonne de la garnison [3], commandée par Dubayet et Kléber, sortait de

[1] Rapport de Simon (A. E.); *Mon.*, 17 août 1793 (lettre de Berlin); d'Oyré à Kalkreuth et Kalkreuth à d'Oyré, 23 juillet; Merlin et Reubell aux administrateurs des départements de l'Est, 24 juillet (pap. de Merlin); Reynaud, *Merlin*, II, 42 (lettre de Marguerite Falciola); *Pétition des otages allemands détenus en France* (Nancy, 12 nov. 1793).

[2] *Belag*, 272; Fersen, II, 425; Dampmartin, 165.

[3] *1re colonne :* détachements du 2e, 8e, 10e chasseurs à cheval; la légion des Francs (deux comp. à cheval et cinq à pied); 32e et 82e rég. d'inf.; 16e bat. de chasseurs; 1er bat. des chasseurs républicains; 1er bat. des fédérés nationaux; 1er bat. des Amis de la République; 4e et 6e du Calvados; 5e de l'Eure; 10e de la Meurthe; 3e de la Nièvre; 2e de Seine-et-Oise; 3e et 8e des Vosges. — *2e colonne :* 14e cavalerie, 7e chasseurs à cheval; 5e rég. d'artillerie; compagnie d'artillerie volante du 2e régiment; comp. d'art. de Paris; le bat. des grenadiers de l'Ardèche; le bat. des grenadiers de Rhône-et-Loire; le bat. des chasseurs de Saône-et-Loire; 57e et 62e rég. d'inf.; 2e de l'Ain; 2e, 3e, 5e, 9e du Jura; une compagnie du 3e du Bas-Rhin;

la ville. Les compagnies franches de Marigny ouvraient la marche ; elles étaient l'élite de l'armée, et aucune troupe n'avait mieux fait son devoir, aucune ne les avait surpassées en courage comme en discipline et en bonne tenue ; aussi méritaient-elles de former l'avant-garde de ceux qu'on devait appeler désormais les *Mayençais* ; elles étaient les premières à l'honneur après avoir été les premières à la peine. Puis arrivèrent au pas accéléré les bataillons de volontaires. « Je n'ai jamais rien vu, rapporte le comte de Deux-Ponts, ni de plus insolent ni de plus sale que ces fils de la liberté. » Gœthe les qualifie de Marseillais : « ils étaient, dit-il, petits, noirs, bariolés, déguenillés ; on aurait cru que le roi Edwin avait ouvert sa montagne et lâché sa joyeuse armée de nains. » Quelques-uns étaient ivres, d'autres s'écartaient des rangs, mais des cavaliers, des grenadiers semonçaient les turbulents et ramenaient les traînards. La plupart annonçaient sur un ton sérieux qu'ils reviendraient bientôt sur les bords du Rhin et rentreraient dans Mayence avant trois mois. Ils avaient le visage satisfait et comme triomphant ; ils saluaient la foule, serraient la main aux Prussiens, chantaient, plaisantaient, riaient aux éclats, semblables, selon le mot d'un témoin oculaire, à des gens qui n'ont plus de souci ou qui s'élancent à la conquête de l'univers. Plusieurs avaient joint à leur cocarde tricolore ou mis ou bout de leur fusil de petits bonnets rouges. Ils prirent le landgrave de Hesse-Darmstadt pour le roi de Prusse. « Tiens, disaient-ils

1er, 5e et 6e du Bas-Rhin ; 1er et 4e du Haut-Rhin ; 2e, 9e, 10e, 11e, 12e de la Haute-Saône ; 7e et 13e des Vosges ; six compagnies de grenadiers (deux, du 3e ; deux, du 27e ; deux, du 46e rég. d'inf.). — La première colonne comprenait 7,981 hommes ; la seconde, 10,694 ; en tout, 18,675. Mais dans ce nombre sont compris les blessés et les malades des hôpitaux.

tout haut, vois-tu celui-là avec son crachat? Est-ce que c'est leur roi, çà? » Des jeunes filles, gaies, alertes, marchaient à côté d'eux; c'étaient des Mayençaises heureuses d'accompagner leur amant et d'aller en France. Le peuple, amassé sur le chemin, leur faisait des adieux moqueurs : « Bon voyage, Mademoiselle Lisette; vous avez donc eu le temps d'étudier le français et vous voulez courir le monde, vous aussi! Attention! vos semelles sont encore neuves, elles s'useront bientôt! » Elles ne répondaient pas ou se contentaient de sourire en regardant leurs compagnons de route, et les vieilles matrones, dans leur étonnement, se chuchotaient les unes aux autres que ces Français avaient un charme pour conquérir les cœurs. Après les volontaires, défilèrent les bataillons de ligne, Bassigny, Saintonge, fiers, un peu chagrins et renfrognés, mais ne donnant pas la moindre marque d'humiliation ou d'abattement, et tous ceux qui les virent louèrent leurs bonnes façons, leur prestance, leur aspect imposant, la propreté de leur uniforme et de leurs armes. Vinrent ensuite les chasseurs à pied : les chasseurs de Paris, dont les Prussiens admirèrent la belle contenance et l'air assuré; les chasseurs de Kastel, aux gestes résolus, à la figure audacieuse; ils avaient montré sur la rive droite du Rhin autant de vaillance que les Francs de Marigny sur la rive gauche; ils emmenaient avec eux le corps de Meusnier et avaient à leur tête l'aide de camp Damas, qui montait le cheval du général et portait son épée. La cavalerie suivait l'infanterie. Elle se composait de détachements de chasseurs qui s'avançaient en silence. Soudain la musique fit entendre la *Marseillaise*. « Avec quelque entrain qu'on l'exécute, dit Gœthe, ce *Te Deum* révolutionnaire a déjà quelque chose qui remplit l'âme d'une mystérieuse tristesse. Cette fois, on le jouait tout doucement, comme pour se conformer à l'allure lente des chevaux. L'effet fut saisissant, terrible, et quel grave spectacle que celui de ces cavaliers longs et maigres, tous d'un certain âge, tous d'une mine qui répondait à ces accents! Chacun d'eux ressemblait à Don Quichotte ; tous ensemble et en masse inspiraient le plus profond respect. » Enfin parurent, avec Dubayet, les commissaires de la Convention et du pouvoir exécutif, Merlin de Thionville et Reubell, Simon, Meyenfeld et leur suite. Merlin attirait l'attention par son costume d'artilleur, par son écharpe tricolore, par sa lévite de velours vert, par sa martiale attitude, par ses épaisses moustaches, par son regard hardi, presque farouche. A ses côtés marchait le colonel des clubistes, Rieffel, vêtu d'un habit de chasseur à cheval, le shako surmonté d'un grand panache. Les Mayençais le reconnurent : « Rieffel! Rieffel! Voilà le brigand, voilà le scélérat! » et ils se précipitèrent sur lui. L'hôtelier du *Roi d'Angleterre* eût été jeté par terre et sûrement assommé; mais Dubayet et Merlin intervinrent. « Prenez garde, cria Merlin d'une voix tonnante, je suis représentant de la nation française, et je saurai venger toute insulte; je vous conseille la modération ; ce n'est pas la dernière fois que vous me voyez ici! » Et, s'adressant aux officiers prussiens, il invoqua la parole de leur roi : « Est-ce ainsi qu'on tient la capitulation? » Dubayet joignit ses protestations à celles de Merlin. « Je compte, dit-il à trois reprises, je compte sur la loyauté du roi de Prusse. » Déjà les soldats qui l'escortaient murmuraient, s'agitaient, croisaient la baïonnette et menaçaient de repousser la force par la force. Le duc de Weimar se détacha du groupe des officiers et assura qu'on ne ferait aucun mal à Rieffel. La foule se tut, interdite ; personne n'osa plus bouger. Dubayet se tourna vers la colonne : « Silence, pas ordinaire, avancez ! », et tous les patriotes mayençais qui s'étaient, comme Rieffel, revêtus de l'uniforme français et confondus dans les rangs de la garnison, passèrent sans être inquiétés. Plusieurs furent encore reconnus, hués, couverts d'injures ; aucun, dit un de nos officiers, ne fut soustrait à notre protection[1].

Le jour suivant, 25 juillet, sortait la seconde colonne, sous les ordres de Schaal. Cette fois, les clubistes ne s'en tirèrent pas si heureusement. Les émigrés, affamés de vengeance, soulageant par des cris de malédiction leur cœur ulcéré, s'excitant les uns les autres à ne pas faire grâce, s'étaient postés partout, au bord et dans les fossés de la route. Pas un patriote n'échappa. Une jeune dame passait dans un très beau carrosse à trois chevaux, et ne cessait de se montrer à la portière, d'envoyer en tous sens des sourires et des saluts. On ne se laissa pas abuser par ces démonstrations d'amitié ; on enlève les brides au postillon ; on ouvre la voiture ; on y trouve, à côté de la dame, le fameux Georges Böhmer. Böhmer,

[1] Gœthe, 259, et lettre du 27 juillet à Jacobi ; Reynaud, *Merlin*, II, 98 ; *Mémoire* de Decaen ; d'Ecquevilly, *Camp. du corps de Condé*, 1818, I, 97-98 ; Fersen, II, 425 ; Bouvier, *La Révolution française*, IV, 1883, p. 737 ; *Revolutions-Almanach von 1794*, p. 387 ; Bleibtreu, 183 ; (Czettritz), 251-252 ; *Mainz nach der Wiedereinnahme*, 34 ; *Preuss. Augenzeuge*, 451 et 482 ; *Hessen-Darmstädtische Landzeitung*, 27 juillet et 1er août 1793 (cf. *Mon.*, 25 août). Cf. sur Rieffel, p. 18. Le roi de Prusse fit demander le soir à Merlin qui était ce Rieffel. Le conventionnel répondit que Rieffel avait pris du service avant la capitulation et ne pouvait être regardé comme clubiste, et, en effet, d'après le *Journal du siège*, Rieffel avait été nommé le 31 mai, aussitôt après la surprise de Marienborn où il avait joué un des principaux rôles, capitaine-adjoint à l'état-major (Czettritz, 253).

oui, c'est bien Böhmer, cet homme à la taille courte et ramassée, au visage large et gravé de petite vérole. On le tire par les pieds, on le traîne dans le champ voisin, on le frappe, on le piétine, on l'aurait tué si des Prussiens, saisis de pitié, ne s'étaient interposés. Böhmer, tout meurtri, entièrement méconnaissable, fut transporté dans une maison de paysan et couché sur une poignée de paille. Mais là encore il n'était pas à l'abri des insultes. Plus d'un Mayençais vint se moquer du matador et lui lancer à la face l'injure et l'outrage. Comme Georges Böhmer, tous les clubistes furent arrêtés ; comme lui, tous furent déchirés de coups par une multitude implacable. Les volontaires n'essayèrent pas de les défendre ; ils eurent même la lâcheté de les dénoncer par un geste ou un clin d'œil et de les pousser en souriant dans les bras de leurs bourreaux. *Clubiste! Clubiste!* criait la foule, et aussitôt le malheureux était arraché des rangs et terrassé. Plus d'un patriote aurait péri, sans les cavaliers qui se tenaient devant les portes ; ils laissaient gourmer et rosser le clubiste, puis, quand la fureur populaire leur semblait un peu apaisée, ils le recueillaient au milieu d'eux[1].

Des scènes semblables se passaient dans la ville, et déjà commençait la réaction contre le système français, contre la « farce de la liberté que les nouveaux Francs et leurs singes avaient jouée dix mois durant sur les

[1] Forsters Briefwechsel mit Sömmerring, p. 634 (lettre du 27 juillet) ; Gœthe, 259 ; *Hessen Darmst. Landzeitung*, 27 juillet 1793 ; Czettritz, 267 ; Bockenheimer, *M. P.*, 8-9. Aussi, lorsqu'au retour des clubistes, leur Comité publia l' « appel aux patriotes mayençais offensés », et leur recommanda l'oubli des injures et une « inattendue magnanimité », qualifiait-il le 25 juillet de « jour terrible, souillé par des horreurs si raffinées » et du « plus terrible de tous les jours » (Rebmann, *Die Deutschen in Mainz*, 91-94).

bords du Rhin [1]. » Quelques clubistes avaient refusé de quitter Mayence et croyaient qu'on ne leur ferait pas de mal. Ils furent appréhendés dans leur domicile et jetés en prison, après avoir subi mille sévices. On tira de son lit le vieil Eckel et l'on cloua sa perruque à l'un des gibets dressés par Custine. On traîna dans les rues Zech et sa femme, Rulffs, Razen, le vitrier Müller, le mercier Endlich, le tonnelier Herrchen, d'autres encore, plus morts que vifs, et qui n'arrivèrent à la grande garde que le visage ensanglanté, les vêtements déchirés et les poches vides. On mit à sac les maisons des clubistes absents, de Patocki, de Bittong, et les dégâts furent tels qu'il ne demeura que les quatre murs. Ceux qui pillaient la maison de Bittong, versaient le vin par les fenêtres dans la bouche de leurs camarades restés en dehors. « J'ai vu ici, écrit un médecin français, de nombreux exemples de la vengeance la plus raffinée; la dernière colonne de notre armée n'avait pas encore quitté les murs, que les persécutions les plus inouïes ont été exercées sur les clubistes; avant-hier matin on a découvert le pauvre Hafelin qui s'était caché dans sa cave; les sbires électoraux scrutent tous les coins et recoins de la ville [2]. »

Les patriotes incarcérés devaient être échangés contre les otages mayençais détenus à Belfort. Mais les représentants à l'armée du Rhin refusèrent de reconnaître la capitulation, et lorsque les otages arrivèrent à Stras-

[1] Heinse, *Sämmtl. Werke*, 1838, VIII, 25; Girtanner, *Die Franz. am Rheinstrome*, III, 59.

[2] *Hessen Darmst. Landzeitung*, 27 juillet 1793; lettre écrite le 6 août par un chirurgien à Merlin (Reynaud, *Merlin*, II, 87); *Revolutions-Almanach von 1794*, 388; Rebmann, *Die Deutschen in Mainz*, 49 et 57; Laukhard, III, 391-423 (protestations de Lœwer, Metternich et Rompel); Bockenheimer, *M. P.*, 9.

bourg, ils les renvoyèrent à Nancy [1]. Un grand nombre de clubistes restèrent en prison, les uns à Königstein [2], les autres à Erfurt [3]; ils ne recouvrèrent la liberté que le 9 février 1795, après que les otages de Nancy eurent été relaxés [4].

[1] *Pétition des otages allemands détenus en France*, Nancy, 12 nov. 1793; Reynaud, *Merlin*, II, 34-49.

[2] Étaient à Königstein; Adam Appel; Arensberger; Antoine Baumgärtner, de Nieder-Olm; Blau; Jean Dotzauer, de Nieder-Saulheim; Ch. Falciola; Georges Gabel, de Nieder-Olm; Jean Gött, maire de Weisenau; Jean-Gaspard Hamm; Bartholomé Heinermann, de Nieder-Olm, procureur de la commune; Michel Kirchner, de Bretzenheim; Knoderer; Koch et sa femme; François-Antoine Krach; Jean Krebs, de Dromersheim; Val. Krieger, de Zahlbach; Jean-Georges Kunkel; F.-X. Lejeune; Lothari; Marchand; Mossdorff; Jean-Pierre Müller; Michel-Valentin Müller; Wilhelm Müller; Nickhl; Pierre; Plöger; Joseph Preyser; Razen; Retzer; Scheuer; Bernard Schmidle; Charles Schmitz; Philippe-Martin Schneider, de Nieder-Saulheim; Henri Schreiber, maire d'Ober-Olm; Daniel Sixt, de Nieder-Saulheim; Solms; Steinem; Michel-Antoine Stöber; Wassmann; Jean Weiss; Weishaupt; Zech, sa femme et son enfant. Citons, en outre, Macké qui fut renvoyé le premier et mis aux arrêts à Hofheim; le maire de Worms Winckelmann, et deux habitants de Landau, Claude Borell et Jacques Huber. Quatre moururent pendant leur captivité: Eckel, Frantz, Goldstein et Schornsheim.

[3] Étaient à Erfurt: Bauer; J.-A. Becker; Böhmer; Cämmerer; Caprano; Dresler; Eulhardt; les deux Falciola père et fils; Gutensohn; Heimberger; Illig; Michel Konrad, de Nussbach; Kunz; Joseph Küpfler, peintre à Weisenau; Lœwer; Kilian Liebler, apothicaire; Metternich; Meuth; Och; Ohaus; Rompel; Schlemmer; Frédéric Schmitt; Laurenz Schweicard; Philippe Stenner, de Bretzenheim; Theyer; Wohlstadt. Ces noms se trouvent sur une lettre adressée à Merlin; mais le *Revolutions-Almanach* de 1795 cite encore Daniel Ernst; George-Michel Klingmann; Conrad Neuhauser; Jean Racke, tous quatre députés; Jodocus Ritter, de Kastel; Jean-Charles Sommer, souffleur au théâtre, et Charles-Joseph Varenna, d'Odernheim, qui furent sans doute relâchés avant les vingt-huit autres.

[4] Les patriotes qui échappèrent étaient: Blessmann et Wedekind, évadés dès le 30 mars, Debillaud, Dorsch, Hauser, Herrer, Hofmann, Melzer, Rieffel, et tous ceux qui figurent sur la liste suivante, dressée le 30 nivôse an II et contenant les noms des Mayençais qui désirent recevoir des passeports (A. E.): Jean Bittong, Adam Boost (fils de

Mais la persécution donna du prestige aux patriotes et lava, pour ainsi dire, leurs souillures. Les avanies, les vexations dont ils étaient l'objet, leur ramenèrent les cœurs. On les plaignit; on ne songea qu'à leurs souffrances; on les regarda comme de glorieux martyrs, comme d'héroïques soldats qui subissaient les plus rudes épreuves pour une cause sacrée. On se désaffectionna de l'ancien régime qui reparaissait sans avoir rien appris ni rien oublié. On se rappela les maximes de justice et d'humanité qu'avait proclamées la Révolution; on apprécia les bienfaits qu'elle portait avec elle. L'Electeur de Mayence ne faisait aucune réforme. La plupart des hommes éclairés se rejetèrent de nouveau vers la France ou du moins, sans souhaiter le retour des nationaux, accueillirent froidement et avec une secrète hostilité le gouvernement électoral. Jusqu'à la paix qui devait céder Mayence à la République, les âmes demeurèrent telles que Jean de Müller les avait trouvées au lendemain de la capitulation du 23 juillet : « tout, disait l'historien, est dans une silencieuse fermentation, chacun levant la main et ouvrant la bouche contre l'autre, tous misérables et dans un état de malaise et d'oppression, tous mécontents

Ch. Boost), Guill. Chelius (député, parti le 26 mars, avec l'autorisation de la Convention rhénane, pour confirmer les enfants de sa paroisse; Nau, IV, 539); Guill. Eyrer et Jean-Louis Eitelwein (tous deux réfugiés en France dès la fin de mars), Clem. Eisenberg, Jean-Paul Emmerich, Ant. Fuchs, Jean Fuchs, J.-B. Gaul, Fred. Gerhardi, Ign. Glück, Fred. Haupt, Edmond Heckerath (avec ses deux filles Josèphe et Thérèse, âgées l'une de 29 ans, l'autre de 27), Phil. Koening, Jos. Kühné, Fred. Lehné, Henri Maier, Jean Mercklein, Gaspard Müller, Nic. Müller, Domin. Neukirch, J.-J. Ohler, Carl-Fred. Pfeiffer, Joseph-Deodat Preyser, Jos. Schaeffer, Goswin Schweikardt, Phil. Seiler, Abram Volkarth. Ces patriotes formèrent à Paris la *Société des patriotes mayençais* qui tenait ses séances rue de la Jussienne, maison des notables, n° 9, et avait pour président Hofmann, pour vice-président Ant. Fuchs, pour secrétaires Eyrer et Bittong.

des amis et des ennemis, de l'ancienne constitution comme de la nouvelle[1]. »

III. Tel fut le siège de Mayence, un des sièges les plus mémorables que cite l'histoire, un de ceux que la légende a parés le plus volontiers de détails merveilleux, un de ceux qui de loin prennent à nos yeux les proportions d'une épopée. La garnison n'eut pas toujours l'héroïsme qu'on lui prête. Elle manquait d'instruction et d'expérience. Ses officiers et ses soldats s'initiaient presque tous aux éléments de leur métier. « La bravoure des individus, écrit justement d'Oyré, n'était point soutenue par cet ensemble, fruit de la discipline et de la confiance dans les chefs. » De là, cette fausse terreur qui se propagea de rang en rang dans l'expédition de Mosbach. De là, les premiers échecs du poste de Weisenau qui se laissait surprendre et sabrer, dans la matinée du 10 avril, par un parti de cavalerie et qui, quatre jours plus tard, en un instant de panique, abandonnait le village. De là, les désertions quotidiennes, les pillages, les actes nombreux d'insubordination et les défaillances qui saisirent plus d'une fois les assiégés. De là, l'épouvante de ces deux bataillons de volontaires qui jetaient leurs armes dans la nuit du 4 au 5 mai, près de Bretzenheim, et obligeaient la légion des Francs à battre précipitamment en retraite. De là, comme dit d'Oyré, cette espèce de paradoxe que des hommes qui, sur le rempart, recevaient des boulets sans broncher, cédaient si fréquemment aux attaques de vive force et lâchaient sans nulle vergogne les officiers qui tentaient de les ramener et de

[1] Perthes, I, 101 ; Sorel, III, 484 ; cf. Jean de Müller, *Sämmtl. Werke*, XXXI, 79.

leur faire reprendre un ouvrage perdu. De là, cette lassitude qui s'empara d'eux aux derniers jours du siège, et leur joie excessive, scandaleuse à la nouvelle de la capitulation; ils se mêlèrent à l'assiégeant qui s'égayait et chantait victoire; ils traînèrent aux avant-postes prussiens des tonneaux de bon vin pour fêter la fin de leurs misères [1].

Mais tel quel, ce siège mérite de rester populaire. Deux chroniqueurs mayençais, très hostiles à la Révolution, déclarent, l'un, que les Français montrèrent souvent un héroïsme admirable, et que, dans les entreprises les plus dangereuses, leur courage s'exaltait jusqu'à la fureur; l'autre, que leur vaillance, en des périls évidents, le frappait de surprise [2]. Quels hommes que Dubayet, Beaupuy, Decaen, Vidalot-Dusirat, Lefaivre, Seguin et tant d'autres qui faisaient si glorieusement leur apprentissage de la guerre! Quels soldats que ces volontaires du siège ou que ces chasseurs de Kastel qui défiaient les ennemis à la façon des héros d'Homère et les prenaient corps à corps, parmi les ruines de Kostheim, dans cette journée du 3 mai où, selon le mot de Damas, il y eut autant de combats singuliers que de combattants! « Leur audace, écrivait-on au *Moniteur*, déconcerte les assaillants; jamais, dans les temps de guerre les plus renommés, les Français n'ont eu une valeur plus brillante [3]. »

[1] *Journal du siège*; d'Oyré, *Mém.*, 42-43, et *Observ. addit*; Bleibtreu, 164 et 181; Ditfurth, 307; Schaab, 384; d'Oyré, dit le général X... (*Mém.* inédit): « aurait pu ajouter que quelques lâches officiers travaillaient vers la fin du siège à tout désorganiser et qu'il avait été question de se défaire de ceux qui, par leur bravoure, donnaient lieu de croire qu'on pouvait se défendre longtemps. »

[2] Klein, 550; Schaber, *Tagebuch*, 55.

[3] *Mém.* de Damas; Strantz, 221 « gleich den Griechen zu Homer's Zeiten »; *Mon.*, 1er juillet 1793; *Preuss. Augenzeuge*, 318 « es stählte

Les Allemands reconnurent le « feu » des républicains, leur « résolution », leur « habileté » : il ne suffisait pas de leur arracher un poste, il fallait le protéger et le couvrir contre leurs brusques retours, faire sans cesse bonne garde, avoir nuit et jour l'œil au guet. A diverses reprises, ils affirmèrent, après le siège, que les carmagnoles avaient défendu chaque pouce du sol mayençais comme une parcelle de leur propre territoire et avec une inébranlable obstination. Ils avouèrent que s'ils avaient eu à leur tête des officiers de la trempe de Kléber et de Marigny, ils auraient essuyé moins de fatigues et de dangers[1].

Ces « braves Français » compatissaient aux souffrances de la population. Ils partagèrent leur pain avec les indigents. Ils firent des collectes pour secourir les pauvres. Ils distribuèrent 460 francs aux sinistrés de Weisenau. Ils éteignirent les incendies avec un zèle auquel leur ennemi rend hommage[2] et, atteste un contemporain, ils ont, par leur dévouement et « par maint autre trait de noblesse, mérité dans le cœur des habitants un reconnaissant souvenir ». Plus d'un officier garantit ses hôtes de tout dommage et, avec une sollicitude constante, préserva leur maison et leur fortune des entreprises des clubistes. Plus d'un garda dans sa cassette, jusqu'à la fin du siège, l'argent des émigrés et remit ensuite ce dépôt à leurs parents ou à leurs amis[3]. Le 5 juin, un Mayençais se noyait dans le Rhin ; Ledars, canonnier du 4e bataillon du Calvados, se jette à l'eau et

und erhob ihren Muth bis zur Wuth » ; *Darst.*, 939, « wie unverdrossen war das französische Militär ! »

[1] *Mainz nach der Wiedereinnahme*, 43-45.

[2] *Darst.*, 915 ; Schaab, 371.

[3] *Mainz nach der Wiedereinnahme*, 38-41.

s'efforce de sauver le malheureux ; il ne se nomma que sur les instances réitérées de la municipalité et n'accepta qu'après une vive résistance une récompense de 11 florins [1]. Le 24 juin avait lieu, selon le mot de Gaudin, la plus triste et la plus déplorable déportation qu'il soit possible d'imaginer. A onze heures du matin, sur l'invitation de la municipalité et avec l'autorisation du Comité de surveillance, 1,500 Mayençais, parmi lesquels beaucoup de femmes et d'enfants, traversaient le pont du Rhin et sortaient de Kastel. On croyait que l'assiégeant les laisserait passer. Les avant-postes allemands ne voulurent pas les recevoir. Vainement Dubayet, révolté, criant à l'humanité outragée, défia, dit-on, Schönfeld à un combat singulier ; le général prussien refusa d'accepter le cartel. Vainement l'Electeur, le chancelier Albini, les princesses de Mecklembourg intercédèrent auprès de Frédéric-Guillaume en faveur des malheureux ; le roi invoqua les droits de la guerre. Les déportés revinrent sur leurs pas. Mais Kastel leur ferma ses portes et les commissaires Merlin et Reubell leur défendirent de retourner à Mayence. Ils demeurèrent en rase campagne durant la nuit du 24 au 25 juin, par une pluie froide mêlée de grêle, sous les coups de canon qui partaient des deux camps. Il est vrai qu'ils se mirent à l'abri, au bas de l'escarpement du Rhin ; il est vrai que les Prussiens ne leur envoyèrent des boulets qu'à de rares intervalles ; il est vrai que les Français ne tirèrent qu'à poudre et pour les intimider. Mais une servante fut tuée, deux enfants moururent d'effroi, deux femmes accouchèrent ; de l'autre rive du Rhin, on voyait cette foule éplorée, levant les mains au ciel et suppliant les Français de leur rendre

[1] *Darst.*, 951 ; Klein, 568.

l'asile qu'elle avait quitté. Enfin, nos soldats eurent pitié de ces infortunés, et n'écoutant que leur cœur, et sans crainte de la punition que leur vaudrait leur désobéissance, ils recueillirent les infirmes et les vieillards sous leurs tentes et dans leurs tranchées ; les chasseurs à cheval prirent les femmes en croupe et les emmenèrent à leur campement ; ils enveloppèrent de leurs manteaux les enfants à la mamelle que leurs mères désespérées ne pouvaient plus nourrir et les portèrent en ville ; un commissaire des guerres envoya des bouteilles de vin et du lait ; un officier qui refusa de se nommer, donna treize louis et une montre d'or. Reubell et Merlin durent céder à l'indignation des troupes et permettre aux déportés de rentrer dans Mayence [1]. « La conduite des Français, écrit un pamphlétaire de l'époque, a reçu tous les applaudissements ; hélas ! pourquoi cette brillante nation est-elle devenue par d'autres motifs l'objet de notre haine [2] ! »

Aucun de ces soldats généreux n'avait perdu la gaieté française, légère et réconfortante. Que de rires au bivouac lorsqu'ils faisaient rôtir un rat à la pointe de leur sabre, ou qu'ils se régalaient d'une grenouille, ou qu'ils mangeaient en salade quelques poignées d'herbe ! Quels cris d'enthousiasme et quelle joyeuse mascarade

[1] *Darst.*, 952-953 et 987-988 ; *Belag*, 222 ; Schaber, 72 ; Schaab, 366-367 ; Bockenheimer, *Die Belag. von 1793*, p. 45 ; Decaen, Gaudin, Vérine ; *Journal du siège* (« Les commissaires de la Convention demandèrent auparavant à d'Oyré si le sort de la place pouvait être compromis par le retour des déportés ; d'Oyré répondit qu'il pensait au contraire que la consommation des vivres serait moindre par la réunion de ces individus à leurs familles, et qu'à moins de les laisser mourir de faim, il était préférable de les faire rentrer. Les commissaires exigèrent que la ville fournît journellement deux cents hommes pour les travaux intérieurs »).

[2] *Die Franz. am Rheinstrome*, III, 58-59.

dans la nuit du 25 mai, lorsqu'au retour d'une sortie, ils ramenèrent en triomphe une vache et un canon! Ils avaient mis au bout de leur baïonnette le butin qu'ils avaient fait, un bonnet, un gilet, un haillon; quelques-uns s'étaient affublés de l'uniforme allemand. Quelle fête lorsque les chasseurs de Kastel, Meusnier et Merlin de Thionville en tête, défilèrent à la parade avec les trois pièces qu'ils avaient conquises dans la redoute saxonne! Les bateliers les accompagnaient en agitant leurs rames; quatre hommes portaient un arbre orné des fusils et des sabres que les soldats avaient pris, et le lendemain soir, dans la grande salle du café Schröder, les clubistes offrirent aux vainqueurs un dîner patriotique et un bal [1].

Les assiégeants, Prussiens, Autrichiens, Hessois, rivalisaient de bravoure avec les assiégés. Les Hessois montrèrent leur vaillance native : « Avancez, leur criaient les chasseurs de Kastel dans les sorties, avancez, grenadiers hessois! » et lorsqu'ils entrèrent dans la ville, « voilà les soldats de Hochheim, dirent les blessés français, ce sont de s... braves gens et ils ont le diable au corps [2]. » Les hussards de Wurmser se signalèrent par leur adresse autant que par leur audace; aussi intrépides que les hussards de Wolfradt, ils étaient plus rapides, plus souples, et Kalkreuth leur confia le service d'éclaireurs [3]. Les Prussiens n'avaient pas moins de témérité, et les mémoires du temps nous racontent à ce sujet plus d'une anecdote. Ils ramassaient les boulets à peine tombés pour les vendre aux juifs de Mosbach à raison

[1] *Journal de la Montagne*, 14 août 1793 ; *Preuss. Augenzeuge*, 282 et 453 ; *Darst.*, 943 ; Schaab, 348 ; Damas (A. G.) ; *Mém.* de Decaen ; Klein, 546 et 551.

[2] Ditfurth, 310 ; *Mainz nach der Wiedereinnahme*, 41-43.

[3] *Preuss. Augenzeuge*, 243-245.

d'un kreutzer la livre. Des soldats jouaient aux cartes dans le moulin de l'Electeur ; survient un boulet qui frappe le mur au-dessus de leurs têtes ; « imbécile ! » s'écrient-ils sans interrompre leur partie [1]. Un jour, Merlin fait prisonnier un hussard. Il lui demande quelle est la force de l'armée prussienne, et si le roi veut donner l'assaut. « Notre force est telle, répond le hussard, que nous n'avons jamais peur ; mais le roi ne donnera pas l'assaut et ne risquera pas la vie de tant de braves gens ; il aimera mieux affamer la ville. » Merlin lui remet deux thalers ; le hussard les jette à un volontaire en guenilles : « Tiens, voilà de quoi t'habiller ; mon uniforme est encore bon. » Merlin lui propose de s'enrôler dans l'armée de la République : « Tu deviendras officier », lui dit-il. — « Entrez vous-même au service de notre roi, réplique le hussard, vous deviendrez simple soldat. » — « Le roi, s'écrie Merlin, a-t-il beaucoup d'hommes comme toi ? » — « J'en serais désolé, car je me suis laissé prendre ; je vous prie, renvoyez-moi dès aujourd'hui. » Merlin le renvoya sur-le-champ [2]. Le roi de Prusse savait, au reste, récompenser la valeur de ses troupes. Il ordonna pendant le siège que les soldats qui s'étaient distingués par une action d'éclat, recevraient une médaille d'argent, et les sous-officiers une médaille d'or ; tout chasseur ou tirailleur qui tuait un Français aux avant-postes, aurait un frédéric.

Toutefois la lutte ne fut nullement acharnée et implacable. Comme il arrive d'ordinaire, l'humanité se réveillait dans les cœurs les plus rudes. Au milieu des jardins de Mombach, à la suite d'un tacite arrangement,

[1] Minutoli, *Erinn*, 208, 212, 239.

[2] Schaber, 58 ; cf. *Mon.*, 2 et 14 juillet 1793 ; *Preuss. Augenzeuge*, 310-311.

les Français vivaient en paix avec les odieux Autrichiens. Les premiers étaient maîtres du bois ; les seconds, des fontaines ; chaque soir, les républicains traînaient des fagots aux avant-postes ennemis ; chaque matin, ils jetaient leurs bidons aux Impériaux qui les remplissaient d'eau fraîche et les leur relançaient [1]. Le 15 juin, à Weisenau, les Français levant la barrière de la route, déposant leurs fusils et leurs sabres, venaient au devant des soldats du régiment de Wartensleben et leur offraient du pain et du vin. Le surlendemain, dans la nuit, à l'ouverture de l'arrière-parallèle, un lieutenant-colonel du régiment d'Alton était fait prisonnier : « Monsieur, lui dit un officier des troupes de ligne, vous vous êtes sans doute égaré. Nous sommes vos ennemis. Où voulez-vous aller ? » — « Je ne sais pas où je suis », répondit le colonel tout embarrassé. — « Eh bien, répliqua le Français, je ne puis vous regarder comme ennemi, et encore moins comme prisonnier », et il le fit reconduire aux avant-postes, en lui témoignant les plus grands égards [2].

Ce fut surtout entre Français et Prussiens que s'établirent les rapports les plus cordiaux. Comme dans la retraite de Champagne [3], les soldats des deux nations

[1] Droz, *Essai sur l'art d'être heureux*, 167. Le futur académicien était alors volontaire au 12e bataillon du Doubs et ses camarades l'avaient élu capitaine de grenadiers ; cf. la notice de Mignet et sur les sentiments révolutionnaires de Droz à cette époque, sa lettre du 10 février 1794 qui est d'un terroriste forcené (Sauzay, *Hist. de la perséc. révol. dans le Doubs*, 1869, tome V, p. 309). Et pourtant, quoique devenu adjoint provisoire, il excitait la défiance et nous lisons dans une note inédite : « Droz, propre à l'emploi qu'il occupe ; en travaillant sous un bon adjudant-général, il pourra le devenir, si ses principes sont mieux constatés. »

[2] Bleibtreu, 163, 165.

[3] Cf. *Retraite de Brunswick*, 94-96 et 218-219. A Mayence, les Français disaient aux Prussiens : « Preuss toujours brav Mann, Kaiserlik und Hess, nix » (*Preuss. Augenzeuge*, 171).

nouaient volontiers connaissance et finissaient par se traiter avec une sorte de camaraderie familière. Pendant les suspensions d'armes ou lorsqu'on enterrait les morts, les Français demandaient du tabac aux Prussiens et leur donnaient en échange des cocardes tricolores ou leurs bonnets de police. A Bretzenheim et à Weisenau, malgré les défenses répétées des généraux, les tirailleurs des deux partis se rencontraient et s'accordaient pour piller et boire ensemble. De l'île Saint-Pierre, les patrouilles françaises criaient par un porte-voix aux Prussiens qui s'installaient sur la rive droite et qui s'abstenaient de tirer : « Votre couvent est-il bien peuplé ? Avez-vous de bons chantres ? Pourquoi ne chantez-vous pas ? » D'autres fois, durant la nuit, ils hélaient l'officier de garde. « Monsieur l'officier de Prusse, bonsoir ! » et l'officier répondait « *Gute Nacht !* » Les entretiens les plus curieux avaient lieu dans les îles du Mein en langue allemande entre Prussiens et Alsaciens. Après s'être observées et guettées quelque temps, les vedettes convenaient de ne plus tirailler et de faire trêve, et si le Prussien tirait, « Prussien, disait le Français, tu ne tiens pas ta parole ! » On s'invectivait de part et d'autre. « Mangeur de cheval ! — Et toi, mangeur de pain noir ! — Voleur de sel [1] ! — Et toi, qui voles partout où tu peux ! — Régicide ! — Alors, prends garde à ton roi ! » Finalement, on plaisantait, et le Français partageait son pain blanc avec l'adversaire [2].

On vit se former ainsi de touchantes affections. Un

[1] Allusion aux salines de Nauheim, cf. *Custine*, 126.

[2] *Journal du siège*, 15 et 16 mai ; *Journal* de Vérine, 14 mai ; *Mém.* de Beaupuy, 18 mai ; Strantz, *Z. f. K. W. u. Gesch. des Kr.*, 1831, II, 226 ; Minutoli, 214 ; *Preuss. Augenzeuge*, 290-292 ; Laukhard, III, 380-382 ; *Friedenspräliminarien*, IV, 194.

soldat prussien avait blessé un soldat français, et, dans l'ardeur du combat, il allait l'achever d'un coup de baïonnette; mais l'autre lui demande grâce, et touché de pitié, il le relève et l'emmène. En chemin une balle atteint l'Allemand; il tombe, et le Français, plus valide, l'emporte à Mayence. Là, tous deux sont reçus à l'hôpital et couchés dans le même lit; ils nouent amitié; le Français meurt en léguant à son compagnon une poignée d'écus, et lorsque la ville capitule, le Prussien, libre et guéri de sa blessure, ne se console pas de la perte qu'il a faite[1].

La guerre entre Français et Prussiens revêtait donc un caractère chevaleresque. Jamais peut-être deux ennemis ne firent semblable assaut de politesse et ne déployèrent l'un envers l'autre autant de courtoisie et, comme on disait alors, de procédés. Ils saisissaient presque toujours entre deux combats l'occasion de se témoigner leur estime, « ce sentiment, écrivait Dubayet, qu'il est si beau d'inspirer à des hommes qui ont les armes à la main contre nous[2] ».

Le 16 mai, aux abords de Mombach, Marigny échange quelques balles de pistolet avec un officier prussien et lui propose un duel au sabre. « Soit, dit son adversaire, mais si je m'avançais en ami? — Vous seriez également bien reçu. » Les deux officiers se serrent la main et s'embrassent. Leurs camarades les rejoignent. On cause, on rit, on convient de se revoir, et Merlin invite les assistants à déjeuner le jour suivant au même endroit. Le lendemain, Marigny, Reubell, Merlin, Gaudin, le commandant Lamure, des officiers supérieurs

[1] *Friedenspräliminarien*, IV, 193.
[2] Lettre de Dubayet à Zastrow (Czettritz, 261).

de la garnison, les deux clubistes Hofmann et Rieffel, qu'on tint d'ailleurs à distance, arrivent au rendez-vous avec une escorte de chasseurs à cheval. La table est mise sur le gazon entre les avant-postes, et comme pour marquer que l'abondance règne dans la ville, Merlin sert à ses hôtes du pain français blanc et frais, des pâtés grands et petits, des poules d'Inde. Le vin du Rhin et le champagne coulent à flots. Trente personnes, entre autres le prince Louis-Ferdinand de Prusse, le colonel Stein, le colonel Wachenheim, des hussards de Wurmser, et des émigrés, Turpin et un très joli jeune homme, le duc de La Roche Aymon, depuis pair de France et lieutenant-général, prenaient part à ce déjeuner. Louis-Ferdinand se montra gai, plaisant et plein d'une « légèreté ci-devant française »; mais à la fin du repas il tira Reubell à l'écart et s'entretint longtemps avec lui. Cependant les deux escortes fraternisaient : chasseurs français et hussards prussiens trinquaient ensemble, s'embrassaient, jouaient aux barres et promettaient de se sabrer vaillamment à la prochaine rencontre. Au bout de deux heures, on se séparait, non sans regret : la fête, disait un Français, est aussi belle qu'extraordinaire, et un Allemand s'écriait : « Quelle scène superbe! que de politesse et d'amitié des deux côtés! » Mais l'appel avait sonné, la guerre recommençait, et le lendemain Marigny, traversant le lieu du banquet, s'emparait de Mombach [1].

[1] Reynaud, *Merlin*, I, 194; Gaudin; Rougemaître; récit d'un officier saxon (Czettritz, 160); le général X... se demande dans ses notes si ce déjeuner n' « avait pas pour but d'humaniser les Prussiens et de les habituer à l'écharpe tricolore ». *Belag*, 208; Klein, 545; Decaen dit dans son mémoire : « Des officiers prussiens et saxons avaient annoncé qu'ils se chargeraient volontiers de faire passer en France des lettres adressées à des parents ou amis; je profitai, comme plusieurs autres, de cette occasion, et j'appris plus tard que ma lettre

Un sentiment de curiosité se mêlait à la sympathie des Prussiens. Après avoir, pendant le siège et tout en sablant le champagne, fait jouer à la musique de leurs régiments le *Ça ira* et la *Marseillaise*, ils se plaisaient à considérer de près ces étranges républicains qui se vantaient fièrement de conquérir le monde entier à leurs principes. Durant les jours qui précédèrent et suivirent immédiatement la capitulation, ils se pressaient autour de la garnison. Ils assistèrent aux revues et trouvèrent qu'elles se faisaient sans pédanterie et avec beaucoup d'ordre. Les gardes nationales leur parurent indisciplinées, et quelquefois en leur présence un volontaire criait, pour les narguer : « Vive la République ! » ; mais ses camarades s'excusaient sur-le-champ : « il faut, disaient-ils, écarter un tel bavard » ou encore « taisez-vous, mâtin, et faites honneur à la nation ! » Presque tous étaient jacobins enragés et parlaient la langue du Père Duchêne, juraient, sacraient à chaque instant ; évidemment, remarquaient les Prussiens, Merlin avait endoctriné l'armée. Certains avouaient pourtant qu'ils ne servaient qu'à regret et pour ne pas compromettre leurs parents [1].

C'étaient surtout les officiers que les assiégeants s'ef-

était parvenue. » Il ajoute qu'à cette entrevue du 17 mai, des officiers qui parlaient l'allemand se mêlèrent à l'escorte, habillés en simples chasseurs, « afin de lier conversation avec les hussards ennemis, d'apprendre quelque nouvelle et de faire plus facilement quelques remarques sur les localités ».

[1] (Czettritz), 250-251, 267-268. Il suffit, écrit-il, de dire *goddam* pour se tirer d'affaire sur le sol anglais ; on peut vivre des jours entiers avec une armée française sans connaître autre chose que « f..... » et « s... n... d... D... », et il ajoute que ces mots prononcés sans cesse lui bourdonnent encore dans les oreilles comme la musique au lendemain d'un bal. Cf. Romain, II, 429, et *Die Franz. am Rheinstrome*, III, 229 « F... und b... werden täglich geläufiger ».

forçaient de connaître. On distinguait aisément à leurs manières les parvenus de la Révolution, et ceux dont la carrière avait commencé sous l'ancien régime. Mais tous se ressemblaient ; tous avaient la même physionomie, les mêmes yeux noirs, ouverts et étincelants, la même légèreté d'allure, la même vivacité parlante des gestes et des mouvements, le même visage plein de passion, le même enjouement, la même humeur badine. Tous fredonnaient, chantonnaient, jetaient dans la conversation des bons mots, des plaisanteries, des gasconnades. Tous étaient courtois et prévenants. « On ne peut le nier, s'écriait un officier saxon, c'est une aimable nation. » La plupart affirmaient leurs convictions franchement républicaines et regardaient les Allemands avec l'orgueilleuse pitié de l'homme libre pour l'esclave. Quelques-uns s'élevaient contre la tyrannie de la Convention. « Mais, leur objectait-on, pourquoi vous faites-vous tuer pour cette assemblée que vous détestez ? » — Elle commande, répondaient-ils, et nous obéissons à la loi et pour sauver l'honneur de la France ; mais, quand nous aurons la paix, nous rétablirons un roi. — Quel roi ? — Un roi constitutionnel ; nous mourrons plutôt que de proclamer un roi qui ne donne pas une constitution à la France. » Tous d'ailleurs abhorraient les émigrés ; tous déclaraient qu'ils combattraient jusqu'au dernier souffle pour assurer à leur patrie les bienfaits de la Révolution ; la nation, dit un Allemand, est l'idole du militaire français, et il a pour devise : *c'est la nation que nous servons*[1].

[1] Czettritz, *id.*; Gaudy, 286 ; *Friedenspräliminarien*, III, 213 ; *Mainz nach der Wiedereinnahme*, 42-46, 61-62 (l'auteur admire jusque chez les simples soldats la « Bildung », la « Geläufigkeit der Zunge und Feinheit des Gefühls und Ausdrucks », « Munterkeit, Urbanität, etc.) ».

IV. Tandis que quarante postillons, chargés d'annoncer la reddition de Mayence, entraient à Berlin en sonnant du cor [1], l'armée du Rhin, commandée par Beauharnais, et celle de la Moselle, conduite par Houchard, s'ébranlaient enfin pour secourir la ville. Elles reculèrent, dès qu'elles apprirent la fatale nouvelle. Mais Beauharnais, Houchard et les représentants près l'armée de la Moselle, Montaut et Soubrany, protestèrent contre la capitulation du 23 juillet. Beauharnais déclara qu'elle était honteuse, puisqu'il restait encore des munitions et du pain. Houchard s'écria que la garnison avait fait son devoir, mais que sa patience, son courage, son dévouement contrastaient étrangement avec la lâcheté de ses généraux, et, dans un transport de rage, il écrivit à Kalkreuth qu'elle n'avait pas été consultée, qu'elle ne pouvait être liée par la scélératesse de son chef qui lui cachait tout ; « vous direz à votre maître, ajoutait-il, que je suis prêt à l'employer contre vous ». Montaut et Soubrany dénoncèrent à la Convention cette capitulation *infâme* : « Dictée par l'ennemi, disaient-ils, elle aurait dû révolter des républicains, et ce sont des Français qui l'ont eux-mêmes proposée, ayant encore des vivres et avant que la place eût souffert une seule brèche ! » Eux aussi, comme Houchard, s'étaient entretenus avec les soldats, et les soldats affirmaient qu'ils n'avaient pas eu connaissance de la capitulation, qu'ils seraient plutôt morts sur les remparts. Sans doute les officiers prétendaient qu'on ne pouvait plus nourrir les chevaux ni donner de médicaments aux malades ; mais ne pouvait-on tuer les chevaux, et « quant aux blessés, les secours des gens de l'art ne leur étaient-ils pas plus utiles que les médica-

[1] *Mon.*, 17 août 1793, et *Mainz nach der Wiedereinnahme*, 56.

ments? » Bref, concluaient Montaut et Soubrany, il fallait venger la nation, arrêter les chefs de la garnison, leur infliger le plus terrible des châtiments : « Qu'une mort ignoble remplace celle qu'ils n'ont pas osé attendre glorieusement sous les murs de la ville ! » L'indignation des représentants était si vive qu'ils firent arrêter aussitôt non seulement Schleginski et Gillot qui avaient signé la délibération du Conseil de guerre, mais Vidalot-Dusirat qui avait « eu la bassesse » de leur apporter le texte de la capitulation. « Renvoyez, mandait Montaut à un ami, renvoyez à Cobourg cette garnison qui est digne de servir sous ses drapeaux ; si elle passe par l'armée de la Moselle, elle sera fusillée[1]. »

La Convention partagea l'irritation de Montaut et de Soubrany. Elle décréta le 28 juillet que d'Oyré et tous les officiers de l'état-major de la place « étaient mis en état d'accusation et seraient conduits incessamment à Paris sous bonne et sûre garde ». Durant quelques jours, la France entière ne parla que de la traîtrise de d'Oyré. Les gazettes publièrent que le loyal soldat avait vendu son honneur et sa foi. « La reddition de Mayence, écrivaient les jacobins de Strasbourg, doit faire frissonner tout vrai sans-culotte », et ils menaçaient du glaive de la loi d'Oyré et les membres du Conseil de guerre. « La trahison, disait Euloge Schneider, livre le nom de la République à la risée des tyrans. Le sultan prussien a refusé de traiter avec les représentants de la nation ; il a dit

[1] Beauharnais et Houchard à Bouchotte, 28 et 30 juillet 1793 ; Houchard à Kalkreuth, 30 juillet (A. G.) ; proclam. de Beauharnais (*Mon.*, 14 août) ; lettres de Montaut et Soubrany (*Mon.*, 31 juillet et A. N., DXLII, 4) ; cf. le discours de Milhaud aux Jacobins (*Journal de la Montagne*, 8 août), et le fragment d'une lettre de Montaut lue par Merlin aux jacobins, *Corresp.* des jacobins, n° 474.

d'un ton superbe qu'il ne connaissait ni Reubell, ni commissaire de la Convention, qu'il ne connaissait que le général français. Mais ce général, ce traître, a ouvert les portes sans avoir soutenu un assaut ; la mort sera sa récompense[1]. »

Par bonheur pour lui, d'Oyré était resté à Mayence. Il voulait, avant son départ, retirer le papier-monnaie obsidional, et fournir à toutes les dépenses que causaient l'évacuation de la ville et l'entretien des hôpitaux. Mais il ne put négocier à Francfort un emprunt de trois millions de livres, ni obtenir de la caisse de l'armée du Rhin les fonds nécessaires. De son autorité privée, le représentant Ruamps[2] arrêta l'envoi d'une somme de dix-huit cent cinquante mille livres en numéraire que la trésorerie expédiait de Landau à Mayence sur la réquisition de Reubell et de Merlin. D'Oyré dut emprunter vingt mille écus à Frédéric-Guillaume.

Mais bientôt Kalkreuth reçut la lettre de Houchard. Il fut transporté d'indignation et publia sur-le-champ une déclaration énergique : « la jactance de Houchard, disait-il, était digne du plus profond mépris », et lui, Kalkreuth, jurait que tout soldat de la garnison de Mayence qui servirait contre les alliés avant le mois d'août 1794, subirait le dernier supplice, s'il tombait entre leurs mains. Le roi de Prusse approuva son général. Houchard, écrivait-il au commandant Loucadou, a « eu, entre autres insolences, la bassesse d'exprimer

[1] Les jacobins de Strasbourg aux jacobins de Paris, 7 août 1793 ; *Argos*, 1793, 30 juillet, p. 98-100 ; « je suis content de ne pas m'appeler d'Oyré », disait un officier autrichien dès le 24 juillet (Bleibtreu, 183).

[2] *Rapport* de Dentzel, p. 4 ; Ruamps était alors le seul représentant du peuple auprès de l'armée du Rhin.

qu'il ne respecterait pas la capitulation ; s'il s'avise de forcer les soldats sortis de Mayence à servir avant l'année, je me verrai obligé de déclarer prisonniers de guerre tous les Français qui seront dans la ville. » En attendant, il ordonna que les républicains restés à Mayence, sans exception aucune, ne recevraient ni passeport, ni permis de départ, et qu'ils seraient regardés comme otages, tant que la France n'aurait pas payé les dettes de sa garnison, ni remboursé les vingt mille écus qu'il avait avancés.

Plus de 1.000 Français, malades et blessés, infirmiers et officiers de santé, demeurèrent donc prisonniers à Mayence. Mais bientôt la colère prussienne se calma. Les républicains furent relâchés. Seul, d'Oyré et quinze autres, transférés à Erfurt, ne revirent la France qu'au mois de décembre 1794 : on les échangea contre les seize otages mayençais[1].

V. Cependant la colonne commandée par Dubayet et Kléber traversait le Palatinat, et le spectacle qu'elle offrait était le même qu'au sortir de Mayence. On voyait d'abord s'élever sur la route un nuage de poussière ; puis on entendait comme un sourd murmure, comme un vague et immense bourdonnement, et à mesure que le bruit se rapprochait et devenait plus distinct, des éclats de rire et des chants. Enfin apparaissaient nos Français, toujours alertes, dispos, guillerets, trottant de

[1] Cf. outre le *Merlin* de Reynaud, la déclaration de Kalkreuth, 6 août 1793, et la lettre de Frédéric-Guillaume à Loucadou, 12 août (A. E.), la lettre de d'Oyré à Michaud (Heilbronn, 24 frim. an III, papiers de Merlin), etc. La somme des dettes contractées par la garnison s'élevait à 970,253 francs 17 sous (rapport du commissaire des guerres Widenlöcher).

leur pas léger, gardant cet air de supériorité qui convient à des vainqueurs, répondant volontiers aux questions des habitants, criant à l'aspect des soldats prussiens cantonnés dans les villages : « voilà ces braves Prussiens qui sont de si bons enfants ! » Un Allemand rapporte n'avoir jamais vu de bande plus joyeuse. Ce n'étaient d'un bout à l'autre de la colonne que lazzis, que plaisantes exclamations, que refrains gaiement entonnés. *Mariez-la, mariez-la*, chantaient les volontaires aux Mayençaises qui les accompagnaient[1].

Mais au milieu de cette insouciance des troupes, les généraux et les commissaires de la Convention demeuraient inquiets. Qu'allait dire le Comité de salut public? Reubell dissimulait ses impressions. Merlin, plus démonstratif, avouait l'incertitude qui le tourmentait, et Dubayet, invitant à sa table un officier saxon, le priait, moitié figue, moitié raisin, de ne pas faire tant de façons avec des gens qui seraient bientôt pendus[2].

A peine les *Mayençais* avaient-ils touché le sol français, que les représentants du peuple aux armées de la Moselle et du Rhin, devançant le décret de l'assemblée, ordonnaient d'arrêter les signataires de la capitulation, Dubayet, Kléber et Vimeux à Sarrelouis, Schaal, Chevalier et Dazincourt à Wissembourg[3]; tous ces officiers de-

[1] Friedenspräliminarien, III, 211-212.

[2] (Czettritz), 259 et 261.

[3] Ordre du 29 juillet 1793, signé Clarke (A. G.); cf. *Rapport* de Ruamps, Borie, etc., p. 2. Les représentants Milhaud, Borie et Ruamps firent donner, toutefois, par le receveur du district de Strasbourg une somme de 6,000 livres aux réfugiés mayençais; tout patriote dans le besoin obtint un secours provisoire de cent livres. Les exilés furent invités en même temps « à prendre sur-le-champ parti pour la défense de la patrie et à se rendre ainsi utiles à la cause de la liberté » (18 août 1793, A. N. A. F. II, 245).

vaient être menés à Paris et traduits devant le Comité de salut public.

La population de Sarrelouis était venue au-devant de la colonne de Dubayet. Elle avait fait une ovation au général, offert des couronnes de chêne aux officiers et dressé dans les rues des tables pour les soldats. La ville retentissait d'acclamations en l'honneur des Mayençais. Mais le lendemain, dans la matinée, au saut du lit, Kléber voyait un gendarme entrer dans sa chambre. Decaen prenait les ordres de son adjudant-général ; il s'imagine que le gendarme est envoyé pour le service de l'état-major et lui commande de descendre : « vous m'attendrez en bas avec les autres plantons. » Le gendarme ne bouge pas. De nouveau, Decaen lui notifie vertement de quitter la chambre. « Je ne suis pas venu pour m'en retourner », répond le gendarme. — « Que voulez-vous donc ? » — « Garder à vue ce citoyen », et du doigt il indique Kléber. Dans le même moment on annonce que Dubayet et Vimeux sont pareillement gardés à vue par des gendarmes. Kléber se recouche fort tranquillement. « Allez voir ce que c'est », dit-il à Decaen. Ce dernier court au quartier-général ; mais il ne peut être introduit et ne rencontre que des officiers qui témoignent avec énergie leur mécontentement. Il regagne la chambre de Kléber. Deux hommes en bonnet rouge fouillaient les malles et s'étonnaient de n'y trouver que du linge et des vêtements. Decaen s'indigne, et malgré Kléber qui lui fait signe de se taire, il leur demande avec vivacité ce qu'ils cherchent. Les deux hommes répondent qu'ils exécutent les ordres de la Convention, et à leur tour interrogent Decaen. « Qui êtes-vous ? » — « Adjoint de Kléber. » — « Vous ne pouvez plus demeurer avec lui. » Decaen retourne au quartier-général. Il entre et voit

Dubayet entouré d'officiers que son arrestation enflammait de colère. Mais survient, accompagné de gendarmes, un homme en bonnet rouge ; il signifie aux assistants que Dubayet doit rester seul et leur ordonne de vider la place. Les officiers s'irritent de plus en plus, s'échauffent, menacent de mettre à la porte le commissaire et ses gendarmes. Dubayet les apaise, les embrasse, les remercie de lui donner de telles marques d'attachement, leur recommande de montrer autant de soumission qu'ils ont montré de courage : « le Comité, leur dit-il, se laisse abuser par de faux rapports et révoquera ses ordres dès que Merlin et Reubell lui auront rendu compte des événements [1]. »

Beaupuy était le plus ancien colonel ; il prit le commandement de la colonne et la mena de Sarrelouis à Metz. Mais la municipalité, informée du décret de la Convention, décida que les soldats bivouaqueraient au Polygone et ne logeraient pas chez l'habitant. Cet affront achève de surexciter les Mayençais. Ils pleurent de désespoir, brisent leurs fusils, arrachent leurs cocardes. Puis, soudain, comme pris d'un accès de rage, ils se jettent dans la ville, malgré leurs officiers, et courent à la maison commune en criant vengeance. A la vue de ces troupes exaspérées, les municipaux s'enfuient et se cachent. Enfin, un d'eux se présente et demande ce que veulent les soldats. « Donnez-nous des vivres, lui répond-on, et si vous nous refusez le logement, laissez-nous camper sur la grand'route ; nous aurons sous les arbres un meilleur bivouac qu'au Polygone. » A cet ins-

[1] *Mémoire* de Decaen. Cf. un mémoire de Vimeux « les troupes, pénétrées de l'injustice de cette arrestation, voulurent nous y soustraire ; ce à quoi nous nous refusâmes, en leur ordonnant au contraire de rentrer dans l'ordre ». Voir aussi Reynaud, *Merlin*, I, 195.

tant arrivait Beaupuy ; après s'être entretenu avec l'administrateur, il commande le silence : « Mes amis, dit-il, cet administrateur va se rendre au camp pour vous offrir une réparation de l'injure qu'on vous a faite et que vous ne méritez pas ; calmez-vous et suivez-moi. » Ces paroles, rapporte un témoin de la scène, furent prononcées avec un « charme séduisant ». Aussitôt les soldats font demi-tour et regagnent le camp. « Revenez, disent-ils à tous ceux qu'ils rencontrent, revenez, on vient nous faire des excuses. » Bientôt les troupes sont rassemblées dans le Polygone ; Beaupuy mène l'administrateur au centre de la colonne, et du haut de son cheval, le représentant de la cité messine déclare que ses concitoyens admirent les braves défenseurs de Mayence et qu'ils s'empresseront de les accueillir de leur mieux. Tous les corps envoient sur-le-champ leurs fourriers à la municipalité ; les soldats rentrent dans la ville ; ils logent chez l'habitant, comme à Sarrelouis, et fraternisent avec lui[1].

Merlin de Thionville et Reubell n'assistaient pas à l'arrestation des généraux. Ils avaient pris les devants pour donner les ordres nécessaires à la subsistance de l'armée. Le premier officier français que Merlin rencontra lui dit en pleurant que Marat a succombé sous le couteau d'un assassin. « Tant mieux », s'écrie Merlin ; puis, se reprenant : « Tant mieux, car le sang d'un martyr fait naître des milliers de soldats[2]. » Mais à Metz, le secrétaire général de l'administration lui demande tout bas et comme en confidence pourquoi Mayence n'a pas attendu les armées de secours. « Tu m'interroges ? » lui répond

[1] *Mémoire* de Decaen. Cf. le *Batave*, n° 177 (lettre de Metz du 4 août « la réception a été froide, mais les gens de bien ont vengé ces braves »).

[2] Papiers de Merlin, trait omis par Reynaud (*Merlin*, I, 195-196.)

Merlin d'un air menaçant. Bientôt il lit le *Moniteur*, la dénonciation de Montaut et de Soubrany, le décret qui somme les commissaires Reubell et Merlin de comparaître aussitôt et sans retard devant la Convention. Il prend des chevaux de poste, et le 4 août au matin, il arrive à Paris. Il se rend sur-le-champ à la Convention tandis que Reubell se présente au Comité de salut public. Il n'avait pas eu le temps de changer son costume : habit de canonnier, pantalon de daim, bottes à la hussarde, sabre à la ceinture; ses cheveux, sa moustache, sa barbe lui couvraient le visage. La sentinelle qui garde la porte de la Convention croise la baïonnette, mais il se nomme et il entre. La séance n'était pas encore commencée. Ses collègues le reconnaissent, et criant *c'est Merlin!* volent à lui, de la Plaine, de la Montagne, l'embrassent, l'accablent de questions. Thuriot[1] lui serre la main et lui promet que le décret sera sûrement rapporté. D'autres, les larmes aux yeux, lui disent que des bruits sinistres ont couru sur son compte; hier encore, on prétendait qu'il s'était jeté dans le Rhin pour ne pas survivre à la capitulation. La séance s'ouvre. Les membres du Comité de salut public et avec eux Reubell, toujours calme et flegmatique, entrent dans la salle. Le président, Bréard, annonce le retour des commissaires que la Convention avait envoyés à Mayence, et au milieu des applaudissements qui, selon le mot d'un journal, vont percer les voûtes, Merlin monte à la tribune. Il avait déjà cause gagnée. Il remercie l'Assemblée de cet accueil flatteur qui le console de ses chagrins. Il dit que la garnison de Mayence a tenu tête à quatre-vingt mille hommes des

[1] Dès le 20 avril, Thuriot avait vanté le dévouement de Merlin et de Reubell, et ce fut lui qui proposa de leur écrire une lettre de félicitations (*Mon.* du 22 avril).

meilleures troupes de l'Europe, qu'elle manquait de tout, qu'elle aurait dû trois jours plus tard se rendre prisonnière de guerre, que la capitulation est infâme, mais qu'elle garde à la République seize mille braves soldats. « Je laisse aux âmes sensibles, conclut Merlin, à demander le rapport du décret rendu contre l'armée de Mayence. » Aussitôt Thuriot se lève ; il prie la Convention, un instant abusée, de révoquer le décret ; il assure que les assiégés ont tué plus de trente mille hommes aux assiégeants[1] ; il propose que Dubayet soit délivré de ses deux gendarmes et vienne avec confiance à la barre de l'Assemblée pour donner des éclaircissements et des détails qui, sans aucun doute, feront honneur à sa vaillance républicaine. Bréard prend la parole après Thuriot et déclare que les défenseurs de Mayence ont bien mérité de la patrie. La Convention adopte la proposition de Thuriot, amendée par Bréard ; elle décrète que la garnison de Mayence a bien mérité de la patrie, que les membres de l'état-major seront mis sur-le-champ en liberté, que Dubayet délivré de ses gendarmes viendra faire son rapport à la barre, que Merlin et Reubell iront incontinent à Nancy, où sont les *Mayençais*, leur notifier le décret[2].

Dubayet avait déjà, de Sarrelouis, écrit à la Convention que l'armée de Mayence recevait la Constitution de 1793 comme un bienfait, qu'elle saurait la défendre, et qu'oubliant ses fatigues et ses veilles, elle était prête à mar-

[1] Le siège de Mayence coûtait aux alliés : 22 officiers et 496 soldats tués, 86 officiers et 1,686 soldats blessés (Strantz, 247).

[2] « C'en était fait de nous, lit-on dans le *Journal des campagnes* de Kléber, si le sort des représentants n'avait été lié au nôtre, mais ils nous devancèrent à Paris ; la commission de général était dans ce temps-là un brevet pour marcher à l'échafaud ou gémir dans une prison. » (A. G.)

cher de nouveau contre les ennemis de la liberté. Le 7 août, au milieu des transports de l'Assemblée, il narrait avec son emphase coutumière quelques épisodes du siège, l'expédition de Marienborn, la sortie de Mosbach dont il avait tracé le plan, la mort de Meusnier, dont les soldats avaient vécu durant deux mois sous une *voûte de feu*, la prise des îles du Mein ; « il était impossible d'imaginer ce que les républicains avaient souffert ». Danton présidait : il embrassa Dubayet et le félicita. L'Assemblée, disait-il, avait entendu son récit avec admiration.

Mais le surlendemain (9 août), Montaut arrivait de l'armée de la Moselle. Il attaqua les représentants Reubell et Merlin et les membres du Conseil de guerre, ceux qu'il nommait les *meneurs*, avec une violence extrême. Il leur reprochait d'avoir livré les déserteurs et cédé l'artillerie. Il prétendait que la ville avait encore du blé pour trois mois et que la garnison eût mieux aimé périr que de se rendre. Il proposait de traduire devant une cour martiale les signataires de la capitulation et demandait l'application de la loi contre ses deux collègues, Merlin et Reubell, qui ne s'étaient pas opposés aux opérations du Conseil de guerre et n'avaient pas fait tout ce qu'ils devaient faire pour la conservation de la place. Mais Thuriot, Thirion, Rühl, Haussmann défendirent les deux représentants, et Thuriot, reversant sur Montaut ses propres accusations, le blâma d'avoir conduit les armées un mois trop tard au secours de Mayence et d'insulter des vaincus dont il fallait louer la patience et l'énergie. « A mon tour, ajoutait-il, je demande l'application de la loi contre l'état-major de l'armée du Rhin. » La Convention décréta que Montaut signerait sa dénonciation et que le débat ne s'engagerait qu'après le retour de Merlin et de Reubell.

Le 17 août, Reubell et Merlin, revenus de Nancy, s'efforcèrent de réfuter Montaut. Un membre disait que Reubell ne visitait jamais les soldats, qu'il ne paraissait que dans les suspensions d'armes, qu'il était constamment sous un blindage. Reubell répondit qu'il ne savait pas ce qu'était un blindage, qu'on l'avait vu tous les jours au quartier-général, à l'hôpital militaire et dans les rues, que de Blou était mort à ses côtés. « Qu'on me prouve, s'écria Merlin, qu'il y avait dans Mayence une place large comme mon chapeau où un homme pût être en sûreté pendant une heure, et je porterai volontiers ma tête sur l'échafaud ! » La Convention nomma de nouveau Merlin et Reubell représentants du peuple et les chargea de mener les *Mayençais* en Vendée.

Montaut réussit tout aussi mal au club des jacobins. Là aussi, il accusa Reubell et Merlin, déclara que Merlin avait « effrontément imaginé des tableaux hideux », demanda l'établissement d'une cour martiale qui punirait les coupables. Mais Reubell et Merlin se disculpèrent encore. Le président du club pria Montaut d'éviter des personnalités scandaleuses qui donneraient prise aux ennemis de la République, et de toutes parts la Société réclama l'ordre du jour.

D'Oyré répondit également à Montaut. Sa réplique, qu'il n'envoya pas, mérite d'être citée. Un commandant ou un Conseil de guerre, dit d'Oyré, a-t-il jamais consulté sa troupe avant de capituler ? L'épuisement de la garnison n'était-il pas visible ? N'avait-elle pas montré son découragement dans les dernières sorties ? Un seul soldat avait-il protesté durant les quatre ou cinq jours qui s'étaient écoulés entre les premiers pourparlers et la signature de la capitulation ? On avait promis de livrer les déserteurs ; mais cet article était une formule d'usage ; les déserteurs, au nombre de trente-deux ou de trente-trois, s'étaient faufilés dans les bataillons et aucun n'avait été repris. On rendait l'artillerie ; mais les officiers prussiens, chargés de la recevoir, déclaraient que sur 312 bouches à feu, 137 étaient hors de service. Les membres du Conseil de guerre n'ignoraient pas la loi ; ils savaient qu'une ville ne devait capituler que lorsque le corps de place avait subi plusieurs assauts ; mais, conclut d'Oyré, « ils savaient aussi qu'il fallait plus que des murailles pour se défendre[1] ! »

VI. Custine paya de sa tête la reddition de Mayence. Les représentants Merlin, Montaut, Soubrany, rejetaient tout sur lui. Merlin affirmait que *Monsieur de* Custine n'avait pas approvisionné la place. « Il faut sur-le-champ s'assurer de Custine », écrivaient Montaut et Soubrany au Comité de salut public dès le 25 juillet ; « ce scélérat ne peut jamais être républicain ; son style avec les rois, ses ménagements pour celui de Prusse, sa retraite de Mayence, les dénonciations et les inquiétudes des vrais patriotes, tout nous fait un devoir de punir cet homme profondément corrompu qui n'a pour talents militaires qu'une jactance insolente. » Et ils ajoutaient que le capitaine Boos avait, au nom de Custine, engagé d'Oyré à négocier la capitulation de la ville. Le Comité fit arrêter Custine. Il a suivi, disait Barère, le même système que Dumouriez ; Dumouriez a livré la Belgique, Custine a préparé l'invasion de l'Alsace ; Dumouriez a porté dans les Pays-Bas une considérable artillerie pour la faire

[1] Cf. le *Mon.*, les *Annales patriot.*, le *Journal de la Montagne*, 5, 10, 19 août 1793 ; le *Batave*, n° 173 ; le journal des jacobins, n° 474 (séance du 15 août) ; la *Réponse* de d'Oyré au discours de Montaut, 30 août (papiers de Merlin).

tomber au pouvoir des Autrichiens, Custine a mis dans Mayence un grand nombre de bouches à feu pour les donner aux Prussiens[1].

Custine comparut devant le tribunal révolutionnaire et Mayence, son plus glorieux exploit, fut la cause principale de sa perte. Fouquier-Tinville l'accusa de trahison : Custine avait livré la ville ; il l'avait laissée à dessein sans munitions et sans vivres ; il y avait jeté une artillerie précieuse et immense pour en faire la proie des ennemis. Custine se défendit avec vigueur et pied à pied durant treize jours ; il discuta les témoignages qui le chargeaient ; il pallia ses fautes ; il vanta son activité, son patriotisme. Mais tous ses amis l'abandonnaient. Laveaux l'attaquait avec fureur dans le *Journal de la Montagne*. Les Jacobins de Paris exigeaient sa mort, et ceux de Strasbourg soutenaient que son *infâme* parti avait causé la reddition de Mayence. Robespierre le nommait le successeur de Dumouriez, l'agent de la faction anglaise, l'assassin du peuple français, un homme atroce qu'il fallait juger, non sur des preuves écrites et avec beaucoup de formalités, mais d'après ses actes dont le moindre appelait mille morts. Audouin s'écriait que la France entière attendait avec impatience l'exécution du perfide général. Bourdon, irrité des lenteurs de la procédure, demandait si Custine avait dix têtes qui devaient tomber sous le rasoir de la loi. « Nous l'avons vu, disait Jeanbon Saint-André, se livrer à Mayence à tous les excès du luxe et de la débauche ; nous avons trouvé dans les armées la trace de ses complots ; il a paralysé ses troupes, il les a morcelées et

[1] Le même jour, 28 juillet, Bouchotte ordonnait à Beauharnais, général en chef de l'armée du Rhin, de faire arrêter et conduire dans la prison militaire de Strasbourg le général Baraguey d'Hilliers, ci-devant chef de l'état-major de Custine (A. G.).

divisées sans présenter nulle part aux ennemis une force imposante; il n'a eu que des désavantages. Qu'est-il besoin de preuves? » Vainement la belle-fille de Custine sollicitait les juges. Hébert et Laveaux la dénoncèrent; elle est, écrivait Hébert, aussi habile comédienne à Paris que l'était son beau-père à la tête de son armée, et Laveaux s'indignait qu'il y eût « des hommes extrêmement aimables, extrêmement galants, soumis en tout à l'empire des dames, et qui aimaient mieux perdre une République que de désobliger une belle blonde »[1]. Custine fut condamné à mort.

On sait aujourd'hui qu'il n'est aucunement responsable de la capitulation du 23 juillet. Son seul tort fut d'avoir dit tout haut, dans son imprudente et malheureuse vantardise, que Mayence pourrait tenir six mois et davantage. La place, une fois investie, devait succomber. Certes, elle aurait pu prolonger sa résistance. Si les forts Saint-Charles et Saint-Philippe ne servaient plus à la défense, encore n'étaient-ils pas au pouvoir des assiégeants. Le corps de place restait intact et l'ennemi n'avait ni donné l'assaut ni fait brèche à ses murailles. Si les fourrages allaient manquer, on avait de la farine jusqu'au 1er août, et quoiqu'une nourriture uniquement composée de pain et de vin ne répare pas, selon le mot de d'Oyré, les forces d'une armée éprouvée par les fatigues et les veilles, la disette n'existait pas à Mayence. Tous ceux qui virent défiler la garnison, attestent qu'elle avait très bonne mine et ne paraissait nullement exténuée de misère et de faim. Merlin prétendit qu'il avait fallu se nourrir des animaux les plus vils, et Dubayet se glorifia de donner un chat à

[1] Journal des jacobins (séances des 11, 12, 19, 25 août 1793), et *Journal de la Montagne*, 20 août.

ses invités. Après Merlin et Dubayet, on répéta que Mayence avait connu les plus grandes extrémités de la famine, et dès le 4 août, Thuriot assurait que les *Mayençais* ressemblaient à des spectres, qu'ils avaient mangé les chiens, les rats, les souris, les vieux cuirs. En réalité, durant tout le siège, les soldats reçurent chaque jour deux livres de pain et une bouteille de vin. Ils finirent même par s'accoutumer à la viande de cheval. Ils ne la goûtèrent d'abord qu'avec répugnance et les premières distributions excitèrent leurs murmures. Mais le besoin surmonta bientôt le préjugé. Ils se jetaient à la nage dans le Rhin pour ramener des chevaux morts sur la rive. Les Francs de Marigny livraient combat à l'assiégeant pour lui tuer ses chevaux ; dès qu'une bête tombait, les uns s'empressaient de la dépecer, tandis que les autres se portaient en avant et détournaient l'attention de l'adversaire. Il arriva même que les Francs, obligés de céder au nombre et d'abandonner leur proie, revinrent le lendemain sur le lieu de l'action pour s'emparer du cheval dont ils n'avaient enlevé que des lambeaux [1].

D'Oyré pouvait retarder d'une semaine la capitulation. Mais croit-on qu'il aurait été secouru ? Croit-on que les armées du Rhin et de la Moselle auraient pu refouler les Austro-Prussiens ? Croit-on que Beauharnais et Houchard auraient battu les troupes que commandaient Brunswick et Wurmser ? Ne furent-ils pas repoussés

[1] *Mém.* de d'Oyré, 44 ; *Mém.* de Decaen ; Gœthe, 267 ; *Preuss. Augenzeuge*, 228, 229, 281, 418 ; Eickemeyer, *Denkw.*, 200 (de même que le témoin oculaire, il nomme Merlin « unverschämt ») ; Laukhard, III, 381 (« Merlins Schwindelei und Lügen ») ; cf. Klein, 570-571, et la réfutation, point par point, du discours de Merlin dans *Mainz nach der Wiedereinnahme*, 84-88. Merlin lui-même avouait le 26 juillet à un officier saxon que la ville avait encore du pain, du vin et du riz pour près de trois mois (Czettritz, 256).

l'un à Niederhochstadt et l'autre à Leimen [1]? A la nouvelle de la reddition, un officier de l'armée du Rhin écrivait que la République faisait une perte incalculable ; mais, ajoutait-il, « le projet de délivrer Mayence aurait pu devenir plus funeste encore, nous coûter quarante mille hommes sans succès et ouvrir à l'ennemi le territoire de la République. Plusieurs militaires qui ont de l'expérience et des talents, pensent ainsi, et moi qui suis sur les lieux, qui ai pu juger par les retranchements que j'ai vus, de ceux que je ne voyais pas, j'ai toujours cru qu'on ne devait tenter de secourir la place que dans le cas où l'ennemi ne voudrait la recevoir qu'à discrétion ; mais j'ai toujours désiré une capitulation honorable [2]. » Si la garnison tenait huit jours de plus, elle se rendait donc à merci, et qu'on songe à l'impression que cette reddition humiliante et désastreuse eût produite dans le monde ! La capitulation du 23 juillet laissait intact l'honneur des armées françaises et conservait seize mille hommes à la patrie. Sans doute, les deux colonnes qui sortirent de Mayence allèrent, comme dit Soult, s'engloutir dans la Vendée ; mais, au lieu de languir dans la captivité, elles combattirent et moururent pour la République.

[1] *Gesch. der Kriege in Europa*, I, 199-200.
[2] Lettre à Laveaux, 26 juillet (*Journal de la Montagne*, 5 août 1793).

FIN.

MAYENCE
—
Siège de 1793
Schierstein
Mosbach
Erbenheim
Biebrich
Hombach
Budenheim
Dutheim
Gonsenheim
Finthen
Zahlbach
St Philippe
St Elisabeth
Bretzenheim
Draus
Marienborn
Chaussée
Kastel
Kostheim
Hochheim
Main
Rhin
Chartreuse
Gustavsburg
Weisenau
Ste Croix
Hechtsheim
Laubenheim
Ginsheim

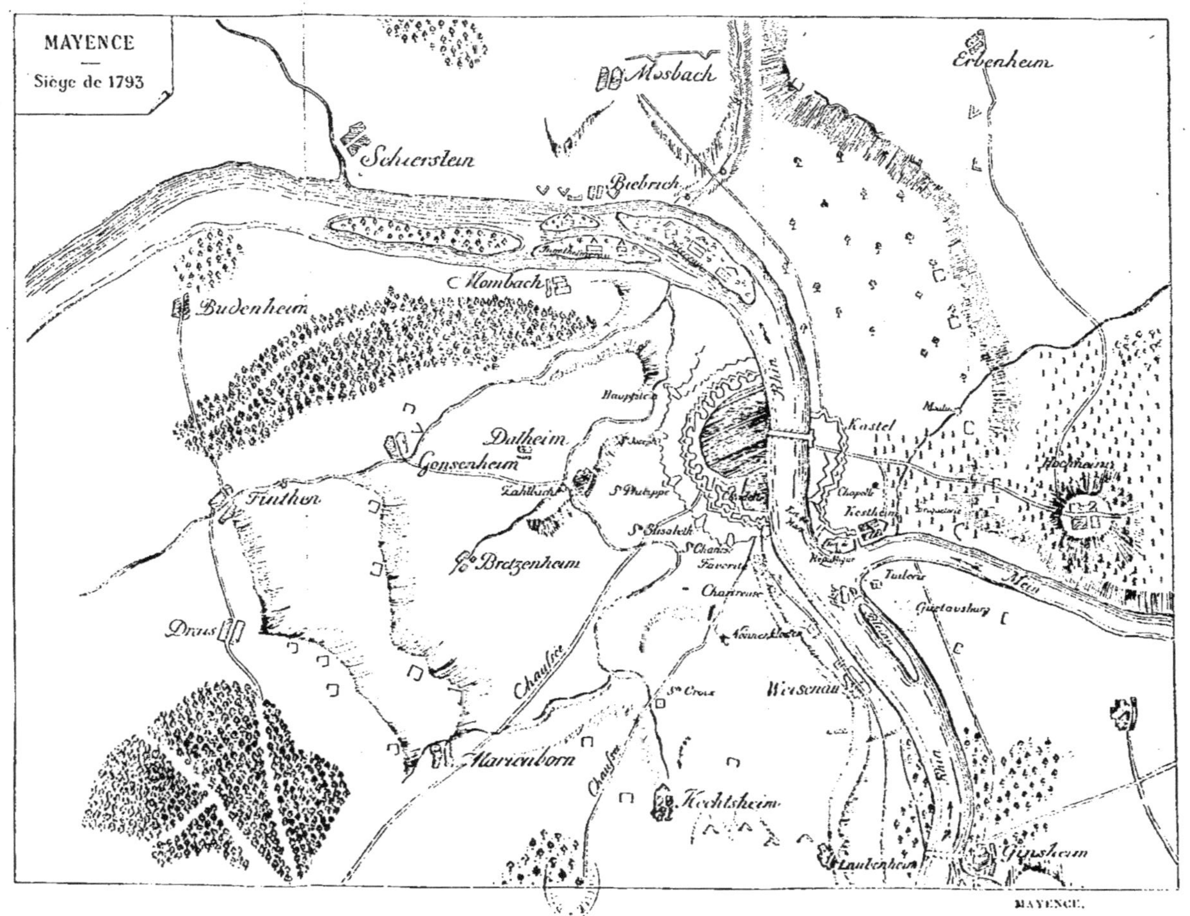

MAYENCE.

TABLE

PREMIÈRE PARTIE

LES PATRIOTES

CHAPITRE Ier

LE CLUB

CHAPITRE II

L'ADMINISTRATION GÉNÉRALE

CHAPITRE III

LES ÉLECTIONS

CHAPITRE IV

LA CONVENTION RHÉNANE

SECONDE PARTIE

LE SIÈGE

CHAPITRE Ier

D'OYRÉ

CHAPITRE II

NÉGOCIATIONS

CHAPITRE III

LA SORTIE DE MOSBACH

CHAPITRE IV

KLÉBER ET MARIGNY

CHAPITRE V

KOSTHEIM ET LES ILES

CHAPITRE VI

LA SURPRISE DE MARIENBORN

CHAPITRE VII

MEUSNIER ET DUBAYET

CHAPITRE VIII

LE BOMBARDEMENT

CHAPITRE IX

LA CAPITULATION

VERSAILLES, IMPRIMERIE CERF ET FILS, RUE DUPLESSIS, 59.

VERSAILLES. — IMPRIMERIE CERF ET FILS, 59, RUE DUPLESSIS.

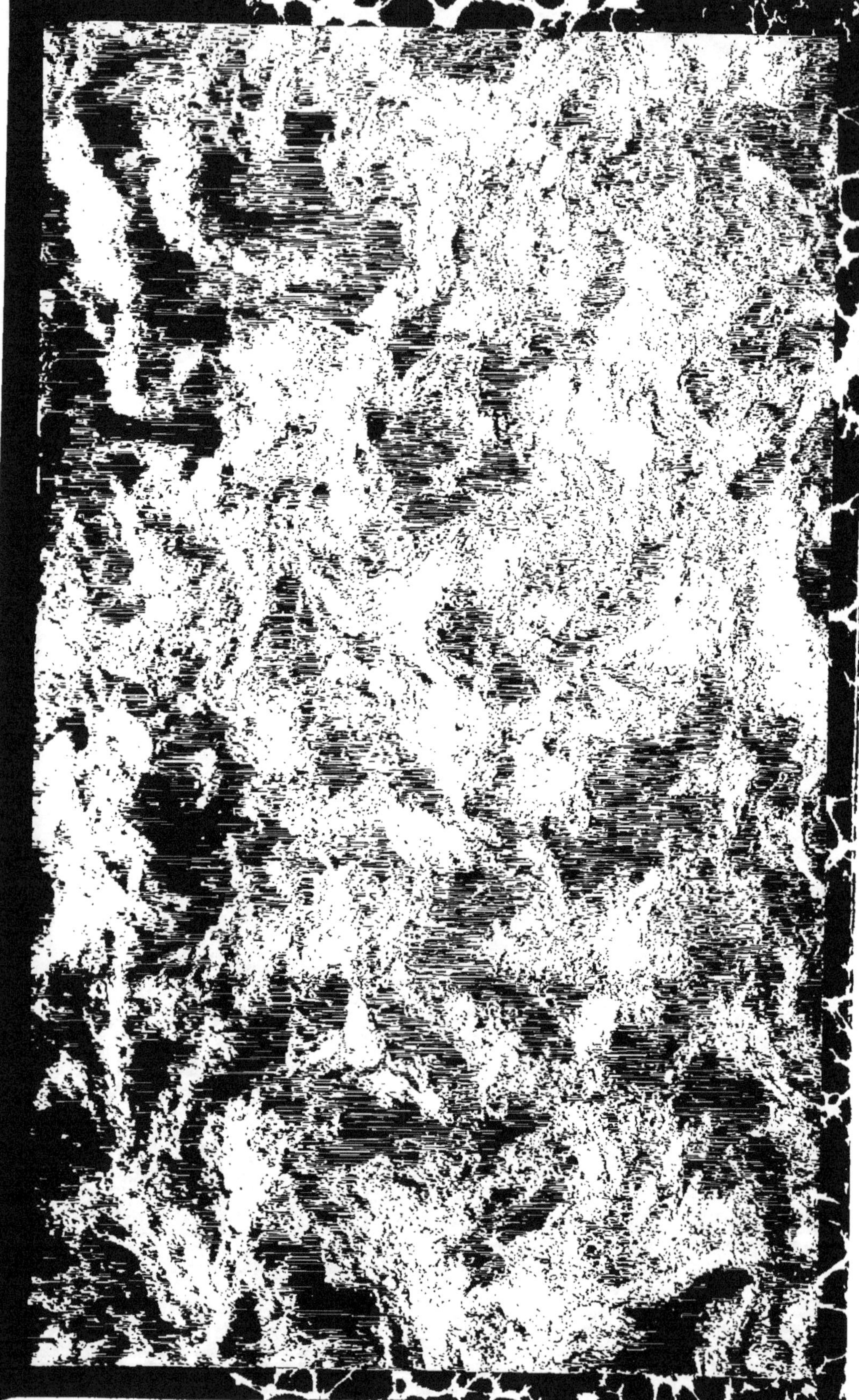

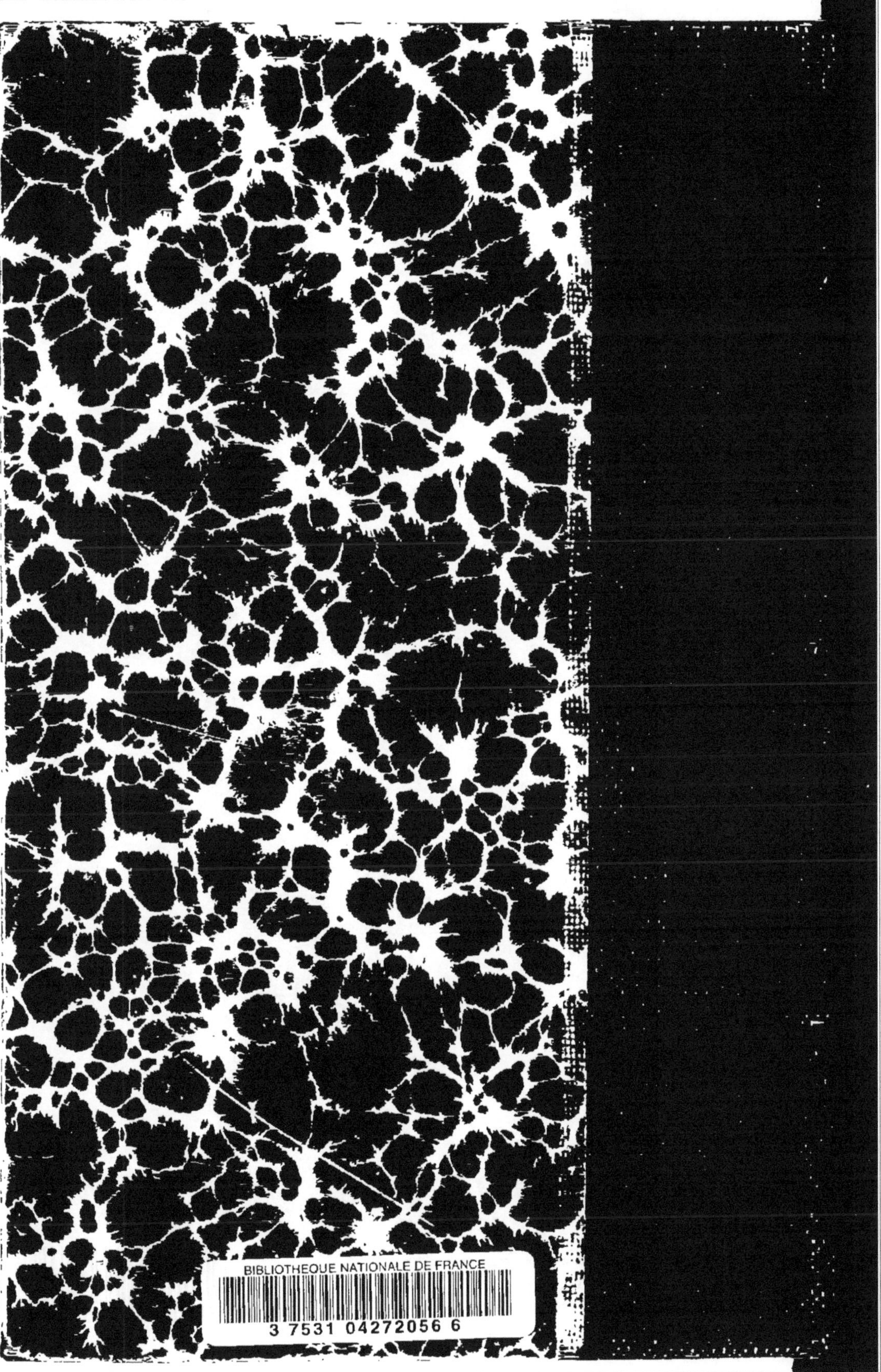

www.ingramcontent.com/pod-product-compliance
Ingram Content Group UK Ltd.
Pitfield, Milton Keynes, MK11 3LW, UK
UKHW031044260726
13965UKWH00006B/283

9 782013 266581